KB189571

종교철학 11강좌

종교철학 11강좌

황필호 지음

철학과현실사

책머리에: 이 책의 세 가지 목표

일반적으로 철학은 어려운 것, 골 때리는 것, 별로 중요하지 않은 것을 중요하게 여기고 오히려 중요한 것을 중요하지 않은 것으로 여기는 행위, 현실을 완전히 무시하고 비가 줄줄 새는 방에서 책을 읽는 행위, 심지어는 전혀 문제가 되지 않는 것을 굉장히 중요한 문제로 삼는 행위 등으로 생각한다. 특히 철학의 한 분야인 종교철학은 오직 종교인들만이 이해할 수 있는 것, 어느 경우에는 어느 종교 집단에 공식적으로 가입한 종교인들만 토론할 수 있는 것, 심지어는 어느 특정 종교의 신자만이 이해할 수 있는 행위 등으로 생각한다. 이런 상황에서 나는 다음의 몇 가지를 시도하겠다.

첫째, 나는 이 책에서 종교철학을 가능한 한 쉽게 소개하려고 노력하겠다. 철학이란 무엇인가? 모든 종교가 추구하는 진리와 지식의 관계는 무엇인가? 종교와 철학의 관계는 무엇인가? 나는 일단 이런 질문들에 대한 답변을 제1부에서 제시하고, 제2부에서는 그 내용을 직접 실천했던 성인들의 사상을 소개하겠다. 또한 나는 종교의 현장 중에서도 우리들에게 비교적 잘 알려진 성인들의 사상을 점검하는 방식을 취하겠다. 그러므로 독자는 이 책을 내가 번역한 『소크라테스, 공자, 석가, 예수, 모하메드』(개정판, 강남대 출판부, 2001)와 함께 읽기를 바란다.

둘째, 나는 이 책에서 종교철학을 재미있게 소개하려고 노력하겠다. 그래서 나는 성현들의 사상에 대해서도 일단 우리 보통사람들이 관심을 가지고 있는 일상적 질문으로부터 시작하겠다. 예를 들어서 나는 소크라테스의 사상을 전통적으로 시도했던 대로 "네 자신을 알라!"는 명제로부터 출발하지 않고, 우리가 일상적으로 당연한 사실로 받아들이고 있는 그의 아내 크산티페의 악처상(惡妻像)으로부터 출발하겠다. 아무리 심오한 내용이라도, 그것이 전혀 소통 불가능할 정도로 어렵거나 또한 그것이 아무리 쉬워도 전혀 흥미를 끌지 못한다면, 도대체 누가 그런 책을 읽을 것인가. 더구나 요즘 같은 비디오 시대에.

셋째, 나는 이 책에서 종교철학을 조리있게 소개하려고 노력하겠다. 이미 말했듯이, 이론편과 응용편은 서로 밀접히 연관되어 있으며, 이론편에 속하는 여섯 개의 논문들과 응용편에 속하는 다섯 개의 논문들이 서로 보완적인 상태가 되도록 노력하겠다. 그러나 내가 이런 시도에 얼마나 성공했느냐는 것은 물론 독자의 판단에 맡긴다.

'황필호의 종교철학 시리즈'의 20번째인 이 책이, 모든 사람은 철학적이면서 동시에 종교적이라고 믿는 이들에게 읽을거리가 되기를 바란다.

2006년 4월
又空 황필호 씀

차례 ‖

제1부

이론편

제1강좌

왜 사는가

1. 머리말

철학을 전공한다고 해서 인생에 대하여 더욱 잘 아는 것은 아니다. 그럼에도 철학을 업으로 삼고 있는 대학교수이기 때문에 나에게는 종종 왜 세상을 사느냐고 묻는 사람들이 있다. 그럴 때마다 나는 그저 "철학자라고 해서 인생에 대하여 더 잘 알고 있는 것은 아닌데요. 그래서 어떤 사람은 철학자(哲學者)와 철인(哲人)을 구별하기도 했으니까요…"라고 얼버무리게 된다.

대부분의 사람들은 내가 이렇게 답변을 못하고 어정쩡한 상태가 되면 포기를 한다. 그러나 일부의 용기 있는 사람들은 "그래도 철학을 전공하시니까 우리가 모르는 것을 알고 있을 것 같은데요"라고 다그쳐 묻는다. 하긴 그들이 이렇게 다그쳐 묻는 데는 그만한 이유가 있다. 영문학을 전공한다면 셰익스피어를 공부한다고 답변할 수 있을 것이며, 사회학을 전공하면 계층간의 갈등 문제를 공부한다고 답변할 수 있을 것이며, 생물학을 전공하면 세포를 관찰하는 현미경과 같이 산다고 답변할 수도 있을 것이다. 그러나 아무리 생각해 보아도 철학의 대상은 인생이나 삶이라는 답변 이상을 제공할 수 없다. 그러므로 철학을 전공하는 사람은 인생이나 삶에 대한 독특한 ── 보통사람들은 알지 못하는 ── 지혜를 가지고 있다고 쉽게 상상할 수 있다. 도대체 철학자가 인생에 대하여 명확한 답변을 할 수 없다면 감히 누가 인생을 논하겠는가. 더구나 철학이란 전통적으로 '지혜를 사랑하는 학문'이라고 자처해 오지 않았는가.

그렇다고 해서 나는 "사는 것이 바로 철학"이라든지 혹은 "철학이 무엇이냐는 질문 자체가 철학의 중요한 질문 중 하나"라는 동어반복을 외칠 수도 없는 입장이다. 건방지게 수염까지 달고 다니는 주제에 "A는 A다"라는 식으로 답변하면 나의 무지가 곧 폭로될 것이다.

물론 나의 무지가 그대로 세상에 폭로된다는 것은 굉장히 좋은 일이다. 무지(無知)가 바로 애지(愛知)로 통하는 길이기 때문이다. 그러나 여기서 얻는 소득은 어디까지나 나의 것이지, 나에게 인생에 대하여 질문하는 사람의 것은 아니다. 하여간 나는 사석이나 TV에서 너무나 많이 이 질문을 받아 왔다. 그것은 사람이 사람답게 살려면 묻지 않을 수 없으며, 그렇다고 쉽게 답변을 찾을 수 없으며, 그렇다고 해서 묻지 않을 수도 없는 '영원한 질문(enduring questions)'이기 때문이다.[1] 결국 나는 미흡하나마 우리가 왜 살아야 하느냐는 질문에 대한 답변을 강구하기로 결심했다. 한 열흘 동안 절간으로 들어가서 명상을 하면서. 그 결과로 나는 다음의 답변을 얻게 되었다.

2. 첫째 답변

왜 사느냐는 질문에 대한 첫째 답변은 '태어났기 때문에 산다'는 것이다. 우리는 우리의 의지에 의하여 이 세상에 태어난 것이 아니다. 그야말로 좋다가 남은 찌꺼기로 이 세상에 태어났다. 실존주의 철학자인 하이데거가 인간을 '던져진 존재(Geworfenheit)'라는 수동형 어휘로 표현한 이유도 여기에 있다. 여기서 인간은 아무런 이유도 없이 이 세상에 태어나서 하찮은 일 때문에 아웅다웅하면서 티격태격하다가 이 세상을 떠나게 마련이다. 영웅 호걸도 죽고, 미인도 죽는다. 그저 삶이 있을 뿐이며 죽음이 있을 뿐이다.

그러나 이런 견해는 인생을 완전히 미리 정해진 궤도를 달리는 기계와 같이 너무 결정론적(決定論的)으로 보는 것이다. 이 결정론적 궤도 위에서 인간은 아무런 노력을 할 필요도 없고, 또한 노력을 해도 아무런 변화를 가져올 수 없다. 그야말로 인생은 '노세 노세 젊어서 노세'가 될 것이며, 모든 일은 '케 세라 세라'로 될 것이다. 성서는 이런 삶을 "헛되고 헛되니 모든 것이 헛되도다"라고 표현한다.

전도자, 다윗 왕의 아들, 예루살렘의 왕인 솔로몬이 말하노라.

헛되고 헛되니 모든 것이 헛되도다. 나의 견해에 의하면, 가치 있는 것은 하나도 없으며 모든 것은 헛된 일이로다. 사람은 열심히 일해서 무엇을 얻는가? 세대는 오고 가지만 아무런 영향도 주지 못하노라. 해는 뜨고 지며, 다시 뜨려고 서두른다. 바람은 남쪽으로 불다가 북쪽으로 가고, 여기저기로 왔다가 갔다가 하지만 아무 곳에도 도달하지 못한다. 강은 바다로 흐르지만 바다는 영원히 차지 않고, 물은 다시 강으로 흘렀다가 또 다시 바다로 흐른다. 모든 것은 말할

수 없을 정도로 피곤하고 귀찮을 뿐이다. 우리는 아무리 많이 보아
도 만족하지 못하며, 아무리 많이 들어도 만족하지 못한다.[2]

물론 인간은 역사의 지배를 받으며 사회의 지배를 받는다. 그러나
동시에 인간은 역사와 사회를 개조해 나갈 수 있는 창조성을 가지고
있다. 이런 결론은, 우리의 탄생이 타의적(他意的)이기 때문에 적어도
태어난 다음의 삶만은 우리들의 자의적(自意的)인 결단으로 살아야
한다는 결론을 내릴 수도 있다. 다시 말해서, 타의적인 탄생에도 불구
하고 — 혹은 바로 타의적인 탄생이기 때문에 — 삶은 우리 스스로가
선택해야 되겠다는 결심이다. 그것은 마치 "결혼해도 후회할 것이며,
결혼하지 않아도 후회할 것"이라는 동일한 전제로부터, 한 사람은
"그렇다면 결혼할 필요가 없다"고 결정하고, 다른 사람은 "그렇다면
일단 결혼하고 볼 일이다"라고 정반대의 결론을 주장하는 경우와 다
름이 없다.

한 마디로 '태어났기 때문에 산다'는 입장이 언제나 '케 세라 세라'
로 끝나야 되는 것은 아니다. 그러나 전체적으로 볼 때, 태어났기 때
문에 어쩔 수 없이 산다는 답변은 아무래도 삶을 부정적으로 보고, 어
떻게 보면 이미 삶을 포기한 산 송장으로 사는 태도가 되기 쉽다.

어쨌든 태어났기 때문에 산다는 주장은 분명히 옳은 말이다. 누가
이 주장을 감히 반박할 수 있겠는가. 그래서 나는 이 구호를 약 3-4년
지껄이고 다녔다. 그러면서도 나는 점점 이 답변에 만족할 수 없게 되
었다. 정확히 그 이유는 모르면서도. 결국 나는 다시 절을 찾았으며,
그 결과로 다음의 답변을 얻게 되었다.

3. 둘째 답변

왜 사느냐는 질문에 대한 둘째 답변은 '일하기 위해 산다'는 것이다. 여기서 인간은 단지 주어진 철길을 달리는 기차가 아니라 자신의 일을 하면서 살게 되고, 그 일이 어느 정도 성취감을 주면 나름대로의 보람을 갖게 된다. 그러므로 일하기 위해 살며 또한 일의 보람을 갖기 위해 산다는 답변은 첫째 답변보다 훨씬 적극적인 태도다.

사람은 살아야 한다. 살려면 먹어야 한다. 그리고 먹으려면 일해야 한다. 여기서 우리는 두 가지 진리를 발견할 수 있다.

첫째, 일하지 않고 사는 사람은 진정한 삶을 영위하는 것이 아니다. 그것은 도둑질이며 강도질이며, 약탈의 삶이다. 그것을 종교적으로 표현하면 무위 도식이나 독식(獨食)이 될 것이다. 그리하여 기독교는 "일하기 싫으면 먹지도 말라"고 말하고, 불교는 "하루 일하지 않으면 하루 먹지 말라(一日不作 一日不食)"고 경고한다.

둘째, 삶이 노동에 의해 지속된다는 말을 거꾸로 하면 노동이 삶을 지탱할 수 있어야 한다는 뜻이다. 죽도록 일해도 입에 풀칠도 할 수 없는 노동은 '헛일'에 불과한 것이다. 마르크스는 자본주의의 본질을 '가진 사람'과 '가지지 못한 사람'의 대결로 표현하면서, 자본주의 체제 아래서는 헛일을 하는 노동자 계급을 만들 수밖에 없다고 주장했다. 물론 그의 이런 주장은 오늘날 경제적으로 부적당한 예언으로 판명되었다. 그러나 우리는 여기서 한 가지 교훈을 얻을 수 있다. 육체가 부서지도록 일하면서도 최소한의 생존 조건을 충족시킬 수 없는 사람들이 많은 사회에서는 그의 예언이 그대로 적중될 것이라는 교훈이다. 살려면 일해야 하고, 일하면 살 수 있어야 한다. 일하지 않고 살려는 사람, 그리고 일하고도 살 수 없는 사람은 모두 비참한 사람들이다.

우리가 어떤 사람에게 왜 일하느냐고 물었다고 하자. 그러면 그는 자신이 굶어 죽지 않기 위해, 처자식 먹여 살리기 위해, 자동차나 집을 장만하기 위해, 즉 생존을 위해 일한다고 답변할 것이다. 옳은 말이다. 그러나 여기에 한 가지 문제가 있다. 가난해서 일하지 않고 살 수 없는 사람은 당연히 싫어도 일해야 할 것이다. 그러나 재벌의 자녀로 태어나서 일하지 않고도 몇 세대를 그냥 살 수 있는 사람은 이렇게 외칠 것이다.

"너희들은 재수가 없어서 일해야 먹고 살도록 태어났다. 그러나 어떤 이유인지는 몰라도, 나는 운이 좋게 부잣집에 태어났다. 나는 생존을 위해 일할 필요가 없다. 그런데 왜 나에게 일하라고 하는가?"

그러나 우리는 그런 사람도 일해야 한다고 말한다. 돈이 없는 사람도 일하고, 돈이 많은 사람도 일하고, 모든 사람은 일해야 한다고 말한다. 그렇다면 일하는 목적은 단순한 생존 이상의 어떤 의미를 가지고 있다는 뜻이다. 생존이 일하는 이유의 전부라면, 재벌의 자녀는 절대로 일할 필요가 없을 테니까. 여기서 우리는 일의 목적이 생존 이상의 어떤 것, 즉 일하는 사람을 바로 사람답게 만드는 어떤 것이라는 사실을 깨닫게 된다. 예를 들어서 이 글을 쓰는 황필호를 먼 훗날 사람들은 무엇으로 평가할 것인가? 결국 내가 살아 있을 때 어떤 일을 어떻게 했느냐에 따라서 평가할 것이다. 이런 뜻에서 일은 생존의 수단이면서 그 이상이다. 일은 인격이며 생명이며 생활이다.[3]

여기서 우리는 한 가지 현실적 교훈을 얻을 수 있다. 같은 일을 하면서도, 한 사람은 굶지 않기 위해, 처자식 먹여 살리기 위해, 죽지 못해 일한다고 생각한다. 그러나 다른 사람은 일을 통해 자신의 흔적을 이 세상에 남기려고 노력한다. 그들은 모두 일한다. 그러나 그들이 일에 대하여 느끼는 보람은 천지의 차이가 있을 것이다. 전자는 일을 하면 할수록 지긋지긋할 것이며, 후자는 일을 하면 할수록 자신의 삶에 대한 더욱 큰 보람을 갖게 될 것이다. 우리가 언제나 일을 생존 이상으로 간주해야 되는 이유가 여기에 있다.

그래서 우리는 열심히 일한다. 오직 바쁜 벌은 근심할 틈이 없다고 믿으면서. 특히 한국인만큼 일중독에 걸릴 정도로 열심히 일하는 국민이 있을까. 오죽하면 한국인 40대 남성의 사망률이 세계 최고가 되겠는가. 한국인에게 일은 천명이며 운명이다. 그러나 이렇게 열심히 일에 파묻히다 보니, 우리는 도대체 무엇을 위해 일하는지조차 모르게 된다. 말로는 급할수록 돌아가라고 말하면서도, 너무 바쁜 벌은 배가 터져 죽는다는 사실을 까맣게 잊고 살아온 것이다.

이제 우리는 좀 숨을 깊게 쉬면서 다시 다람쥐 쳇바퀴 도는 듯한 삶을 되돌아보아야 한다. 진실로 일은 삶의 전부인가? 우리는 잘 살기 위해 일하는 것이지, 잘 일하기 위해 사는 것은 아니지 않은가? 우리가 열심히 일해서 — 어느 경우에는 자신의 생명까지 단축시키면서 — 얻은 것은 무엇인가? 결국 그 대가는 생존 이상의 아무것도 아니다. 성서는 이렇게 말한다.

역사는 단지 되풀이될 뿐이다. 새로운 것은 이 세상에 하나도 없느니라. 모든 것은 이미 이전에 되었던 일이거나 말해졌던 것이다. 너희들은 무엇을 새로운 것이라고 가리킬 수 있겠는가? 그것이 먼 옛날 존재하지 않았다는 것을 너희들이 어떻게 알 수 있는가? 우리는 옛날에 일어난 일을 기억하지 못하며, 미래 세대는 아무도 우리가 여기서 한 일을 기억하지 못할 것이로다.

전도자인 나는 예루살렘에 사는 이스라엘의 왕이었다. 나는 우주의 모든 것을 이해하려고 전념했다. 나는 결국 하느님이 지금까지 취급해 온 인간의 운명은 행복한 것이 아님을 발견했노라. 모든 것은 바람을 쫓는 것과 같이 어리석을 뿐이로다. 한 번 잘못한 것은 다시 고칠 수 없으며, 그것은 둑을 넘어서 흘러가는 물과 같다. 그리고 달리 될 수도 있었을 텐데 라고 생각해도 아무런 소용이 없노라.[4]

왜 일은 삶 자체를 설명할 수 없는가? 이 질문에 대한 답변은, 우리가 살기 위하여 일하는 것이며 일하기 위하여 살지 않는다는 상식적인 — 너무나 상식적인 — 진리에서 찾을 수 있다. 일 때문에 삶을 경시하거나 포기하는 사람은 주객 전도의 삶을 사는 것이다.

일하기 위하여 개인의 성장을 중단하고, 일하기 위하여 가정을 소홀히 여기고, 일하기 위하여 반사회적인 행동을 서슴 없이 하고, 일을 핑계로 국가적인 사업에 참여하지 않고, 일을 핑계로 세계에 관심을 돌리지 않는 사람들이 우리 주위에 너무나 많다는 것은 슬픈 사실이다. 물론 우리는 잠시 동안 어떤 일에 몰두하느라고 개인이나 가정을 조금 소홀히 대할 수는 있다. 그러나 개인보다 일이 중요하다고 생각하거나 일을 위하여 가정을 완전히 팽개치는 사람은 엘리트 사원이 아니라 인생을 거꾸로 사는 사람이다.

어쨌든 나는 일하기 위해 산다는 구호를 약 5-6년 떠들고 다녔다. 그 이상의 훌륭한 답변을 발견할 수 없었기 때문이리라. 그런데 내가 이 답변을 팽개칠 수밖에 없는 결정적인 계기를 맞이했다.

어느 해가 저물어가던 날, 나는 나의 가장 가까운 대학교수 친구에게 전화를 걸었다. 서로 바빠서 거의 6개월 이상 얼굴도 보지 못한 처지였다. 나는 단도직입적으로 물었다.

"자네, 정말 오랜만이구만. 우린 언제나 일을 가지고야 만났는데,

이제 이 해가 가기 전에 아무런 이유도 없이 부부 동반으로 저녁이나 먹고 헤어지는 것이 어떻겠나?" 그의 답변은 즉각적이었다. "야, 정말 천재적인 발상이다. 정말 천재적이야. 이젠 늙어가면서 그냥 아무 일도 없이 만나야지. 좋다 좋아."

우리는 양쪽 내외가 만날 수 있는 저녁시간을 정하기로 했다. 그런데 이게 웬일인가. 내가 시간이 나는 날은 그 친구가 바쁘고, 우리 둘의 시간이 나는 날은 역시 대학교수인 그의 부인이 바쁘단다. 결국 우리는 앞으로 두 달 이내에는 네 사람이 다같이 만날 수 있는 날이 하루도 없다는 사실을 발견했다. 나는 수화기를 내려놓으면서 발악을 했다. "나도 한심하게 살지만, 너도 한심하기는 마찬가지로군. 우리 정말 참회를 해야겠다."

모든 한국인들과 마찬가지로 그 동안 나도 열심히 바쁘게 살아 왔다. 눈코 뜰 새 없이. 그러다 보니 도대체 내가 왜 바쁜지를 모르게 되고, 그저 일에서 일로 옮겨가는 삶이 계속된 것이다. 그야말로 "내가 할 일이 백만 가지가 되고 보니, 이제는 왜 바쁜지를 모르게 된 것"이다.[5] 결국 나는 다시 절을 찾았으며, 그 결과로 나는 다음의 답변을 얻게 되었다.

4. 셋째 답변

왜 사느냐는 질문에 대한 셋째 답변은 '빚 갚기 위해 산다'는 것이다. 여기서 모든 인간은 부모, 형제, 사회, 국가, 세계에 빚을 지고 사는 존재가 된다.

우리 주위에는 부모로부터 한 푼의 유산도 받지 않고, 사회로부터 아무런 혜택을 받지 않고, 국가의 도움 없이, 스스로 자신의 노력에 의하여 성공했다고 큰소리치는 사람이 없지 않다. 그러나 그들은 삶 자체가 수많은 인연의 결과며 수많은 보이지 않는 손들의 도움으로 성립된다는 사실을 망각한 사람들이다. 우리는 빚을 지고 살고 있다는 겸손한 마음을 가져야 한다.

진실로 빚을 지고 있다고 생각하는 사람은 가능한 한 그 빚을 조금이라도 갚으려고 노력할 것이다. 그리하여 부모로부터 받은 은혜는 다시 자신의 자식에게 전달하고, 학교로부터 얻은 지식으로 학생을 가르치고, 사회로부터 받은 혜택의 결과로 얻은 재물을 다시 사회에 환원하려는 마음을 가져야 한다.

예를 들자. 가을은 추수의 계절이다. 그러나 진실로 순박한 농부는 "이 모든 것이 나의 노력일 뿐"이라고 말하지 않는다. 여름 내내 곡식을 길러준 태양, 비, 달, 천지 신령에게 감사를 드린다. 마치 공짜 선물을 얻은 것처럼 감사하는 시간을 갖는다.

우리 주위에는 자신의 성공을 자신의 노력일 뿐이라고 믿는 사람들이 없지 않다. 그들은 "억울하면 출세를 하라"고 핏대를 올리기도 하고, "내 맘대로 쓰는데 무슨 상관이냐"고 대들기도 한다. 그러나 이 세상에 태어난 모든 사람은 빚진 사람이며 특히 기업으로 성공한 사람은 그를 음으로 양으로 도와준 많은 사람들과 이 사회에 큰 빚을 진 사람이다. 여기서 우리는 사도 바울의 발언을 조용히 사색할 필요가 있다.

나는 여러분과 모든 사람에게 큰 빚을 진 사람이라. 헬라인이나 이방인이나, 지혜로운 자들이나 어리석은 자들에게 큰 빚을 진 사람이라.[6]

22

사도 바울이 실제로 어떤 사람에게 돈을 빌리지는 않았을 것이다. 그러나 그는 그의 삶 자체를 여러 사람들의 보살핌으로 지금까지 영위해 왔다고 믿으며, 그래서 그는 자신을 '빚진 사람'이라고 말한 것이다. 물론 우리가 우리의 삶의 마지막 단계에서 지나간 삶을 회고하면서 자신이 진 빚을 전부 갚았다고 생각하는 사람은 하나도 없을 것이다. 그러나 천만 원 빚을 진 사람은 단돈 천 원이라도 갚으려고 노력하는 데 삶의 보람이 있을 것이다.

빚을 지고 산다고 생각하는 사람의 삶은 어떨까? 우선 그는 언제나 겸손할 것이다. 하느님의 은혜와 부처님의 공덕을 찬양하고, 자신의 오만함을 거부할 것이다. 성 아우구스티누스가 "기독교인이 될 수 있는 세 가지 조건은, 첫째도 겸손이며 둘째도 겸손이며 셋째도 겸손이다"라고 말한 이유도 여기에 있다. 또한 빚을 지고 사는 사람은 언제나 감사하는 마음을 가질 것이다. 고난과 역경을 당해도 "항상 기뻐하라"는 성서의 명령을 따를 수 있을 정도로 감사의 마음을 가질 것이다.

만해(卍海) 한용운(1879-1944)은 「감사를 느끼는 마음」(1938)에서 이렇게 말한다.

> 감사를 느끼는 마음은 성자(聖者)에 가까운 마음이다. 무상보리에 회향(廻向)하는 선근(善根)을 심는 까닭이다. 가족에 대해서, 인인(隣人)에 대해서, 사회 국가에 대해서, 내지 유정무정(有情無情)에 대해서.
>
> 감사를 느끼는 이만이 유연한 마음을 가진 이다. 유연한 마음을 가진 뒤라야 삼독(三毒)을 여윌 수 있는 것이다. 그래서 탐적(貪的) 생활을 버리고, 귀적(鬼的) 생활을 버리고, 축적(畜的) 생활을 버릴

수 있는 것이다.

　아빈(我貧)을 버리지 않고 상쟁(相爭)은 없어지지 않는다. 진애
(瞋恚)를 버리지 않고 평화는 오지 않는다. 우치(愚癡)를 떠나지 않
고 시기(猜忌)는 사라지지 않는다.

　고맙게 생각하는 마음 — 거기에 이해도 있고, 존경도 있고, 만족
도 있고, 평화도 있는 것이다.[7]

　일에는 귀천이 없다. 모든 일은 신성하다. 열심히 일하는 사람만큼
아름다운 모습이 어디 있겠는가. 또한 일은 개인, 가정, 국가, 세계를
지탱하는 힘이 된다. 그러나 우리는 일하기 위해 산다는 인생관으로
부터 한 걸음 더 전진해야 한다. 일을 하는 목적이 현재의 내가 존재
하도록 만들어준 모든 사람을 사랑하려는 데 있다는 경지로 승화되어
야 한다.

　사람은 빚을 갚기 위하여 산다. 이것이 바로 모든 사람의 진정한 존
재 이유가 되어야 할 것이다.

5. 맺음말

　빚을 갚는 삶이란 한 마디로 봉사의 삶, 특히 무료 봉사의 삶이다.
모든 사람은 자연과 타인에게 엄청난 빚을 지고 있으며, 가능한 한 그
빚을 갚으면서 살려고 노력해야 한다. 이슬람교인들이 꼭 지켜야 할
'5개의 기둥' 중에 이웃에 대한 자선을 주장하는 이유도 여기에 있다.
아무리 가난한 사람이라도 남을 도울 수 있는 능력은 가지고 있다는
뜻이다.

　그러면 우리는 무조건 의무적으로 남을 도와야 하는가? 물론 그것

은 우리의 임무다. 그러나 우리는 여기서 남을 돕는 봉사의 행위가 첫째로 나에게 무한한 행복을 느끼게 하며, 둘째로 언젠가는 나를 전문인으로 변용시킨다는 사실을 잊지 말아야 한다.

사람에게는 여러 가지 행복이 있다. 부자가 된 행복도 있고, 출세한 행복도 있고, 풍부한 지식을 얻은 행복도 있다. 그러나 이 세상에서 가장 훌륭한 행복은 바로 남에 대한 봉사에서 얻는 행복이다. 이것은 봉사의 삶을 직접 실천해 본 사람들만이 얻을 수 있는 행복이다. 사람은 남을 돕는 봉사를 통해 삶에 대한 희열을 느끼고, 무한한 엔돌핀을 얻을 수 있다. 그 이유는 무엇인가?

> 첫째, 자원 봉사자는 남에 대한 봉사를 통하여 결국 자신이 '전문가'가 되며, 이것이 바로 자아 발전의 구체적인 결과가 된다. 처음에는 단순한 동정심에서 시작했으나 차츰 봉사의 전문성을 깨닫게 되며, 결국 그는 '배우는 사람'의 입장에서 '가르치는 사람'의 경지로 승화된다. 오늘날 대부분의 자원 봉사 지도자들이 바로 이런 과정을 거친 사람들이다.
>
> 둘째, 자원 봉사자들은 자신의 현재 행복을 새삼스레 깨닫게 되며, 그리하여 지금까지 불평만 해오던 세상을 감사한 마음으로 바라보게 된다. 시각 장애인을 도와주는 '부름의 전화'나 보훈병원에서 수십 년 침대 생활을 하는 환자를 도와주는 대한적십자사의 자원 봉사자들이 한결같이 느끼는 감정이다. 아, 내가 눈을 뜨고 있다는 사실, 아무 불편 없이 걸어 다닐 수 있다는 사실, 이야말로 삶을 찬미할 수 있는 조건이 아니겠는가.[8]

사랑은 크게 에로스와 아가페, 즉 바라는 사랑(desiring love)과 주는 사랑(giving love)으로 나눌 수 있다. 전자는 아직도 유치한 단계의 사랑이며, 그것은 후자의 단계로 승화되어야 한다. 그래서 에리히 프롬은, 우리가 준다는 것은, 절대로 일상적으로 생각하듯이 자신의 희생과 손해가 아니라고 말한다.

> 창조적인 사람에게 있어서 준다는 것은 전혀 다른 의미를 갖는다. 준다는 것은 능력의 가장 고귀한 표현(the highest expression of potency)이다. 나는 주는 행위를 통해 나의 힘과 부귀와 능력을 체험한다. 그리고 이 승화된 활력과 능력의 체험은 나에게 한없는 즐거움을 준다. 그래서 그 체험은 나 자신을 충만하고, 헌신하고, 살아 있고, 즐거운 존재로 만든다.
> 주는 것이 받는 것보다 좋다. 주는 행위 속에서 나의 살아 있음이 표현되기 때문이다.[9]

우리는 "받는 것보다 주는 것이 좋다"는 프롬의 명제를 "남을 돕는 것이 나를 돕는 것보다 좋다(A > B)"로 바꿀 수 있을 것이다. 그러나 나는 이렇게 말하고 싶다. "남을 돕는 것이 나를 돕는 것이다(A = B)." 이 사상을 불교적으로 표현하면, 위로 지혜를 추구하는 상구 보리(上求菩提)와 밑으로 중생을 교화시키는 하화 중생(下化衆生)은 선후의 개념이 아니라 동시적인 개념이 된다는 것이다. 상구 보리가 하화 중생이며, 하화 중생이 상구 보리다. 쉽게 말해서, 너는 나며 나는 너다.[10]

[주]

1) '영원한 질문'에 대한 토론으로는 다음을 참조할 것. 황필호, 『서양종교철학 산책』, 집문당, 1996, pp. 13-31.

2) 「전도서」, 1:1-8.

3) 일의 철학에 대하여는 다음을 참조할 것. 황필호, 『모든 생활은 철학이다』, 창해, 1997.

4) 「전도서」, 1:9-15.

5) 원문: "I have a million things to do, so I don't know what I am busy for."

6) 「로마서」, 1:14.

7) 수필에 나타난 한용운의 사상에 대하여는 다음을 참조할 것. 황필호, 『종교철학 에세이』, 철학과현실사, 2002, pp. 15-30.

8) 황필호, 『나도 아름답게 나이 들고 싶다』시대의창, 2005년, p. 65.

9) Erich Fromm, *The Art of Loving*, Bantam Books, 1956, p. 19.

10) 황필호, 『나도 아름답게 나이 들고 싶다』, 앞의 책, 2005, p. 68.

학문이란 무엇인가

1. 머리말

나는 제1강좌에서 "왜 사는가?"로 대표되는 영원한 질문을 제기하면서 이 질문에 대한 세 가지 답변을 고찰했다. 첫째로 인간은 태어났기 때문에 살 수밖에 없다는 답변은 문자적으로는 절대로 틀릴 수 없는 참이지만, 이런 답변은 아무래도 정해진 궤도를 달리는 결정론적 삶으로 빠지기 쉽다. 둘째로 인간은 일하기 위해 산다는 답변은 인간의 자율성을 어느 정도 인정하면서도 결국에는 일 자체가 삶을 대신할 수 없다는 문제점을 가지고 있다. 그래서 나는 셋째로 차라리 빚을 갚기 위해 산다는 인생관을 채택해야 될 것이라고 말했다.

그러면 여기서 빚을 갚는 삶이란 구체적으로 무엇인가? 그것은 한마디로 인간은 모듬살이를 할 수밖에 없는 존재이기 때문에 가능한 한 남을 도우면서 살아야 한다는 것이다. 이 세상의 모든 일은 일단

'나'로부터 시작하지만 그것은 언젠가는 '우리'로 수렴되어야 한다는 것이다. '나' 없는 진정한 '우리'란 있을 수 없는 일이지만, '우리' 없는 '나'만의 세상은 극히 피곤할 수밖에 없을 것이다. 한 마디로 빚을 갚는 삶의 내용은 이웃 사랑이다.

그러나 이웃을 사랑한다는 행위는 그리 만만한 일이 아니다. 우선 우리는 누가 우리의 이웃인지를 알아야 하며, 더 나아가서 이웃의 개념 자체를 알아야 한다. 즉 사랑하려면 사랑하려는 상대를 알아야 한다. 그렇지 않으면, 이웃을 사랑하려는 순수한 마음이 도리어 큰 불행을 초래할 수도 있다. 그리하여 에리히 프롬은 『사랑의 기술』에서 사랑과 앎의 직접적인 관계를 다음과 같은 파라셀수스의 말로 표현한다.

> 아무것도 모르는 사람은 아무것도 사랑하지 않는다. 아무것도 할 수 없는 사람은 아무것도 이해하지 못한다. 아무것도 이해하지 못하는 사람은 아무런 가치가 없다. 그러나 이해하는 사람은 사랑하고 목격하고 본다.
> 우리는 더욱 많은 지식을 가질수록 더욱 사랑하게 된다. 예를 들어서 모든 과일이 딸기와 동일한 시기에 익는다고 상상하는 사람은 포도에 대하여는 아무것도 모르는 사람이다.[1]

사랑하려면 알아야 하고, 알려면 사랑해야 한다. 그래서 빚을 갚는 삶은 그것을 실천할 수 있는 지식을 필요로 한다. 우리가 이제 배움의 본질인 학문을 좀 심각하게 분석해야 하는 이유가 여기에 있다.

2. 배움의 중요성

학문이란 배우고(學) 묻는(問) 행위다. 여기서 중요한 사실은, 배움과 물음은 절대로 떨어질 수 없다는 것이다. 배우려면 물어야 하고, 물으면 배우게 된다. 묻지 않고 배우는 길은 없으며, 물어서 배우지 못할 수도 없다. 이런 뜻에서, 우리는 '학문'을 하나의 추상명사로 취급하지 말고 배움과 물음이라는 두 개의 동사가 합쳐진 동명사로 보아야 한다. 학문이라는 고상한 세계는 인간으로부터 멀리 떨어져 있는 것이 아니라 배우고 물으려는 인간의 부단한 움직임 속에 있다.

우선 배움을 생각해 보자. 오늘날 우리는 흔히 "개는 토한 것을 다시 먹지만 사람은 토한 것을 다시 먹지 않는다"고 말한다. 그러나 이 말은 전혀 옳지 않다. 우선 나 자신만을 놓고 볼 때도, 나는 얼마나 여러 번 동일한 실수를 반복했는가. 술 취하지 않겠다고 평생 서약을 하면서도 70을 바라보는 현재까지도 가끔 '술 취한 개'가 되지 않는가.

그럼에도 인간과 동물 사이에는 큰 차이가 있다. 오직 인간만이 배울 수 있기 때문이다. 돼지는 300년 전에 했던 일을 오늘도 그대로 하고 있다. 그러나 100년 전의 일을 그대로 반복하는 사람은 이 세상에 존재하지 않는다. 그는 더 배운 사람이 되든지, 더 못 배운 사람이 될 수밖에 없다.

배움이 인간에게 항상 기쁨을 주는 것은 아니다. 그것은 종종 우리들의 '무지의 행복'을 깨뜨리는 역할을 할 수도 있다. 예를 들어서, 우리는 우리와 가까운 사람이 저지른 비윤리적 비밀을 알게 되었을 때 얼마나 한탄하는가. 차라리 내가 그 사실을 몰랐다면 얼마나 좋았을 것인가. 배움은, 특히 어설픈 배움은, 인간에게 커다란 불행을 줄 수도 있다. 식자우환이 여기에 속한다.

그럼에도 우리가 배울 수 있다는 것은 참으로 신의 축복이 아닐 수 없다. 분명히 인간은 배운 것을 잊어버릴 수도 있고, 배운 것을 실천하지 않을 수도 있다. 그리고 어느 경우에는 배운 사람을 무조건 비인간적이라고 비판할 수도 있다. 그럼에도 배움은 신이 인간에게 내린 축복이 아닐 수 없다. 그래서 아리스토텔레스는 그의 『형이상학』의 첫 마디를 "모든 인간은 알기를 원한다"로 시작하며,[2] 특히 "배우고 그것을 때때로 익히면 기쁘지 않겠는가"라는 문장으로[3] 시작하는 『논어』는 배움의 중요성을 아주 강조한다.

어진 것만 좋아하고 배우기를 좋아하지 않으면 그 폐단은 어리석게 되고, 아는 것만 좋아하고 배우기를 좋아하지 않으면 그 폐단은 방탕하게 되고, 믿음만 좋아하고 배우기를 좋아하지 않으면 그 폐단은 남을 해치게 되고, 정직한 것만 좋아하고 배우기를 좋아하지 않으면 그 폐단은 답답한 것이 되고, 용기만 좋아하고 배우기를 좋아하지 않으면 그 폐단은 문란하게 되고, 강(剛)한 것만 좋아하고 배우기를 좋아하지 않으면 그 폐단은 경솔하게 되느니라.[4]

우리는 흔히 인간을 '생각하는 존재'로 규정하는데, 이것도 결국 인간의 가장 중요한 특성이 바로 배움이라는 뜻이다. 우리가 어떤 것을 배우려면 그것에 대하여 골똘하게 생각할 수밖에 없기 때문이다. 배움이 인간을 만든다. 그래서 김흥호는 맛 중에 가장 좋은 맛은 '아는 맛'이라고 말한다.

세상에는 먹는 맛도 있고 노는 맛도 있고 아는 맛도 있다. 먹는 맛보다는 노는 맛이 좋고, 노는 맛보다는 아는 맛이 좋다. 먹는 맛은 식물도 가질 수 있는 맛이요, 노는 맛은 동물도 가질 수 있는 맛이다. 그러나 아는 맛은 사람만이 가질 수 있는 맛이다. 사람이 잘났다면 아는 맛을 가질 수 있다는 것이 잘난 점이고, 사람이 행복하다면 아는 맛을 가질 수 있기에 행복한 것이다.

인간은 무엇이나 알고 싶어한다. 우주를 다 안 후에도 오히려 부족하여 인간은 자기 자신을 알려고 덤벼들기도 하고, 우주를 창조한 하느님까지도 알려고 한다. 인간이 앎을 개척하지 못하면 인간으로 살았다고 할 수가 없다. 먹는 재미에 사는 사람은 식물의 삶을 사는 사람이요, 노는 맛에 사는 사람은 동물의 삶을 사는 것에 불과하다. 아는 맛에 사는 사람만이 사람의 삶을 사는 사람이다. 정말 앎의 기쁨을 가진 사람이란 음식에 맛을 붙이듯이 진리에 맛을 붙인 사람이다.[5]

배워야 사람이다. 배우지 않으면 사람이 아니다. 우리는 이 명백한 사실을 절대 잊지 말아야 한다.

3. 물음의 중요성

만약 모든 사람이 알기를 원한다면, 모든 사람은 질문하지 않을 수 없다. 지자(知者)가 되려면 먼저 문자(問者)가 되어야 한다. 배움이란 오직 물음에 의해서만 성취될 수 있기 때문이다. 여기에 바로 물음의 중요성이 있다. 김흥호는 이렇게 말한다.

사람의 위대함은 그가 해놓은 일에 있는 것이 아니라 그가 내놓은 물음의 위대함에 있다. 에디슨이 발명왕이 되어 많은 문명의 이기를 발명한 것도 물론 위대하지만, 그가 어렸을 때 물었다는 수학 문제, 즉 하나에다 하나를 더하면 어떻게 둘이 될 수 있느냐는 물음은 에디슨의 모든 발명을 합친 것보다 더 위대한 것 같다. 하나는 하나밖에 없어서 하나일 터인데, 어디 또 하나가 있어 더해질 수 있을까. 이 수수께끼는 에디슨에게 도무지 알 수 없는 이상한 것이었다.

인간은 물음을 가져야 한다. 그 물음이 크면 클수록 좋다. 태초에 물음이 있었다. 물음이 위대함과 같이 있었다. 물음이 곧 위대함이다. 옛날 현인들은 위대한 물음이 있을 때는 그 물음에 대답하지 않고 그 물음을 되풀이함으로써 감탄의 깊은 뜻을 표시하기도 했다. 그것만이 그들이 할 수 있는 최선의 길이었기 때문이다.

물음은 대답할 수 있어서 위대한 것이 아니라 대답할 수 없는 데 그 위대함이 있다. 대답할 수 있는 물음은 물음이 아니다. 대답할 수 없는 물음이라야 참 물음이다. 대답할 수 없는 물음을 영원히 물어갈 때 인간은 한없이 위대해진다.[6]

그러면 우리는 어떤 물음을 던져야 하는가? 물론 이 질문은 — 내가 제5강좌에서 설명하겠지만 — 그가 어떤 단계의 앎을 추구하느냐에 따라서 다를 수밖에 없다. 서울에서 부산을 가는 길을 알려고 하는 사람은 아무런 이유가 있을 수 없는 정보를 원할 것이며, 니체가 신은 죽었다고 말한 이유를 알려고 하는 사람은 반드시 그 이유를 알려고 할 것이며, '영원한 질문'을 제기하는 사람은 삶과 죽음에 대한 근본적인 해결책을 알려고 할 것이다. 여기서 우리는 특히 세 번째 질문의 중요성을 잊지 말아야 한다. 그런데 요즘 우리는 마치 모든 문제들을 완전히 해결한 양 착각하고 있다. 김흥호는 이런 현대인들을 '물음을 잃고 대답만 기다리는 가엾은 존재'라고 말한다.

인간의 물음은 어렸을 때, 아직 감각이 마비되지 않았을 때 나타
난다. 그때는 일체가 신비요 감격이다. 그런데 어느덧 불 속에 손을
넣고도 뜨거운 줄을 모르는 문둥이처럼, 신비와 감격을 잃고 말았
다. 물음은 잃고 대답만 기다리는 가엾은 존재가 되어 버렸다. 인간
은 물음을 되찾아야 한다. 그러기 위해서는 어린애가 되어야 한다.
어린애가 되기 전에는 결코 물음을 물을 수가 없기 때문이다.[7]

4. 조동일의 학문론

그러나 학문의 목적과 방법과 응용을 따지는 일은 결코 쉬운 일이
아니다. 그래서 나는 이제 조동일의 학문론을 소개하려고 한다. 내가
보기에 그는 아마도 학문의 위기의 문제에 관한 한 가장 새롭고, 넓
고, 깊은 견해를 가지고 있다고 생각되기 때문이다.

조동일은 학문을 네 가지로 설명한다. 첫째, 학문은 진실을 탐구하
는 행위다. 둘째, 학문은 논리로 이루어진다. 셋째, 학문은 실천의 지
침인 이론을 마련한다. 넷째, 학문은 독백이 아닌 대화다.

첫째로 진실이란 무엇인가? 그것은 한 마디로 진리라고 할 수 있지
만, 이른바 '종교적 진리'는 여기에 포함되지 않는다. 학문이란 검증
가능한 작업에만 관여하기 때문이다. 그렇다고 해서 사실이 바로 진
리가 되는 것은 아니다. 사실은 학문을 하는 데 필요한 자료일 뿐이
며, "사실들의 상관 관계에 어떤 원리가 있다는 것을 발견해야 비로소
학문에서 탐구하는 진실"이 될 수 있다. 둘째로 학문은 논리를 생명으
로 한다. 학문을 한다면서 논리를 불신하거나 논리를 의심하는 것은
용납할 수 없다. 그러나 논리는 타당해도 사실이 그렇지 않을 수 있는
데, 이런 경우에는 '사실에 맞는 논리'를 다시 마련해야 한다. 그래서

학문을 하다 보면 "기존의 논리 가운데 다른 것을 가져다 써야 하는 경우도 있고, 논리 자체를 새롭게 개발해야 하는 경우도 있다." 셋째로 학문의 목표는 실천을 위한 이론이다. "어떤 실증적 학문이라도 논증한 사실을 종합해서 이론적인 일반화를 이루는 데까지 이르러야 학문이라고 할 수 있다." 여기서 실천과 이론은 만나야 한다. 넷째로 학문은 독백이 아닌 대화다. 개인이 연구한 업적을 여러 사람이 토론의 대상으로 삼아 점검하고 비판하는 작업이 활발하게 이루어져야 비로소 '타당한 성과'에 이를 수 있다.[8]

조동일의 이런 학문론은 별반 특성이 없는 듯하다. 그러나 그의 이론을 자세히 관찰하면, 우리는 몇 가지 특성을 쉽게 발견할 수 있다.

첫째, 모든 학문은 개별 학문으로 남지 말고 '학문학'으로 나아가야 한다. 예를 들어서 문학학문은 인문학문 일반으로, 인문학문은 인문사회학문 총괄론으로, 인문사회학문은 인문사회자연학문 총괄론으로 나아가야 한다. 이런 뜻에서 우리는 "학문학을 하지 않는 학문은 학문이 아니다"라고 말할 수 있다.[9]

그렇다고 해서, 우리가 새삼스레 '학문학'이라는 학문을 새로 만들어서 모든 다른 학문을 이 학문학 밑으로 귀속시켜야 되는 것은 아니다. 여기서 말하는 학문학은 '넓은 의미의 철학'이라고 할 수 있다. 즉 철학을 학문학으로 삼는 것이 바람직하며, 반대로 철학은 학문학이어야 한다.[10] 물론 오늘날 우리는 철학을 유럽 문명권에서 사용하는 'philosophy'의 번역어로 생각하고 있으며, 이런 뜻에서 철학은 수많은 개별 학문 중에 하나일 뿐이라고 생각한다. 그러나 이제부터 우리는 "다시 출발하기 위해서 '철학' 대신에 '학문학'이라는 말을 일반화해서 사용하는 것이 적극적인 대책"일 것이며, 일반 학문학을 서양에서는 'philosophy'라고 한다고 생각하는 것이 좋을 것이다.[11]

철학이 개별 학문의 한 분야라고 하면 학문학의 구실을 할 수 없다. 각론 차원에서 다른 여러 학문과 구별되고 경쟁해서는 학문학이 학문학일 수 없다.

그렇다고 해서 다른 학문들은 [모두] 학문학에 소속되는 하위 학문이어야 한다는 것은 받아들일 수 없는 제안이다. 학문학이 학문학일 수 있게 하는 대책은 그런 분야가 따로 없고, 모든 개별 학문이 그 나름대로 학문학 노릇을 하고, 학문학 일반의 문제를 개별 학문의 특수한 문제와 함께 다루기로 하는 것이다.[12]

쉽게 말해서, 이제 철학은 하나의 개별 학문으로 만족하지 말고 중세 시대처럼 모든 학문을 포용하는 철학의 원래 사명을 되찾아야 한다. 조동일은 철학의 이런 책임을 "철학이 따로 없어야 철학이 산다"고 표현하며,[13] "우리는 철학은 하지 않으면서 철학을 해야 한다"고 표현하기도 한다.[14] 즉 오늘날 우리는 "철학을 넘어선 철학을 함으로써 지난날의 학문론을 오늘의 것으로 다시 만들어야 한다."[15]

철학을 다른 학문과 분리시켜 독자적인 영역과 방법을 가진 개별 학문으로 정립하는 작업에 몰두하면서 철학이 학문 세계에서 무엇을 할 수 있는가를 밝히려고 하지 않아 철학 옹호론이 실패로 끝났다. 철학이 모든 학문 위의 학문이라면, 그것은 인문학문·사회학문·자연학문을 함께 돌보고, 그 모두를 한꺼번에 포괄하는 종합 학문을 해야 마땅하다. 그것이 철학이 할 수 있는 최대의 기여다. 그런데 다른 것은 버려두고 자연과학의 학문학만 하고 있는 것은 철학이 모든 '학문 위의 학문'이라는 주장을 스스로 뒤집는 처사다.[16]

둘째, 모든 학문이 이렇게 '넓은 철학' 혹은 '학문론'에서 만나야 한다는 조동일의 주장은 우선 모든 학문이 다학문적이어야 한다는 뜻을 함유한다. 역사학은 역사학으로 남지 않고 문학·철학과 만나고, 이런 인문학문은 다시 사회학문·자연학문과 만나야 한다. 이제 자신의 울타리 속에서만 안주하려는 학문은 식민지 시대와 자립화 시대를 지나 세 번째로 닥쳐온 세계화 시대의 학문이 될 수 없다.[17]

예를 들어서, "인생만사를 논의하는 문학에 대한 연구를 하면서 그 자체로 고유한 연구 방법이 있어야 한다는 것은 부당하다. 인문학문의 여러 영역에서 하는 사명을 통합하면서, 사회학문의 사명까지 함께 수행해야 문학 연구를 제대로 할 수 있다. 그 때문에 문학이나 문학학문이 자체의 특색을 잃고 공중 분해를 한다고 염려하지 말아야 한다."[18] 이런 주장은 문학뿐만 아니라 역사학, 철학, 종교학 등에도 그대로 적용된다.

조동일은 학문을 어느 한 분야에 한정시키지 말고 모든 학문의 '공동의 쟁점'을 토론해야 된다고 말한다. 그래야 학문이 진정 우리의 삶에 피가 되고 살이 될 수 있다. 그가 학문이란 모름지기 "머슴의 능력을 갖가지 방식으로 유용하게 발휘하는 데 머무르지 말고, 이제 세상만사를 확고하게 장악하는 주인의 자리를 차지해야 한다"고 주장하는 이유도 여기에 있다.[19] 그의 이런 주장은 오늘날 대부분의 학자들이 이른바 전공이라는 감옥에 갇힌 수인(囚人)의 신세를 면하지 못하고 있는 상황에서는 굉장히 어려운 주문이기도 하고,[20] 상대주의가 판을 치고 있는 포스트모던 상황에서는 시대를 거꾸로 가려는 시도이기도 하다.[21]

셋째, 조동일은 '미시 담론'을 벗어나서 '거대 담론'을 통한 학문 통합을 주장한다. "오늘날 학문이 미세하게 분화되고 분화된 영역들끼리 서로 교섭이 없는 것이 커다란 폐단이다. 개별 학문의 주권이 절대적이라고 인정하면, 인문학문론도 학문일반론도 공허한 이름에 지나지 않는다. 인문학문 또는 학문일반에 관한 총괄적인 논의를 새롭게 해야 하는 이유는 분과 학문의 한계를 넘어서서 함께 다루어야 할 공동의 쟁점이 허다하기 때문이다. 공동의 쟁점을 두고 싸움을 하는 것이 학문 통합을 위한 최상의 방안이다."[22]

그러면 삶에서나 학문의 영역에서 상대주의가 판을 치고 있는 21세기에도 거대 담론은 가능한가? 아니, 그것은 과연 바람직한 것인가? 조동일은 단연 긍정적으로 답변한다.

내가 하고자 하는 일은 거대 이론 창조다. 이제는 거대 이론이 소용없게 되었다는 속설을 물리치고, 유럽 문명권 중심주의와 근대 지상주의의 편견에서 벗어나지 못한 기존의 근대 이론을 뛰어 넘어, 근대 다음의 시대를 창조하는 데 지침이 되는 예언서를 만들어, 인류 전체에게 새로운 사고를 제공하고자 한다.[23]

미래를 예견하는 것은 쉬운 일이 아니다. 유럽 문명권 주도의 근대를 대신할 수 있는 다음 시대가 어떤 시대인가 분명하지 않고, 다음 시대의 사회나 문화의 구조를 납득할 만하게 제시할 수 없는 것이 사실이다. 그러나 그 때문에 역사의 미래를 설계하는 거대 이론에 대한 기대를 헛되다고 할 수는 없다. 인류 역사에서도 고대인이 중세를, 중세인이 근대를 예견하고 설계하는 것은 참으로 어려운 일이었음을 잊지 말아야 한다. 어려운 일이니까 힘들여 연구해야 한다.[24]

조동일은 이런 거대 이론의 실례로 고대에 만들어진 중세 예견의 좋은 본보기인 『바가바드 기타』, "모든 것은 하나이면서 또한 둘이고, 둘이면서 하나라고 하는 원리를 정립하여 성정(性情)·귀천(貴賤)·화이(華夷)를 차별하는 이론을 일제히 극복"한 홍대용(洪大容)의 『의산문답(醫山問答)』, 그리고 중국의 왕부지(王夫之), 일본의 안등창익(安藤昌益), 월남의 여귀돈(黎貴惇)을 든다.

또한 그는 이렇게 말한다. "『바가바드 기타』나 『의산문답』의 경지까지 가지는 못하지만, 오늘날에도 유럽 문명권에서 거대 이론을 제작하려는 시도가 완전히 사라진 것은 아니다. 예를 들어서 허드슨(Marshall G. S. Hudson)의 『세계사 다시 생각하기(Rethinking World History)』(Cambridge University Press, 1993)는 유럽 문명권 중심주의를 시정하고 세계사의 전개를 '대등의 원리'에서 이해하려고 하면서 아랍 세계의 역사의 중요성을 부각시킨다. 그러나 그는 역사학을 역사철학의 경지까지 이끌지 못했다. 즉 역사학은 철학과 별개의 학문이라는 잘못, 그리고 아직도 유럽 문명권 학자의 협소한 안목을 벗어나지 못하고 있는 잘못을 그대로 유지하고 있다. 월러스틴(Immanuel Wallerstein)의 『사회과학 생각하지 않기(Unthinking Social Sciences)』(1991; 성백용 역, 『사회과학으로부터의 탈피』, 창작과비평사, 1994)는 사회과학을 따로 분리해서 하는 낡은 관습을 청산하고 이제는 총괄적인 학문을 해야 한다고 주장한다. 그의 세계 체제(world-system) 이론은 자본주의에 의해서 만들어진 세계의 모습을 총체적으로 그리고 지속적인 현상에서 파악한 성과가 있어, 그것은 거대 이론으로 인정되고 평가될 수 있다."[25]

넷째, 우리는 어떻게 거대 이론을 만들 수 있는가? 조동일은 생극론(生克論)을 그 방법으로 제시한다. 생극론은 "무엇이든지 포괄할 수

있게 열려 있으며, 다양한 예증을 검토하면서 미발견의 내용을 찾아
내도록 하는 방법"이다. 그래서 생극론에서는 "방법이 따로 분리되지
않고, 이론이 방법을 포괄한다. 즉 총괄 이론 또는 거대 이론은 방법
이 따로 노는 것을 허용하지 않고, 방법이 이론이고 이론이 방법이게
한다." 물론 우리는 생극론을 이론적으로 완전히 정립할 수 없다. 그
것은 불가능할 뿐만 아니라 무의미한 일이다. 다만 우리는 새로운 세
대를 준비한 과거의 거대 이론들이 모두 이 원칙에 의존해 왔다는 사
실에서 그것의 유용성을 찾을 수 있다. 이런 뜻에서 "완성될 수 있다
고 생각되는 생극론은 생극론이 아니다."

생극론은 오랜 역사를 가지고 있다. 일찍이 『주역』 제2장에는 "강
한 것과 부드러운 것이 서로 밀어서 변화를 만든다(剛柔相推 而生變
化)"는 구절과 제5장에는 "한 번 음이 되고 양이 되는 것을 도라고 한
다(一陰一陽之謂道)"는 구절이 있고, 동중서는 오행(五行)이 상생상승
(相生相勝)하는 관계를 고찰했으며, 주돈이의 『태극도설』에는 "무극
이 태극이니, 태극이 움직여 양을 낳고, 움직임이 극에 이르면 고요해
지고, 고요해지면 음을 낳는다(無極而太極 太極而動生陽 動極而靜 靜
而生陰)"는 구절, "양이 변하고 음이 합쳐져 수화목금토를 생산한다
(陽變陰合而生水火木金土)"는 구절, "음양 두 기가 교감해서 만물을
화생한다(二氣交感 化生萬物)"는 구절이 있다.[26] 그러나 이 모든 사상
을 수렴하여 생극론을 완성시킨 사람으로는 서경덕을 들 수 있는데,
그의 사상은 다음의 두 구절에 잘 나타나 있다.

태허는 하나지만 그 가운데 둘을 포함하고 있다. 이미 둘이므로,
그것은 열리고 닫히며, 움직이고 멈추며, 생(生)하고 극(克)하지 않
을 수 없다(太虛爲一 其中二 旣二也 斯不能無闔闢無動靜無生克也,

『화담집』, 2, 「이기설」).

　하나는 둘을 생(生)하지 않을 수 없고, 둘은 스스로 능히 극(克)한
다. 생하면 극하고, 극하면 생한다. 기(氣)가 미세한 데까지 이르는
것은 생극이 그렇게 하는 것이다(一不得不生二 二自能生克 生則克
克則生 氣之自微至鼓盪 其生克使之也, 『화담집』, 2, 「원리기」).[27]

　여기서 서경덕은 "주돈이가 말한 무극·태극·음양의 관계를 태
허·1·2의 관계로 재론하여, 0과 1인 리(理)가 2인 기(氣)를 낳는다고
생각할 여지가 없게 하고, 기가 스스로 0이고 1이고 2임을 분명히 한
다. 승(勝)이니 극(剋)이니 하는 말들을 '극(克)'이라고 간명하게 나타
내고, 오행론에서 제기한 생극 논의를 음양론으로 가져왔다. 생과 극
이 따로 놀지 않고, 합벽(닫힘과 열림)이나 동정(움직임과 멈춤)에서
처럼 서로 불가분의 관계를 가졌음을 명확하게 해서 생극(만들어냄과
이김)의 기본 원리를 정립한다."[28] 그러므로 조동일의 생극론은 음양
생극론의 발전이라고 말할 수 있다.

　한편 조동일은 각기 다른 분야에서의 공동 노력에 의해서만 성취할
수 있는 생극론은 아직도 완성되지 않았다고 말한다. "생극론은 철학
의 모든 문제를 일거에 해결하려고 하는 거대 이론이며, 철학의 의의
를 한껏 확대할 수 있게 한다. 그런 이론이 가능하고 필요하다는 것은
지금까지의 논의에서 충분히 입증되었다. 그러나 나는 생극론을 완성
하지 못했으며, 내 혼자 힘으로 완성할 수 있다고 믿지도 않는다. 오
늘날의 역사에서, 현실에서 제기되는 거대한 문제에 대해서 성찰하고
대답해야 할 책임이 철학에 있다는 데에 동의하는 많은 연구가가 동
참해서 함께 풀어나간 공동의 과제를 '생극론'이라고 이름 지을 수 있
다는 데에 동의를 얻자는 것이 지금 기대하는 최상의 성과다." 물론

그의 이런 생극론은 여러 사람들로부터 비판을 받고 있는데, 그 중에서 이진우는 이렇게 말한다.

우리는 여기서 조동일의 생극론이 서양의 관념 체계에 대해 "우리에게도 그런 것이 있다"는 식의 반동이라고 몰아붙이고 싶은 생각은 없다. 단지 우리가 묻고 싶은 것은 "갈등이 화합이고 화합이 갈등"이라는 명제가 무엇을 말하며 또 그것이 자본주의의 체계적 논리에 의해 지배받고 있는 현실에 대해 어떤 의미가 있는가 하는 점이다.

우리가 그 뜻을 알 듯하면서 모르는 까닭은 어디에 있는가? 생극론이라는 전통 사상의 내용이 우리에게 계승되지 않았기 때문인가, 아니면 그 사상이 현재의 삶으로부터 소외되었기 때문인가? 만약 생극론이 다른 문화뿐만 아니라 우리 안에서도 인정받지 못한다면, 그것은 생극론이 우리의 현실을 담아낼 수 있는 언어를 발전시키지 못하여, 그 사상을 공유할 수 있는 집단과 학문 공동체가 결여되었기 때문일 것이다.

조동일은 결국 구체적 현실에 대한 이론적 의미와 적실성을 검토하지 않음으로써 생극론이라는 특수한 사상에 거대 이론이라는 보편주의적 형식을 덧씌우는 우를 범하고 있다. 그는 마음으로는 '우리 학문으로 남의 학문 넘어서기'를 바라고 있지만, 실질적으로는 바깥의 학문적 조류와의 진정한 토론과 대결 없이 '우리 학문의 절대화하기'의 내용적 보편주의의 길을 걷고 있다.[29]

조동일 스스로 인정하듯이, 그의 학문론은 아직 완성된 것이 아니며, 그래서 어느 경우에는 구체적 내용이 결여된 선언적 의미만 가지고 있다는 비난을 받기도 한다. 예를 들어서, 어느 학자는 현재 한국에서 진행되고 있는 인문학문에 대한 논의를 백낙청과 조동일의 문맥적 인문학, 김우창과 이진우의 비판적 인문학, 김영한과 김현의 상상적 인문학, 이태수의 개념적 인문학으로 분류하면서 백낙청과 조동일을 이렇게 비판한다.

> 동양 또는 한국이라는 문맥은 중요하지만 그 문맥의 적합성을 설득력 있게 제시하지 못하고 '동양' 또는 '한국'이라는 단어 뒤에 숨는다면, 이것은 인문학의 지역주의적 위험을 유발하는 것이다.
> 현대 사회의 다른 지역에서도 공감할 수 있을 그러한 모형의 요구는 무리한 것일까. 이들의 많은 저술들을 통해 아쉬운 것은 백낙청의 진리론이나 조동일의 학문론으로서의 인문학이 어떻게 인간론과 연결되는가가 심층적으로 분석되지 않고 있다는 점이다. 백낙청의 진리문맥화나 조동일의 최한기는 중요하다. 그러나 한국 지성사회가 요구하는 인문학 논의를 위해서 사람다움의 현대적 조건을 조명하는 데 어떻게 도움을 줄 수 있는가가 보여져야 할 것이다. 아직도 더 많은 저술들을 기대하게 하는 물음이다.[30]

그러면서도 그는 조동일에 대하여 이렇게 말한다. "그의 인문학은 서양의 좁은 의미의 인문학에 한정되어 있지 않고, 사회과학과 자연과학의 학문적 성격을 마땅한 주제로 포함한다. 서양의 인문학적 기준에 의해 조동일의 인문학을 평가한다는 것은 설득력이 없다. 그의 인문학은 결국 조동일의 체계 안에 들어가 내재적으로 평가되어야 한다."[31] 옳은 말이다.

5. 학문의 세 단계

모든 학문은 무엇을 배우고 가르치느냐에 따라서 세 단계로 나눌 수 있다. 첫째는 정보(information)의 단계고, 둘째는 지식(knowledge)의 단계고, 셋째는 지혜(wisdom), 진리(truth), 덕(virtue)의 단계다. 우리는 어떤 현상에 대한 정보를 배우고, 그 정보를 통해 현상의 원인을 규명하는 지식을 배우고, 끝으로 이 지식을 통해 진리에 도달한다. 그러나 정보를 많이 가지고 있다고 해서 그것이 언제나 지식이 되는 것은 아니며, 지식을 많이 가지고 있다고 해서 그것이 언제나 진리가 되는 것은 아니다. 예를 들어서 여성에 대하여 많은 정보를 가진 사람이 자동적으로 여성학의 권위자가 되는 것은 아니며, 지식을 많이 가진 사람이 자동적으로 덕인(德人)이 되는 것은 아니다. 그러나 우리는 일반적으로 배움을 이상의 세 단계로 나눌 수 있다. 이제 각 단계를 조금 더 생각해 보자.

첫째, 정보에도 여러 가지가 있다. 요즘 젊은이들이 즐겨 인용하는 썰렁한 유머로부터 유명한 학자의 어록(語錄)에 이르는 여러 가지의 정보가 있지만, 일단 모든 정보는 나름대로의 가치가 있는 듯이 보인다. 특히 정보화 시대로 돌입한 요즘에는 정보의 중요성이 더욱 강조되고 있다. 미래학자 토플러(Alvin Toffler)가 『제 3의 물결』에서 앞으로는 "정보를 가진 사람이 지배한다"고 선언한 이유도 여기에 있다. 예를 들자. 나는 서울에서 부산으로 가는 길을 전혀 모르지만, 나의 친구는 육로, 해상, 항공을 통한 여러 가지 길을 알고 있다. 그러면 나는 그에게 어떻게 부산에 갈 수 있느냐고 물을 수밖에 없다. 그가 나보다 더 많은 정보를 가지고 있기 때문이다.

그러면 우리는 무조건 많은 정보를 가질수록 좋은 것인가? 그렇지는 않다. 필요한 정보는 꼭 가지고 있어야 하지만, 필요 없는 정보는 가급적 버리려고 노력해야 한다. 어느 학생이 학교에 가는 길을 모른다고 하자. 참으로 큰 일이 아닐 수 없다. 학생에게 학교로 가는 길에 대한 정보는 필수적이기 때문이다. 이와 반대로, 어느 연예인이 어떤 사람과 결혼을 하려다가 하지 않게 되었고, 그러다가 다시 하게 되었다는 정보가 있다고 하자. 도대체 내가 연예계에 종사하지 않는다면, 그녀가 결혼을 한다는 사실이 나의 인생에 어떤 의미를 가질 수 있겠는가. 참으로 백해무익한 일이 아닐 수 없다.

실로 현대인은 쓸데없는 정보의 나열을 바로 지식 혹은 진리라고 착각하고 있다. 아니, 그는 쓸데없는 정보를 너무 많이 알고 있기 때문에 진정한 지식이나 지혜를 받아들일 수 없는 것이다. 노자는 『도덕경』 제 5 장에서 이런 현대인에게 "말이 많으면 궁하게 된다(多言數窮)"고 경고한다.[32] 즉 우리는 너무 많이 듣고 너무 많이 말한다. 그것이 바로 우리의 삶에 필요한 것인지 혹은 전혀 불필요한 것인지를 생각조차 하지 않으면서. 그러다 보니 결국 우리는 모두 식자우환(識字憂患)에 걸리게 된다.

우리는 이와 정확히 동일한 사상을 키에르케고르(1813-1855)에서 찾을 수 있다. 그는 『마지막 비학문적 후서』에서 그의 저작 중에서 가장 철학적인 『철학적 조각들』을 쓴 이유를 '너무 많이 알아서 문제가 있는 사람들'을 위해 쓴다고 말하면서, 쓸데없는 정보를 무조건 많이 소유하려고 노력하는 학자를 탐식증 환자로 비유한다.

나는 이 책을 앞으로 무엇인가를 알아야 할 무지한 사람들을 위해 쓴 것이 아니다. 내가 이 책에서 대화하려는 사람은 언제나 박식하다. 그러니까 이 책은 아는 사람, 다만 너무 많이 알아서 문제가 있는 사람들을 위해 쓴 것이다.

　오늘날 모든 사람은 기독교의 진리를 잘 알고 있다고 생각하기 때문에, 우리가 고통을 통해서만 기독교의 원시적 인상을 획득할 수 있다는 사실은 이제 시시한 얘기가 되었다. 이런　경우에 우리가 전달할 수 있는 기술이란 결국 그 사람으로부터 무엇인가를 뺏어가는 기술 혹은 어떤 속임수가 된다. 이것은 참으로 희한하고 역설적이지만, 나는 여기서 나의 의미를 정확히 표현하는 데 성공했다고 믿는다.

　어떤 사람이 입 속에 너무 많은 음식을 쑤셔넣어 더 먹을 수 없어서 결국 굶어 죽는다고 하자. 그에게 음식을 전달한다는 것은, 그가 먹을 수 있도록 음식을 뺏어가는 대신에 더욱 채워주는 것일까? 이와 마찬가지로, 어떤 사람이 굉장히 박식하지만 그의 현재 지식이 그에게 전혀 혹은 거의 무의미하다면, 그가 더 달라고 소리친다고 해서 더 많은 지식을 주는 것이 의미있는 전달일까? 그렇지 않으면 조금이라도 뺏어가는 것일까?[33]

　노자는 이 인용문에 나오는 '무엇인가를 뺏어가는 기술'을 '덜어내는 기술'로 설명한다. 그는 『도덕경』제5장에서 "배움은 날로 더하는 것이요, 도는 날로 덜어내는 것이다. 덜어내고 또 덜어내면 무위에 이른다(爲學日益 爲道日損 損之又損 以至於無爲)"고 말한다.

　그러나 오늘날 우리는 정보의 중요성에 집착해서 "배운다는 것은 수많은 정보를 소유하는 것(To be educated is to be in the possession of a great deal of information)"이라고 믿고 있다. 우리들이 흔히 정보를 '사실'이라고 표현하는 이유도 여기에 있다. 그러나 정보의 수집 자체는 교육이 아니다. 교양교육가인 다키(William A. Darkey)는 그 이유를 다음과 같이 설명한다.

　　대부분의 정보 혹은 추정된 사실(alleged facts)은 아직 사실이 아니며, 곧바로 혹은 일상적으로 우리가 의식하지도 못하는 사이에 다른 사실로 대체된다. 예를 들어서 고등학교를 졸업하고 10년이 지난 사람은 이런 사실의 타락(the deterioration of facts)을 경험한다. 그럼에도 우리는 한때 교육받은 사람까지도 그가 가지고 있는 사실의 타락으로 인하여 배우지 못한 사람이 될 수 있다는 점을 인정하려고 하지 않는다.

　　더 나아가서 우리들의 정보가 의미가 있으려면 우리는 우선 추정된 사실을 정확히 이해해야 한다. 거기에 나오는 어휘들을 이해하고, 다른 사실들과의 지적 관계도 이해해야 한다. 그러나 선생을 포함한 모든 사람이 그 어휘들을 항상 이해하는 것은 아니며, 또한 다른 사실들과의 관계를 단순한 선언에 대한 응답으로는 파악할 수 없다. 그래서 학생은 의미를 파악하지 못할 수 있으며, 더욱 나쁜 경우로는 그들을 부분적으로 이해하여 우리 모두가 경험하는 이해와 곡해라는 일상적 좌절 중에 한 가지로 취급한다는 것이다. 그가 진정 이해하려고 할 때도 이런 경우는 발생한다. 그가 이해하려고 하지 않는 경우는 더 말할 필요도 없지만.[34]

　여기서 우리는 정보가 지식을 얻는 데 도움뿐만 아니라 오히려 방해가 될 수도 있다는 사실을 깨닫게 된다. 좋은 정보는 우리에게 영양분을 주지만 나쁜 정보는 도리어 우리를 수다스럽게 만든다. 그러면 우리는 좋은 정보와 나쁜 정보를 어떻게 구별할 수 있는가? 나는 이미 학교 가는 길을 모르는 학생의 경우를 실례로 들면서 유용성(有用性)

을 그 기준으로 제시했다. 그러나 정보와 지식의 완벽한 구분은 그 정보의 유용성 여부보다 한 차원이 높은 지식의 차원에서 더욱 확실히 판단할 수 있다.

둘째, 지식에도 여러 가지가 있다. 그러나 아리스토텔레스는 모든 지식이 한 가지 특성을 가지고 있다고 말한다. 즉 지식을 가지고 있다는 것은 그 지식의 원인을 알고 있다는 것이다. 예를 들어서 "A부터 B까지의 거리는 1킬로미터다"라는 정보가 있다고 하자. 여기서 "왜?"라는 질문은 나올 수 없다. 그들의 거리가 1킬로미터라는데 무슨 이유가 있겠는가? 그러나 지식은 언제나 그 원인을 아는 것이다. 예를 들어서 우리는 니체라는 철학자가 신의 죽음을 선포했다는 사실을 잘 알고 있다. 그러나 도대체 왜 니체는 그렇게 주장했는가? 그 이유는 무엇인가? 만약 우리가 그 이유를 모른다면, 우리는 아직도 니체의 명제를 지식의 차원이 아닌 정보의 차원에서 받아들이고 있는 것이다. 만약 우리가 니체의 명제를 지식으로 알고 있다면, 우리는 그 이유를 조목조목 제시할 수 있어야 한다. 우리의 목표는 정보가 아니라 지식이다.[35]

이렇게 보면, 우리는 우리가 평소에 알고 있다고 생각하고 있는 대부분의 것들이 실제로는 알지 못하고 있다는 소크라테스적 자각에 이르게 된다. 우리는 어떤 지식에 이르는 과정이나 원인은 모르면서 그냥 결론만 앵무새처럼 암기하고 있으며, 이런 정보를 다시 진정한 지식이라고 착각하고 있다. 소크라테스가 "네 자신을 알라!"고 외친 이유가 여기에 있다.

셋째, 학문의 궁극적 목표는 지식이 아니다. 그것은 지식보다 한 차원 높은 지성이며 진리며 덕이다. 그런데 마치 정보가 지식을 얻는 데 도움이 될 수도 있고 방해가 될 수 있듯이, 지식도 진리를 얻는 데 도움이 될 수도 있고 방해가 될 수도 있다. 그래서 『도덕경』 제1장은 "말로 표현된 도는 상도가 아니다(道可道非常道)"라고 강조하며, 일상적으로 우리도 "아는 사람은 말하지 않는다(知者不言)"고 선언하고, 선불교는 아예 불립문자(不立文字)를 주장한다. 성서가 "지식이 증가할수록 괴로움이 더욱 증가한다"고 말하는 이유도 여기에 있다. 성서는 이렇게 말한다.

> 나는 스스로 이렇게 말했다. "보라, 나는 예루살렘의 어느 이전의 왕보다 더욱 좋은 교육을 받았다. 나는 누구보다 더욱 많은 지식과 지혜를 가지고 있다." 진실로 나는 어리석지 않고 지혜롭게 되려고 열심히 노력했노라. 그러나 나는 이제 이런 노력조차 바람을 쫓는 것과 같다는 것을 깨달았노라. 지혜가 증가할수록 슬픔이 더욱 증가하고, 지식이 증가할수록 괴로움이 더욱 증가하느니라.[36]

여기에 바로 우리나라 교육의 맹점이 있다. 초등학교부터 대학에 이르는 모든 학생들은 진리는커녕 지식도 제대로 얻지 못하고 수많은 정보만 얻게 된다. 아직도 교실에 걸려 있는 빛바랜 '지덕체를 겸비한 사람'이라는 구호는 그냥 장식품일 뿐이다. 평균 교육 수준이 굉장히 높은 우리나라에서 반인륜적 사건이 끊임없이 발생하는 이유도 여기에 있다.

언젠가 현직 대학교수의 살부(殺父) 사건이 이 사회를 떠들썩하게 한 일이 있다. 현직 40대 교수가, 그것도 정상적인 교수가, 돈을 탐내어 자신의 아버지를 죽이고 문상객들을 받고 있었다. 요즘 우리는 서양의 도덕적 타락을 소리 높이 외치고 있다. 물론 마약과 폭력의 분야에서는 미국의 범죄가 한국의 범죄보다 더욱 잔악한 듯이 보인다. 그러나 도덕이 땅에 떨어져 있다는 미국에서도 이런 반인륜적 살인 사건은 찾아 볼 수 없는 일이다. 무식한 자녀가 보험금을 타기 위해 부모를 살해할 수는 있겠다. 그러나 어찌 최고의 지성이라고 자처하는 건강하고 정상적인 대학교수가 이런 일을 할 수 있단 말인가.

아마도 이 범죄의 장본인은 이 글을 읽는 대부분의 사람들보다 영어를 훨씬 잘할 것이다. 그는 호주에 가서 영어 유학까지 한 사람이기 때문이다. 생각해 보자. 여기서 그가 영어를 잘 한다는 지식이 과연 무슨 소용이 있단 말인가. 우리가 평소에 정보보다는 지식을, 지식보다는 진리를 추구해야 되는 이유가 여기에 있다. 『자유론』의 저자인 밀(John S. Mill, 1806-1873)이 그의 유명한 『공리주의』에서 "만족한 돼지보다는 불만족한 인간이 되는 것이 좋다. 만족한 바보보다는 불만족한 소크라테스가 되는 것이 좋다"고 외친 이유도 여기에 있다.[37]

만족한 돼지	vs.	불만족한 인간
만족한 바보	vs.	불만족한 소크라테스
1. 정보 상식	2. 지식 과학	3. 지혜, 진리, 덕 철학, 종교

철학의 궁극적 목표는 정보나 지식이 아니다. 서양학자들은 그것을 '지혜'라고 부르고, 동양학자들은 그것을 '덕'이라고 부르고, 일반적으로 종교인들은 그것을 '진리'라고 부른다. 우리는 이런 사실을 한때 학문의 여왕으로 인정받고 있던 철학에 대한 어원학적 분석에서 쉽게 알 수 있다. 한국에서는 철학을 한때 도학(道學) 또는 심학(心學)이라

고 부르기도 했으나 현재는 서양의 'philosophy'를 일본인들이 번역한 '철학'이라는 표현을 그대로 받아들이고 있다. 알다시피 'philosophy'는 '사랑한다(philos; to love)'는 그리스어와 '지혜(sophia; wisdom)'라는 그리스어의 합성어다. 그러니까 모든 철학은 '지혜, 덕, 진리를 사랑하고 추구하는 학문' 혹은 한 마디로 '애지(愛智)의 학문'이다. 대학의 목표는 정보와 지식이 아니다. 그래서 우리는 대학을 '지식의 전당'이라고 부르지 않고 '진리의 전당'이라고 부른다.

6. 맺음말

학문의 마지막 단계는 남의 사상을 이해하는 것이 아니다. 내가 철학적 생각을 새로운 생각 혹은 창조적 생각으로 규정한 이유가 여기에 있다. "진정한 철학은 나만이 할 수 있는 생각, 독창적인 생각, 창조적인 생각을 하는 것이다."[38]

끝으로 학문의 궁극적 목적은 철학이나 학문이나 교양에 있지 않다. 행복이 모든 학문의 마지막 목표다. 배워도 행복하지 못한 사람은 아직 배움의 깊이가 깊지 않거나 잘못 배운 사람이다. 소크라테스와 공자가 다같이 행복을 학문의 궁극적 목표로 제시한 이유가 여기에 있다.

그런데 오늘날 '진리의 전당'이라는 대학에서 학문은 어떤 대우를 받고 있는가? 학식보다는 상식이 중요시되고, 진리보다는 실용이 중시되고, 교양보다는 유용이 중시되고 있다. 김흥호는 이렇게 말한다.

대학이 진정한 대학이라면 앎에 맛붙인 사람들이 모인 곳이요, 진리를 위해서 찾는 사람이 대학인이다. 대학은 먹기 위해 있는 것도, 놀기 위해 있는 것도 아니다. 대학은 알기 위해서 있다. 대학은 취직을 위해서 있는 것도, 출세를 위해서 있는 것도 아니다. 대학은 진리를 찾는 곳이다. 진리는 진리 속에 맛을 가지고 있다. 이 맛을 모르면 진리가 다른 맛의 수단이 되고, 머리가 배와 가슴의 밑으로 굴러 떨어진다. 인간의 존엄은 머리에 있고 진리에 있다.

무엇을 먹을까 무엇을 입을까 염려하지 말자. 그것은 식물 동물의 짓이다. 우리들은 무엇을 알까에 맛을 붙이자. 인생은 수단이 아니다. 인생 자체가 목적이다. 무엇을 위하여 공부하는 것이 아니다. 공부가 좋아서 공부하는 것뿐이다. 진리를 위하여 진리를 찾는 사람, 그 사람이 대학인이다.[39]

[주]

1) Erich Fromm, *The Art of Loving*, A Bantam Book, 1956, v. ix.

2) 원문: "All men by nature desire to know."

3) 『논어』, 학이, 1:1 "學而時習之 不亦說乎."

4) 『논어』, 양화, 17:8 "子曰 由也 女聞六言六蔽矣乎 對曰 未也 居吾語女 好仁不好學 其蔽也愚 好知不好學 其蔽也蕩 好信不好學 其蔽也賊 好直不好學 其蔽也絞 好勇不好學 其蔽也亂 好剛不好學 其蔽也狂."

5) 김홍호, 『생각 없는 생각』, 솔, 1999, pp. 91-92.

6) 같은 책, pp. 81-82.

7) 같은 책, p. 82.

8) 조동일, 『우리 학문의 길』, 지식산업사, 1993, pp. 16-25.

9) 조동일, 『인문학문의 사명』, 서울대, 1997, p. 225.

10) 같은 책, p. 226.

11) 같은 책, p. 224.

12) 같은 책, p. 224.

13) 같은 책, p. 18.

14) 같은 책, p. 24.

15) 같은 책, p. 50.

16) 같은 책, pp. 221-222.

17) 같은 책, p. 239.

18) 같은 책, p. 275.

19) 같은 책, p. v.

20) 황필호, 『문학철학 산책』, 집문당, 1996, p. 3.

21) Cf. "포스트모더니즘은 유럽 문명권의 근대 학문의 말폐를 보여줄 따름이고, 새 시대의 창조자일 수는 없다. 유럽 문명권의 학문이 포스트모더니즘에 휘감기고 있는 것은 새로운 학문 개척의 더 큰 과업이 우리 쪽에 넘어와 있어, 우리가 힘써 감당해야 하는 역사적 전환의 분명한 증거라고 생각한다." 조동일, 『인문학문의 사명』, 앞의 책, p. 9.

22) 같은 책, p. iii.

23) 같은 책, p. 25.

24) 같은 책, p. 63.

25) 같은 책, pp. 70-73. 조동일은 모든 학문을 물리과학, 생명과학, 사회과학의 세 분야로 나누면서도 그들을 전부 통합할 수 있는 '메타과학'을 주장한 장회익의 『과학과 메타과학』을 비판하면서 생극론의 원리를 이렇게 암시한다. "문제는 객관과 주관의 관계다. 물리과학은 객관적인 쪽을 다루고 사회과학은 주관적인 쪽을 다루는 점이 서로 다른 듯하지만, 물리과학에도 주관이 개입하고 사회과학에도 객관적인 것이 있다. 정확성과 부정확성, 체계성과 비체계성의 관계와 함께 객관과 주관의 관계를 밝히는 것

은 학문의 기본 임무다. 그 관계를 논리적으로 진술한 것이 메타과학이다." 조동일, 『우리 학문의 길』, 앞의 책, p. 229.

26) 조동일, 『한국의 문학사와 철학사』, 지식산업사, 1996, pp. 510-511.

27) 같은 책, pp. 508-509. 조동일은 이런 사상이 불교에도 나타나 있으며, 그 실례로 원효가 『금강삼매경론』의 서두에서 주장한 "둘을 어우르면서도 둘이 아니다(融二不二)", "하나가 아니면서 둘을 어우른다(不一而融二)", "변두리를 떠나지만 가운데는 아니다(離邊而非中)" 등을 든다. 같은 책, p. 512.

28) 같은 책, p. 511.

29) 이진우, 『한국 인문학의 서양 콤플렉스』, 민음사, 1999, p. 217.

30) 정대현 외, 『표현 인문학』, 생각의나무, 2000, p. 331.

31) 같은 책, p. 331.

32) 『도덕경』, 제5장.

33) Howard V. Hong, "Historical Introduction," S. Kierkegaard, *Philosophical Fragments*, Princeton University Press, 1985. (S. Kierkegaard, 황필호 역, 『철학적 조각들, 혹은 한 조각의 철학』, 집문당, 1998, pp. 67-68에서 인용).

34) William A. Darkey, "Afterword," *Three Dialogues on Liberal Education*, St. John's College Press, 1979, p. 124.

35) 황필호, 『영어로 배우는 인생: 철학하기란 무엇인가』, 우공, 2001, pp. 43-44.

36) 『전도서』, 1:16-18.

37) 원문: "It is better to be a human being dissatisfied than a pig satisfied; better to be Socrates dissatisfied than a fool satisfied."

38) 이 책, 제3강좌.

39) 김홍호, 『생각 없는 생각』, 앞의 책, p. 92.

제3 강좌

철학이란 무엇인가

1. 머리말

나는 제1강좌에서 이웃 사랑이 모든 사람의 삶의 목표가 되어야 한다고 주장했으며, 제2강좌에서는 그러나 우리가 진정 봉사의 삶을 영위하려면 우리는 먼저 우리가 봉사하려는 사람들의 욕구를 정확히 알고 있어야 하며, 이런 뜻에서 사랑과 지식은 ─ 일반적으로 생각하는 것과는 달리 ─ 서로 상대를 필요로 한다고 말했으며, 그래서 배움과 물음을 통해 진리를 추구하는 학문 일반에 대하여 고찰했다. 그리고 학문과 대학의 궁극적 목표는 정보나 지식이 아니라 진리, 지혜, 덕이라고 주장했다.

그러면 철학이란 어떤 학문인가? 왜 우리는 수많은 학문 중에서 하필 철학에 관심을 가져야 하는가? 인류가 생존한 이래 어떤 형태로든지 종교가 존재해 왔다는 사실에는 의심의 여지가 없다. 그래서 학자들은 인간을 합리적 동물, 정치적 동물, 도구를 만드는 동물 등과 마찬가지로 종교적 동물(*homo religiosus*)이라고 부른다.

그러나 과연 모든 인류는 철학을 가지고 있는가? 물론 이 질문은 우리가 철학을 무엇으로 규정하느냐에 따라서 다를 수밖에 없다. 엄격한 논리적 탐구만을 철학으로 간주한다면, 사실은 그렇지 않겠지만, 어떤 사람들은 전혀 그런 작업에 관심조차 없는 듯이 보인다. 그러나 우리가 철학을 하나의 세계관이나 인생관으로 규정한다면, 모든 사람은 나름대로의 철학을 가지고 있다고 말할 수 있다. 그러나 철학을 엄격히 설명하지 않고 그냥 모든 사람이 가지고 있는 세계관이라고 주장하는 것은 별로 의미가 없다.

도대체 철학이란 무엇인가? 철학이란 무엇을 탐구하는 학문인가? 이 질문은 철학도와 모든 종교철학도에게 굉장히 중요하다. 그러나 이 질문만큼 어려운 질문도 없다. 우리는 이 질문이 가진 당혹감을 일상 생활에서 쉽게 접할 수 있다.

언젠가 나는 생산성 향상과 합리적 경영에 대한 전문 교육을 담당하는 제자를 만난 일이 있다. 원래 대학에서 철학을 전공한 그는 현재 전혀 다른 분야에서 일하고 있는데, 가끔 동료들과 얘기를 하다가 자신의 원래 꿈이 철학자였다고 말하면 그들의 얼굴에 당혹감이 비치는 것을 이내 알아차릴 수 있다고 나에게 고백한 일이 있다.

나도 이런 경험을 수없이 했다. 특히 내가 미국에서 대학원생으로 늦게 공부를 할 때, 나는 오클라호마 주에서 한국인으로는 최초로 부동산 중개업 면허증을 가지고 파트타임으로 일하고 있었다. 다른 직업과는 달리, 이 일은 내가 시간이 있을 때만 사무실에 출근하고, 매매한 집의 숫자에 따라 보수를 받기 때문에 학생으로서는 가장 적합한 아르바이트였다. 그런데 가끔 어떤 고객은 내가 이 분야에 얼마나 종사했느냐고 묻는다. 물론 나는 벌써 10년이 다 된다고 거짓말을 할 수 있다. 그러나 그럴 필요가 없어서 사실대로 1년밖에 되지 않았다고 말한다. 그러면 그는 내가 그 이전에는 무슨 직업에 종사했느냐고 묻는다. 나는 솔직하게, 철학을 공부했으며 사실은 지금도 오클라호마 대학 철학과 대학원생이라고 말한다. 그러면 나는 그의 얼굴에 나타난 이상한 경련을 읽을 수 있다.

나는 한국에 돌아와서도 관상이나 손금이나 점을 봐 달라는 부탁을 자주 받는다. 이럴 때마다 나는 철학과 점은 아무런 상관이 없으며, 미아리에 산재해 있는 '철학관'들은 개똥철학도 아니라고 답변한다. 그러면 으레 이런 질문을 받는다. "그럼 철학은 뭡니까?" 이 질문을 받는 순간, 나는 당황하지 않을 수 없다. 지금까지 나는 이 질문을 수없이 받아왔으면서도 아직 똑 떨어지는 답변을 찾지 못하고 있기 때문이다. 물론 나는 인간, 인생, 삶을 배운다고 답변할 수 있다. 분명히 이 답변은 옳다. 그러나 그것은 너무 상식적으로 옳은 답변이기에 굉장히 공허하게 들린다. 이 세상의 모든 학문이 결론적으로는 인생을 공부하는 것이기 때문이다.[1]

철학자는 다른 사람들에게 "철학이 뭡니까?"라고 질문하지 않는다. 자신도 이 질문에는 명확하게 답변할 수 없다는 사실을 스스로 지각하고 있기 때문이다. 그러나 철학을 전공하지 않은 보통사람들은 철학자에게 이 질문을 던진다. 철학자는 인생에 대하여 그들이 알지 못하는 어떤 심오한 진리를 알고 있다고 생각한다. 참으로 그것은 근거 없는 가정일 뿐이다. 물론 철학자는 공자나 소크라테스를 배운다. 그러나 분명한 사실은, 우리는 공자를 위해 공자를 배우는 것이 아니며, 소크라테스를 위해 소크라테스를 배우는 것이 아니다. 시쳇말로 공자나 소크라테스가 밥 먹여 주는 것이 아니다. 결국 나의 인생을 이해하

기 위해 공자나 소크라테스의 사상을 배우는 것이다. 여기에 바로 철학과 다른 학문과의 차이점이 있다.[2]

2. 철학적 생각의 특성

그리스의 궤변론자들이 "인간이란 무엇인가?"라는 문제를 가지고 토론을 벌인 일이 있다고 한다. 그들은 먼저 인간과 동물의 차이점을 생각하기로 했다. 우선 대부분의 동물은 네 발로 걷지만 사람은 두 발로 걷는 직립(直立)의 존재임을 발견했다. 그러나 하늘을 나는 새도 두 발로 걷지 않는가. 그렇다면 똑같이 두 발을 사용하는 새와 인간의 차이점은 무엇인가? 이런 생각 끝에 새는 털이 많지만 사람은 털이 적다는 사실을 발견했다. 그리하여 그들은 결국 "인간이란 털 없는 두 발 가진 동물"이라는 정의를 내리고 막 축배의 술잔을 들려는 참이었다. 때마침 그곳을 지나가던 한 철학자가 "여기 인간이 있습니다"라고 소리치면서 털이 뽑힌 닭 한 마리를 휙 던졌다. 이것은 분명히 털 없는 두 발 가진 동물이다. 단지 죽어 있을 뿐이다. 그렇다면 인간도 죽으면 털 뽑힌 닭과 동일하게 된단 말인가? 그렇지는 않을 것이다. 그래서 궤변론자들은 다시 원점으로 돌아가서 인간의 문제를 탐구하기로 했다고 한다.

사람과 동물의 차이는 무엇인가? 어떤 사람은 인간을 '사회적 동물'이라고 말한다. 인간이란 로빈슨 크루소와 같이 혼자 살지 않고 다른 사람들과 어울려 산다는 뜻이다. 그러나 엄격히 말해서 모듬살이라는 사회성은 인간에게만 국한된 것은 아니며 모든 동물과 식물까지도 모듬살이를 추구하는 경향이 있다. 다른 사람은 인간을 '이성적 동물'이라고 말한다. 그러나 요즘 인간에 대한 이런 정의는 잠꼬대같이 들린다. 우리는 주위에서 비이성적이고 반이성적인 사람들을 너무 쉽게 발견할 수 있기 때문이다. 또 다른 사람은 인간을 '언어적 동물'이라고 말한다. 그러나 의사 소통이 언어의 가장 중요한 기능이라면 동물도 몸짓 언어로 충분히 그들의 감정을 표현할 수 있다.

아마도 사람과 동물을 구별하는 가장 중요한 기준은 웃음에 있는지도 모른다. 인간만이 웃을 수 있다. "저 돼지가 미소를 짓는다"는 표현이야말로 웃기는 표현이 아닐 수 없다. 그러나 사람에 대한 '웃는 동물'이라는 성격 규정은 인간을 너무 행태주의적(行態主義的)으로 판단한 것이다. 다시 말해서 인간의 깊은 마음을 제쳐놓고 겉으로 나타난 현상만 보고 판단한 것이다.[3)]

사람과 동물의 근본적 차이는 무엇인가? 그것은 바로 불평이다. 돼지는 절대로 불평하지 않는다. 그러나 불평이 없는 사람은 이 세상에 하나도 없다. 우리는 사람과 동물의 이런 차이를 '생각'이라고 말할 수 있다. 불평한다는 것은 바로 생각한다는 뜻이기 때문이다.

사람은 생각하는 동물이다. 사람은 생각에 의하여 사람이 된다. 그리하여 파스칼은 『팡세』에서 이렇게 말한다. 우리는 손, 발, 머리가 없는 인간을 상상할 수 있지만 생각이 없는 인간은 상상할 수 없으며, 그런 인간은 돌멩이나 짐승일 뿐이라고. 인간은 자연 중에서도 가장 연약한 갈대와 같은 존재지만 그는 생각하는 갈대며, 생각이 인간의 위대함을 결정한다고.[4)] 철학이란 바로 이 생각에 기초한 학문이다.

그러면 철학적 생각은 구체적으로 어떤 것인가? 그것은 다른 종류의 생각과 어떻게 다른가?

첫째, 철학적 생각은 깊은 생각(deep thinking) 혹은 본질적 생각(essential thinking)이다. 예를 들어서, 여기에 굉장히 가난한 집이 있다. 쌀이 떨어지고 신발이 떨어지고 애인마저 떨어졌다. 모든 것이

바닥났다. 그러나 돈만 있다면 이 모든 것이 당장 해결된다. 그러므로 이 상황에서 가장 중요하고 본질적인 것은 돈이다.

이와 마찬가지로, 우리는 이 세상을 살면서 수많은 문제에 부딪치게 된다. 어떻게 입학해서 시험을 치르고 졸업을 할까? 어떻게 취직하고 결혼하고 집을 장만할까? 그리고 학교에서나 사회 생활에서 가장 바람직한 인간 관계는 어떤 것인가? 그러나 이런 것들은 아직도 본질적인 문제가 아니라 지엽적인 문제다. 틸리히(Paul Tillich)의 표현을 빌리면, 그들은 아직도 궁극적 관심(ultimate concerns)이 아니라 예비적 관심(preliminary concerns)일 뿐이다.

철학은 지엽적인 문제보다는 이런 본질적이며 근원적인 문제와 씨름한다. 사실 인생을 살려면 여러 가지 생각을 해야 한다. 어느 버스를 타야 목적지에 도착할 수 있느냐는 일상적인 생각으로부터 결혼 상대자를 선택해야 하는 당위적인 생각까지, 우리는 수없는 생각의 미로(迷路)를 헤매게 된다. 그러나 철학은 이런 것들보다 한 차원 높은 본질적인 문제와 씨름을 한다.

무엇이 그렇게 본질적인 생각들인가? 그것은 바로 우리들 모두가 10대에 품었던 — 가장 단순하면서도 — 가장 본질적인 것들이다. 참으로 우리는 그때 얼마나 센티멘탈하면서도 순수했던가? 우리는 낙엽을 바라보면서 "왜 나는 여기에 있는가?"라고 한탄하기도 했으며, 새소리를 들으면서 "나는 내일 저 소리를 다시 들을 수 있을까?"라고 한숨 짓기도 했으며, "왜 사람은 죽어야 하는가?"라는 문제를 가지고 고민하기도 했다.

그런데 오늘날 우리는 마치 이런 본질적인 문제들을 전부 해결이나 한 양 착각하면서 살고 있다. 신은 존재하는가? 천당과 지옥은 과연 존재하는가? 나의 삶은 이 세상에서 영원히 끝나는 것인가? 이런 문제들에 대하여 아무런 심각성과 긴박감을 느끼지 못하면서 살고 있다. 그저 등 따습고 배 부르면 그만이라는 식으로.

그러나 철학은 우리들이 젊었을 때 품었다가 차디찬 현실의 삶을 사느라고 잊어버린 가장 단순하면서도 가장 본질적인 문제들을 다시 회상시킨다. 그래서 우리로 하여금 10대에 가졌던 의문점에 대하여 다시 괴로워하도록 강요한다.

사실 모든 인간은 이 본질적인 문제와 언젠가는 다시 부딪치게 된다. 특히 우리는 중대한 사건에 접했을 때 "내 인생, 이것으로 그만인가?"라는 실존적 질문을 하게 된다. 사랑하던 애인에게 배반을 당했을 때, 그렇게도 끔찍이 사랑하던 자식이 갑자기 교통 사고로 죽었을 때, 어느 날 갑자기 자신이 불치의 병인 암환자임을 발견했을 때, 이런 때를 당해서 인간은 평소에 생각지도 않았던 본질적인 문제를 다시 회상하게 된다.

그러나 철학은 이런 본질적인 생각을 '지금 여기'서 해보라고 권고한다. 나중에, 죽기 전에, 조금 여유가 있을 때 하지 말고. 그래서 플라톤은 철학이란 '죽음을 연습하는(practice dying) 것'이라고 말한다. 그렇다. 우리는 죽을 때 삶의 본질적인 문제들에 대하여 진지하게 생각할 것이다. 그때 아직도 생각할 수 있는 축복을 가지고 있다면. 그러나 철학은 지금 당장 본질적인 문제와 씨름하라고 권고한다. 철학은 미래가 아니고 현재다. 그리고 미래는 바로 현재의 결과이니까. 내일 철학자가 되려는 사람은 영원히 철학을 할 수 없다. 지금 노력해야 한다.

둘째, 철학적 생각은 넓은 생각(wide thinking) 혹은 전체적 생각(holistic thinking)이다. 예를 들어서, 서울 시내에 다리를 신설하려고 한다. 물론 그것은 건설부에서 주관할 일이지만, 문제가 그리 단순하지 않다. 그곳을 지나는 교통의 흐름도 알아야 하고, 또한 근처에 있는 초등학생들의 등하교에 어떤 영향을 주는지도 참작해야 한다. 결국 이 일은 건설부, 교육부, 교통부 모두가 참여해야 할 일이다.

이와 마찬가지로, 인간은 아메바와 같은 단세포 동물이 아니다. 『팡세』의 표현을 빌리면, "인간은 전체"다. 다른 사람들, 복잡한 사회, 그리고 찬란한 자연과 서로 교제하면서 살아야 한다. 또한 종교인들은 현생뿐만 아니라 내생까지 주장한다. 그러므로 인간에 대한 생각은 자연히 모든 요소들을 고려하면서 넓게 생각할 수밖에 없다. 그럼에도 요즘의 철학은 차라리 컴퓨터의 한 분야보다 더욱 소갈머리 없이 줄어든 형태로 방치되어 있다. 참으로 철학이 제 구실을 할 수 없는 이유가 여기에 있다. 김흥호는 이렇게 말한다.

> 사람은 한 번쯤 산에 올라가 보아야 한다. 산에 올라가지 않으면 전체를 볼 수가 없다. 전체를 보지 않으면 인생의 방향을 잡을 수 없다. 철학은 산에 오르는 것이나 마찬가지다. 철학은 우주를 널리 보게 하고, 세계를 깊이 보게 하고, 인생을 높이 보게 한다.
> 철학이 없으면 인간의 좌표는 정해지지 않는다. 인간은 철학에서 비로소 눈을 뜨게 되어 부분적으로 더듬던 인생이 동서남북을 환하게 꿰뚫어 보는 인간으로 변한다. 사람이 한 번 전체를 보게 되면, 그때부터 방향을 가지고 살게 된다.[5]

셋째, 철학적 생각은 명확한 생각(clear thinking) 혹은 논리적 생각(logical thinking)이다. 흔히 우리는 술좌석에서 목소리 큰 사람이 이긴다고 말한다. 그러나 철학에서는 예리한 논리로 말하는 사람을 가장 철학적인 사람으로 간주한다. 모든 주장에는 나름대로의 논리가 있어야 한다. 무턱대고 소리만 지르는 사람은 철학을 모르는 사람이다.

예를 들어서, 어느 기독교인이 이렇게 말했다고 가정하자. "예수는 하느님의 아들이다. 성서에 그렇게 쓰여 있기 때문이다. 그리고 성서는 하느님의 말씀이다. 성서는 예수에 대한 기록이기 때문이다." 이것은 분명한 순환 논법이다. 또한 정치가들은 "우리는 나라를 사랑해야 한다. 우리는 나라를 사랑해야 하기 때문이다"라고 말한다. 물론 그는 그 중간에 아름다운 형용사와 미사 여구를 사용해서 한 시간 이상 지껄이기도 한다. 그러나 그의 말의 요점은 간단히 'A는 A다'라고 정리될 수 있다. 이것은 엉터리 논리며, 동어 반복의 논리일 뿐이다.

일반적으로 우리나라 사람들은 정적인 면에는 굉장히 신경을 쓰면서도 논리적인 면을 무시하는 경향이 있다. 그리고 논리적인 면을 강조하는 사람을 오히려 비인간적이라고 비난하는 경향이 있다. 우리가 정확한 시간을 정하지 않고 2시부터 3시 사이에 만나자고 약속하거나, 길이와 무게 등의 단위에 철저하지 못한 이유도 여기에 있다.

철학은 인생에 대하여 막연히 생각하고 눈물짓고 감탄하는 행위가 아니다. "인생이란 무엇인가?"라는 질문은 굉장히 중요하다. 그러나 우리가 이 문제를 아무런 논리적 구조도 없이 막연히 명상하는 것은 — 철학을 위한 준비 단계가 될 수는 있겠으나 — 철학 자체는 아니다. 필요하면 전체를 우선 분석해서 생각하고, 분석적으로 생각한 것들을 다시 종합하려는 피나는 논리적 노력이 수반될 때만이 그 생각은 철학적 생각이 될 수 있다.

여기서 우리는 "서양철학은 논리적이며 동양철학은 직관적이다"라는 명제에 속지 말아야 한다. 물론 서양철학은 동양철학보다 형식 논리를 더욱 중요시하는 경향이 있다. 그러나 동양철학에도 엄연한 형식 논리가 있으며, 단지 동양철학은 그 형식 논리에 만족하지 않고 한 걸음 더 뛰어넘으려는 시도를 부단히 하고 있을 뿐이다.

그러므로 논리 쪽에서 보면 동양철학은 비논리적, 반논리적, 직관적으로 보이기 쉽다. 그러나 그것은 단지 삶을 논리 속에 묶어두려는 발상에서 나온 것이다. 정확히 말하면, 동서양철학은 논리적인 면과 동시에 그것을 초월하려는 시도를 가지고 있다. 더 나아가서, 논리를 비판하려는 사람은 먼저 논리가 무엇인지를 알아야 한다. 논리를 모르면서 비판하는 사람은 마치 "나는 내가 알지 못하는 것을 비판한다"는 넌센스에 빠질 수밖에 없다.

오늘날 우리에게 필요한 것은 정확한 논리를 쟁취하는 것이다. 권력과 무력이 난무하는 사회가 아니라 냉정한 논리가 숨을 쉴 수 있는 '열린 사회'가 되는 것이다. 뜨거운 가슴과 냉철한 머리, 이것이 바로 철학의 일차 요구 조건이다.[6]

넷째, 철학적 생각은 분명한 생각(clear thinking) 혹은 비판적 생각(critical thinking)이다. 원래 철학은 비판적 정신에서 출발한 학문이다. 어떤 사람과 물체를 막연히 주마간산 식으로 보지 않고 그것의 본질을 찾으려는 철저한 비판 정신에서 출발한 학문이다. 그런데 철학이 주장하는 비판적 정신의 대상은 다른 사람이나 외계가 아니라 먼저 자기 자신이다. 타인 · 사회 · 국가 · 세계를 비판하기 이전에 먼저 자신을 비판하고, 남의 잘못을 지적하기 이전에 먼저 자신의 무지를 인정하고, 남의 눈에 있는 티를 보기 이전에 먼저 자신의 눈에 있는 들보를 보고, 다른 사람의 말과 글을 의심하기 이전에 먼저 나의 것을 의심하는 것이다. 실로 자신에 대한 비판 정신을 결여한 철학은 김 빠진 맥주와 다름이 없다.

다섯째, 철학적 생각은 새로운 생각(new thinking) 혹은 창조적 생각(creative thinking)이다. 대부분의 사람들은 철학을 싫어한다. 왜? 우선 철학자들은 쉬운 말을 공연히 어렵게 하는 경향이 있다. "내가 지금 쳐다보고 있는 나무는 정말 나무인가?"라는 질문을 "인간의 감각적 경험은 명석판명(clear and distinct)할 수 있는가?"라고 표현하고, "사람은 왜 사는가?"라는 질문을 "현존재의 궁극적 목표를 어떻게 구명(究明)할 수 있는가?"라고 표현한다. 아마도 이런 철학자들의 대표자로는 독일 관념론의 대가인 칸트(1724-1804)를 들 수 있겠다. 그는 어려운 독일어로 책을 썼을 뿐만 아니라, 이성과 경험을 조화시키려는 모든 인간의 욕망을 공연히 관념적인 말장난으로 어렵게 표현하고 있다. 우리는 이런 철학을 사랑할 수 없다.

사람들이 철학을 싫어하는 또 다른 이유로는 가르치는 사람과 배우는 사람이 철학적인 문제 자체에 관심이 없어서 생길 수도 있다. 언뜻 보기에, 철학을 전공하는 사람이 철학적 문제에 관심이 없다는 주장은 역설같이 들린다. 그러나 이것은 엄연한 현실이다. 사실은 철학을 전공한다는 미명 아래 가장 비철학적으로 살 수도 있다. (내가 이런 사람이 아니기를 바란다.) 그래서 나는 평소에 '철학자'와 '철인'을 구별한다. 철학자는 철학에 대하여 이것 저것을 어느 정도 아는 사람이지만, 철인은 그런 외형적인 지식에 얽매이지 않고 직접 철학적으로 사는 사람이다.

그러면 진정한 철학적 관심이란 무엇인가? 어떻게 사는 것이 단순한 철학자의 삶이 아니라 철인의 삶이 되는가? 이 문제에 대한 답변은 한 마디로 독창적 및 창조적인 삶이라고 말할 수 있다. 진정한 철학은 나만이 할 수 있는 생각, 독창적인 생각, 창조적인 생각을 하는 것이다. 다른 사람은 흉내도 낼 수 없는 나만의 목소리를 내려는 것이 철학의 마지막 목표다. 물론 우리는 철학 시간에 고대로부터 현대에 이르는 수많은 철학자들의 사상을 배운다. 그러나 그 이유는 그들의 사상을 이해하는 것이 아니라, 그들의 독창적인 생각을 이해함으로써 나도 언젠가는 독창적인 생각을 하려는 것이다. 공자나 소크라테스와 같이 영원 불변한 진리를 추구한 사람의 생각과 삶을 음미함으로써 나도 그와 비슷한 — 혹은 전혀 다른 — 진리를 발견하려는 것이다.

남의 이야기만 앵무새처럼 외우고 있는 사람들, 그들은 아직도 철학의 궁극적인 목표를 모르고 있다. 나의 목소리로 노래하자. 이것이 바로 철학의 마지막 목표다.

철학적 생각
1. 본질적 생각
2. 전체적 생각
3. 논리적 생각
4. 비판적 생각
5. 창조적 생각

3. 철학의 두 단계

나는 지금까지 철학적 생각을 본질적 생각, 전체적 생각, 논리적 생각, 비판적 생각, 창조적 생각으로 설명하면서 오늘날의 철학이 지엽적, 부분적, 반논리적, 무비판적, 비창조적으로 타락했다고 말했다. 어느 정도로 타락했는가? 수필가 김진섭(1906- ?)은 이렇게 말한다.

철학을 철학자의 전유물인 것처럼 생각하고 있는 사람들이 많이 있다. 그만큼 철학은 오늘날 그 본래의 사명을 — 사람에게 인생의 의의(意義)와 인생의 지식을 교시(敎示)하려 하는 의도를 — 거의 방기(放棄)하여 버렸고, 철학자는 속세와 절연(絕緣)하고, 관외(關外)에 은둔하여 고일(高逸)한 고독경에서 오로지 담론(談論)에만 경청하고 있기 때문이다. 이와 같이, 철학과 철학자가 생활의 지각을 완전히 상실하여 버렸다는 것은 참으로 슬픈 일이다. (중략)

임어당은 일찍이 "내가 임마누엘 칸트를 읽지 않는 이유는 간단하다. 석 장 이상 더 읽을 수 있었을 적이 없기 때문이다"라고 말했는데, 이 말은 논리적 사고가 과도(過度)의 발달을 성수(成邃)하고, 전문적 어법이 극도로 분화(分化)된 필연의 결과로서, 철학이 정치·경제보다는 훨씬 후면에 퇴거(退去)되어 … 사실상 오늘에 있어서는 교육이 있는 사람들도 대개는 철학이 있으나 없으나 별로 상관이 없는 대표적 과제가 되어 있는 것을 부정하기는 어렵다.[7]

그러나 철학이 저지른 더욱 커다란 오류는 이론만 중요시하고 행동을 전혀 도외시함으로써 — 마르크스의 표현을 빌리면 — 지적 자위 행위로 전락했다는 사실이다. 이것은 철학의 원래 본분(本分)이 이해의 지식이 아니라 삶의 지혜라는 평범한 진리를 이탈했다는 증거가 아닐 수 없다. 이제 철학은 그 본분을 되찾아야 한다. 우리들의 모든 생각은 곧 행동을 위해 필요한 것이라는 진리를 다시 상기해야 한다. "나는 생각하기 때문에 존재한다(I think, therefore I am)"의 철학에서 "나는 행동하기 때문에 존재한다(I act, therefore I am)"의 철학으로 나아가야 한다.[8] 철학의 첫째 단계는 생각이고, 그 첫째 단계는 행동이라는 둘째 단계로 승화되어야 한다.

1. 생각하는 철학
2. 행동하는 철학

4. 맺음말

현재 우리나라에서 철학은 두 가지 상반된 이미지를 가지고 있다. 첫째는 철학이란 배부른 사람들의 말장난에 불과하다는 것이고, 둘째는 철학이야말로 모든 현대인이 가지고 있어야 할 필수품이라는 것이다. 전자를 지지하는 사람들은 철학자를 마치 여름에 겨울 코트를 입고 다니는 괴짜나 언어의 마술사로 취급하고, 후자를 지지하는 사람들은 특히 요즘의 정치가들이 진정한 철학을 가지고 있지 않아서 나라가 이 꼴이라고 한탄한다.

여기서 한 가지 중요한 사실은, 철학의 무용론을 주장하는 대부분의 사람들은 철학개론을 대학에서 수강한 적이 있는 사람들이다. 철학에 대하여 전혀 들어본 적이 없는 사람들은 차라리 철학에 대한 막연한 기대를 가지고 있다. 그러다가 철학 강의를 한 번 들은 다음에는 철학 무용론자가 된다. 왜 그럴까?

나는 그 이유를 한 마디로 철학이 생활과 유리된 상태에서 전달되었기 때문이라고 생각한다. 소크라테스가 A라는 문제에 대하여 X라고 말했지만, 그의 제자인 플라톤은 Y라고 말했고, 그의 제자인 아리스토텔레스는 다시 Z라고 말했다. 도대체 이런 식의 철학이 우리들의 삶과 무슨 상관이 있단 말인가. 니체는 "신은 죽었다"고 말했다. 그런데 나는 기독교인이 아니며, 그래서 신에 대해서는 아무런 관심이 없다. 이런 경우에, 니체나 다른 철학자들이 신이 존재한다거나 존재하지 않는다고 말했다고 해서, 도대체 그것이 나와 무슨 상관이 있단 말인가. 한 마디로, 요즘 철학은 너무 관념화되어서 현실과는 아무런 관련이 없는 '데칸쇼'(데카르트, 칸트, 쇼펜하우어의 약자)가 되었다.

원래 철학이란 인생, 인간, 삶을 연구하는 학문이다. 인간과 삶을 떠난 철학은 연구할 필요도 없고 지껄일 필요도 없다. 차라리 그 시간에 컴퓨터를 배우든지 그냥 노는 것이 훨씬 좋다. 지식을 위한 지식을 추구하는 사람은 결국 그 지식의 노예가 될 수밖에 없다. 철학이 철학다우려면 이제 구름 위에서 땅으로 내려와야 한다. 그래야 철학이 살고, 철학이 다루는 삶이 진솔해질 수 있다. 애초부터 철학은 인간을 위해 출발한 학문이다.[9)]

동양철학의 아버지로는 공자를 들 수 있는데, 공자 이전의 학자들은 인간의 생사 화복이 귀신에 의하여 결정된다고 믿었다. 쉽게 말해서 돌아가신 조상님께 제사를 잘 지내면 복을 받고, 잘못 지내면 벌을 받는다고 믿었다. 이런 귀신에 대한 관심을 인간에 대한 관심으로 끌어내린 사람이 바로 공자다. 그리하여 그는 "사람이 도(道)를 넓히는 것이요, 도가 사람을 넓히는 것이 아니다"라고 선언한 것이다.[10)] 흔히 철학자들이 공자를 두고 인간 중심의 사상을 전개한 휴머니즘의 철학자라고 부르는 이유도 여기에 있다.

서양철학의 아버지로는 소크라테스를 들 수 있는데, 소크라테스 이전의 학자들은 주로 자연의 원리를 탐구하고 있었다. 그래서 그들은 자연을 구성하는 가장 근원적인 요소인 '아르케'를 불이라고도 하고, 물이라고도 하고, 사랑과 미움이라고도 했다. 이런 자연에 대한 관심을 인간에 대한 관심으로 끌어내린 사람이 바로 소크라테스다. 실존주의 철학자인 칼 야스퍼스는 이렇게 말한다.

소크라테스는 다른 예언자들과는 달리 아무것도 선포할 것이 없었다. 신이 그를 진리를 인류에게 전파하도록 선택한 것이 아니기 때문이다. 그의 사명은 오직 인간 속에서 그 자신을 찾는 일이었다. 끝없이 질문하면서 모든 곳을 찾아다니는 일이었다. 그에게 필요한 것은 어떤 사물이나 자신에 대한 신뢰가 아니라, 끝없이 생각하고 질문하고 검사함으로써 모든 인간에게 다시 인간으로 돌아가게 하는 일이었다.[11]

철학은 인간으로부터 출발하여 인간으로 돌아오는 학문이다. 인간의 삶과 관련 없는 철학은 철학이 아니라 사이비 철학이다. 진정한 철학은 자신이 속해 있는 가정, 사회, 국가뿐만 아니라 자기 자신에 대하여 끝없이 반성하는 것이다. 철학은 삶이며 생활이다.[12]

[주]

1) 이 책, 제1강좌.

2) 황필호, 『철학이 있는 삶이 아름답다』, 창해, 1998, pp. 199-200.

3) 황필호, 『남자의 눈물, 여자의 웃음』, 샘터, 1989, pp. 260-261.

4) B. Pascal, *Pensées*, 제347장.

5) 김홍호, 『생각 없는 생각』, 솔, 1999, p. 130.

6) 황필호, 『남자의 눈물, 여자의 웃음』, 앞의 책, pp. 272-274.

7) 김진섭, 「생활인의 철학」, 한용운 외, 『생활인의 철학: 한국 근대 수필문학 선집』, 어문각, 1986, p. 188 (황필호, 『우리 수필 평론』, 집문당, 1997, p. 113에서 재인용).

8) 황필호, 『분석철학과 종교』, 종로서적, 1984, p. 30.

9) 황필호, 『철학이 있는 사람이 아름답다』, 앞의 책, p. 282.

10) 『논어』, 위령공, 15:28, "人能弘道 非道弘人."

11) Karl Jaspers, 황필호 역, 『소크라테스, 공자, 석가, 예수, 모하메드』, 강남대, 2001, p. 26.

12) 황필호, 『철학이 있는 사람이 아름답다』, 앞의 책, p. 286

종교철학이란 무엇인가

1. 머리말

　나는 제1강좌에서 삶의 목표를 토론하면서 빚을 갚는 마음으로 이웃 사랑을 실천하라고 권고했다. 나는 제2강좌에서 삶에서 가장 중요한 배움과 질문을 토론하면서 모든 학문은 정보의 단계와 지식의 단계를 지나서 지혜와 진리의 단계로 승화되어야 한다고 주장했다. 나는 제3강좌에서 학문의 여왕이었던 철학의 본질적 속성을 토론하면서 철학적 생각의 특성을 깊은 생각, 넓은 생각, 명확한 생각, 분명한 생각, 새로운 생각으로 설명했다. 그렇다면 우리는 종교에 대해서도 깊고 넓고 명확하고 분명하고 새롭게 생각할 수 있는가? 나는 제4강좌에서 이 문제를 토론하려고 한다. 즉 종교에 대한 철학적 토론의 가능성부터 따져보겠다.

　종교에 대한 학문적 접근은 과연 가능한가? 이 질문에 대한 종교인들의 부정적인 답변은 의외로 우렁차다. 그리하여 『노자』는 "도가도 비상도(道可道 非常道)"로 시작하는데, 이것은 말이나 언어로 표현할 수 있는 도는 진정한 도가 아니라는 뜻이다. 또한 선불교에서는 아예 불립문자(不立文字)를 주장하는데, 이것은 깨달음의 진수는 문자로 전달될 수 있는 것이 아니라 스승과 제자의 맞대면에서 '역설의 언어' 혹은 '침묵의 언어'를 통해서만 전달될 수 있다는 뜻이다.[1]

이런 답변은 기독교에서 더욱 힘을 갖는다. 첫째로 종교란 문자 그대로 '무조건' 믿는 것이기 때문에 어느 특정 종교를 진정 이해하려면 바로 그 종교 집단의 일원이 되는 길밖에 없다는 처지에서 '종교와 학문의 무관성'을 주장하고, 둘째로 종교의 외적 현상은 학문적 연구의 대상이 될 수 있겠으나 종교의 내적 본질은 논리적 탐구의 대상이 될 수 없다는 입장에서 '학문에 대한 종교의 초월성'을 주장한다. 그리하여 키에르케고르(1813-1855)는 "진리는 주관성"이라고 선언하며, 터투리아누스(160-220)는 "나는 불합리하기 때문에 믿는다"고 선언하며, 서양종교철학사에서 가장 정교한 존재론적 신존재 논증을 제시한 안셀무스(1033-1109)도 "믿지 않으면 이해할 수 없다"고 선언한다.

또한 파스칼(1623-1662)은 '철학자의 하느님'과 '아브라함과 이삭과 야곱의 하느님'을 구별하고, 종교인들은 냉철한 지성의 결과로 발견한 하느님이 아니라 삶에 의미를 부여해 주고 일상 생활 속에서 인격적인 교제를 할 수 있는 성서의 하느님을 추구한다고 선언한다. 그래서 그는 하느님의 존재를 논리적으로 증명하려는 데카르트의 시도를 '불확실하고 쓸데없는 일'이라고 비난한다.[2]

그러나 나는 이 글에서 종교에 대한 학문적 접근이 가능하다고 가정하겠다. 종교에 대한 학문으로는, 신학으로 대표되는 종교변호학뿐만 아니라 종교학과 종교철학이라는 엄연한 학문이 현실적으로 존재하고 있기 때문이다.[3] "도가도 비상도"를 외친 노자가 아마도 동양에서 가장 형이상학적 저서인 『노자』를 남기고, 불립문자를 주장한 선사들이 방대한 어록(語錄)을 남기고, 파스칼이나 키에르케고르가 서양 종교철학사에 빛나는 저서들을 남긴 이유도 여기에 있다.[4]

종교에 대한 학문적 접근이 가능하고 바람직하다고 할 때, 거기에는 어떤 접근 방법이 있는가? 그것은 크게 세 가지로 나눌 수 있다. 첫째는 자신이 몸담고 있는 종교의 입장에서 접근하는 변호학적(apologetic) 방법이고,[5] 둘째는 객관적 입장에서 역사 속에 나타난 종교 현상을 연구하는 종교학적(religiological) 방법이며, 셋째는 역시 객관적 입장에서 어느 한 종교 교리의 일관성과 여러 종교 교리들의 정합성을 연구하는 철학적(philosophical) 방법이다. 나는 이제 이세 가지 입장의 특성과 거기에 얽힌 문제들을 간단히 고찰하겠다.

2. 변호학적 방법

변호학적 접근 방법이란 본인이 신봉하는 특정 종교나 거기에 동정하는 태도를 그대로 견지하는 방식인데, 기독교인의 신학이나 불교인의 불교학이 여기에 속한다. 지금까지 서양에서는 이 입장을 주로 '신학'으로 표현해 왔다. 그러나 이 표현은 몇 가지 점에서 애매하다.

첫째, 우리는 '신학'이라면 으레 기독교 신학을 지칭한다. 그러나 엄격히 말하면 유대교 신학이나 이슬람교 신학도 있을 수 있으며, 무교 신학도 있을 수 있다.

둘째, '신학'이라는 표현은 무신론적 혹은 비신론적 종교의 입장을 포용할 수 없다. 예를 들어서 어떤 종류의 신도 믿지 않는 테라바다

불교에게는 '교학(敎學, dhammadology)'이라는 표현이 더욱 적당하다.

셋째, '신학'이라는 표현은 종교를 역사적, 언어적, 과학적으로 탐구하려는 노력과 자신이 믿는 종교 신앙을 조직적으로 혹은 더욱 세련된 모습으로 표현하려는 노력을 구별하지 않는다. 후자는 단지 일종의 설교이거나 자신의 입장을 선전하려는 태도로써, 이것은 종교에 대한 기술적·과학적 태도와는 전혀 동일하지 않다.

하여간 변호학적 입장은 자신이 믿고 있는 신조를 다른 사람들에게 변호하기를 원하며, 그래서 이 입장은 어떤 식으로든지 자신이 믿고 있는 종교에 대한 호교적 역할을 수행하지 않을 수 없다. 다시 말해서, 이 접근 방법은 현재 자신이 속해 있는 종교에 대한 우호적 입장을 끝까지 견지하면서 종교를 학문적으로 연구하는 태도다. 스마트 (N. Smart)가 이런 작업을 '입장을 표현하는 행위(the activity of expressing a position)'라고 규정한 이유도 여기에 있다.[6]

이런 뜻에서, 이 입장은 선교적(missionary) 입장이 되기 쉽다. 그러나 양자가 동일한 것은 아니며, 특히 종교 복수주의 상황에 처해 있는 종교인들은 당연히 일종의 변호적 입장을 가져야 하겠지만, 그렇다고 해서 그 입장이 필연적으로 이 세상의 모든 인류를 꼭 한 종교의 신도로 만들려는 태도가 되어야 하는 것은 아니다.[7] 어느 학자는 변호학적 입장과 선교학적 입장의 차이를 복음주의(evangelism)와 개종주의(proselytism)의 차이로 설명한다.

복음주의는 모든 민족의 종교적 발전에 나타난 유전 법칙의 가치를 인정한다. 예를 들어서 인도에는 수세기 동안 하느님이 관여한 독특한 종류의 종교적 사고와 종교적 삶이 존재해 왔으며, 이런 사고와 삶은 인도와 전 세계를 위하여 그대로 보존되어야 한다. 힌두교인은 힌두교인으로 구원을 받아야 한다.[8]

또한 라다크리슈난(S. Radhakrishnan)은 미국평신도협의회(American Commission of Laymen)의 보고서 내용을 토론하면서 이렇게 말한다.

선교사의 진정한 임무는 그가 가진 종교를 다른 종교와 합병시키는 것인데, 기독교가 자신을 심화시킬 수 있는 주요한 희망은 동양적인 삶을 완전히 공유(共有)함으로써만 성취될 수 있다. 이제 모든 종교간의 관계는 진리를 탐구하는 공동 추구의 형태를 취해야 한다. 인식의 창조적인 상호 관계와 서로 상이한 마음, 사상, 문화에 대한 동정적인 이해를 통해서만 진리는 더욱 영향을 받는다. 진리에 관한 한, 모든 장벽과 개인 소유의 개념은 이제 쓸데없는 것이다. 최후의 진리는 — 그것이 무엇이든지 간에 — 현존하는 모든 신앙에 대한 새로운 증언(new testament)이어야 한다.

그래서 이 보고서는 현재의 모든 종교는 마지막 단계가 아니며, 모든 종교는 더욱 훌륭한 표현 방식을 추구한다고 주장한다.[9]

변호학 → 복음주의
선교학 → 개종주의

우리는 변호학적 입장을 "하나의 종교를 알면 모든 종교를 알 수 있다"는 명제로 성격지을 수 있다. 자신의 입장을 고수하는 기독교 신학자, 불교학자, 유교학자 등이 모두 여기에 속한다. 이런 뜻에서 이 입

장은 주관적 및 평가적이며, 그가 얼마나 엄격한 객관성을 유지하느냐에 따라서 그의 학문의 위치가 결정된다.

예를 들어서, 『기독교와 세계종교의 만남』의 저자인 틸리히(Paul Tillich)는 자신을 신학자일 뿐만 아니라 종교철학자라고 말한다. 그러나 그는 이 책에서 종교간의 대화에 임하는 사람을 크게 '관찰하는 참여자'와 '참여하는 관찰자'로 분류하고, 자신은 전자의 길을 택하겠다고 선언하면서 '예수는 그리스도'라는 기준을 가지고 다른 종교들과 유사종교들을 토론한다.[10] 그러므로 엄격히 말하면, 그는 종교철학자가 아니라 자신의 입장을 끝까지 고수한 신학자라고 할 수 있다.[11]

종교변호학자는 자신의 신념이나 신앙을 그대로 간직하면서 종교를 연구한다는 점에서 앞으로 설명할 종교학자나 종교철학자보다 실존의 문제에 더욱 가깝게 있다고 말할 수 있다. 그래서 그는 '신앙의 주관성'과 '학문의 객관성'에 대한 갈등을 심각하게 느낄 필요도 없을 것이며, 대부분의 경우에는 자신의 학문적 탐구가 신앙적 체험의 내용을 더욱 풍요롭게 만들 수도 있다. 참으로 축복받은 사람이다.

그러나 바로 그렇기 때문에, 변호학자는 자신의 입장을 객관적, 과학적인 것으로 위장하지 말아야 한다. 이런 태도는 객관적 입장을 고수하려는 종교학이나 종교철학에 대한 모독일 뿐만 아니라 종교 신앙 자체에 대한 모독이기도 하다. 열렬한 기독교인인 칼 바르트와 비기독교인인 비트겐슈타인이 — 물론 그 근거는 서로 다르지만 — 종교를 과학적으로 설명하려는 모든 시도를 비신앙적 혹은 비종교적 태도라고 비판하는 이유도 여기에 있다.

객관적, 과학적 방법은 크게 합리주의와 경험주의로 나눌 수 있다. 그러나 어떤 방법이든지 간에, 그것이 초합리적 신앙의 본질이나 초

경험적 실재를 증명하는 데는 아무런 힘을 발휘할 수 없다. 신의 존재와 속성을 증명하려는 모든 노력은 오직 학문적 호기심의 발로일 뿐이다. 여기서 우리는 서양종교의 근간을 이루고 있는 기독교의 성서가 하느님의 존재를 합리적으로 증명하려는 아무런 노력조차 하지 않고 있다는 사실에 새삼 관심을 쏟아야 한다.

> 성서의 저자들에게 있어서 합리적인 신존재 논증은 마치 물리적 세상이나 이웃 사람의 존재를 증명하는 것과 같이 아무런 필요가 없는 것이다. 그들에게 하느님은 인격적으로 만날 수 있는 의지였으며, 성서는 마치 큰 건물을 통과하는 거인과도 같이 하느님의 현존과 명령으로 충만해 있다.
>
> 선지자들과 사도들에게 있어서 모든 유신론적 증명은 마치 아내와 자녀의 존재를 남편과 아버지에게 증명하라는 것과 같이 순수한 — 그리고 단순한 — 학문적 흥미거리에 지나지 않는다.[12]

어느 날 비트겐슈타인은 스완씨라는 곳을 방문해서 늙은 목사로부터 예수 그리스도야말로 이 세상에서 가장 위대한 철학자라는 말을 들었다고 한다. 물론 그는 예수는 절대로 철학자가 아니라고 설명했으나, 그는 나중에 왜 그 목사가 그렇게 말했는지를 이해할 수 있다고 말했다. 즉 비트겐슈타인은 그 목사가 말로는 '철학자'라고 하면서도 실제로는 '변호학자'를 염두에 두고 있었다는 사실을 알게 되었던 것이다.

신학을 포함한 모든 변호학은 엄연한 학문이지만 어디까지나 주관적 학문이다. 우리는 신학의 이 두 측면을 잊지 말아야 한다. 마치 예수가 진정한 하느님이면서 동시에 진정한 사람이라는 사실을 잊지 말아야 하듯이. 이 말을 거꾸로 하면 이렇다. 예수의 신성을 무시하는 것이 이단이라면 예수의 인간성을 무시하는 것도 이단이다. 이와 마찬가지로 우리는 신학의 학문성과 주관성을 동시에 인정해야 할 것이다.

또한 변호학은 종교학이나 종교철학을 변호학의 전 단계로 취급하거나 아예 변호학의 일부분으로 취급하는 실수를 범할 수도 있다. 현재 우리나라 대학에서 강의되고 있는 '종교학'이나 '종교철학'이라는 이름의 강의들이 객관적인 학문이 아니라 실제로는 기독교, 불교학, 유교학 등과 같은 변호학의 한 분야로 진행되고 있는 이유도 여기에 있다. 우리나라 신학교에서 종교철학을 가르치지 않는 곳은 별로 없다. 그러나 실제로 그것은 진정한 종교철학이 아니며, 타종교에 대한 기독교의 우월성을 암묵적으로 선전하려는 내용이다. 또한 유학대학이나 불교대학에서도 종교학이나 종교철학을 가르친다. 그러나 실제로는 공자의 인(仁)이나 석가의 자비를 강조하는 변호학일 뿐이다.

3. 종교학적 방법

종교학적 접근 방법이란 역사 속에 나타난 여러 가지 종교 재료, 종교 표현, 종교 현상을 객관적으로 연구하는 방법이다. 그러므로 변호학적 방법이 주관적이고 평가적이라면, 종교학적 방법은 객관적이고 기술적이다. 다만 여기서 말하는 종교 현상은 기도문이나 주문(呪文)과 같은 언어적 현상(verbal phenomena)일 수도 있고 몸짓이나 의례와 같은 비언어적 현상(nonverbal phenomena)일 수도 있다. 하여간 우리는 이 입장을, "하나의 종교를 알면 모든 종교를 알 수 있다"는 변호학적 입장과는 달리, "모든 종교를 알아야 하나의 종교를 알 수 있다"는 명제로 성격지을 수 있다. 그러나 종교학의 이런 객관적 및 다종교적 태도는 과연 가능한 것인가? 이 질문에 대한 부정적인 근거는 너무나 많은 듯하다.

첫째, 모든 인간은 존재구속성을 갖는다. 자신의 의견, 견해, 신념, 편견, 신앙 등을 완전히 벗어날 수 있는 사람은 이 세상에 하나도 없다. 일부의 철학자들이 방법론으로서의 판단 정지를 현상학적 속임수(a phenomenological hoax)라고 말하는 이유도 여기에 있다. 한국에서 태어난 사람은 어떤 면에서든지 미국에서 태어난 사람과 다르게 마련이며, 현대인의 사고 방식은 고대인의 사고 방식과 절대로 동일할 수 없다. 그러므로 순수한 객관인은 존재하지 않는다.

둘째, 모든 종교를 진정 객관적으로 연구하려는 사람은 현재 이 세상에 존재하는 모든 종교를 연구해야 할 뿐만 아니라 앞으로 새로 태어날 종교에 대해서도 알아야 할 것이다. 그러나 어느 유한한 인간이 종교의 다원성과 종교 경험의 다양성을 전부 터득할 수 있겠는가. 그는 수많은 종교 현상 중에서 자기가 연구할 재료를 취사 선택하지 않을 수 없을 것이며, 이런 재료의 선택은 이미 자신의 주관에 의한 것이 될 수밖에 없다.

셋째, 종교는 전체적이다. 그런데 어떤 사람이 종교를 역사학적, 심리학적, 사회학적, 인류학적으로 전부 종합해서 탐구할 수 있겠는가.

넷째, 종교학에 대한 가장 강력한 비판은 종교학적 방법 자체에 대한 것이다. 이미 말했듯이, 종교학은 겉으로 나타난 종교 현상의 연구를 통해 종교 본질을 탐구하려고 한다. 그러나 모든 현상은 본질의 정확한 복사판이 될 수 없다. 가슴으로 눈물을 철철 흘릴 정도로 슬픈 코미디언이 겉으로는 이 세상에서 가장 행복한 사람처럼 보일 수도 있다.

내적 본질과 외적 현상의 이런 차이점은 종교의 경우에 더욱 확실히 나타난다. 그리하여 예수는 "주여! 주여!"라고 겉으로만 외치는 사람이 꼭 천국에 들어가는 것은 아니라고 못 박았던 것이다. 종교학자 바흐(Joachim Wach)는 모든 종교 현상은 그것이 표현하려는 능력을 스스로 '제한'할 수밖에 없다고 말하면서,[13] 종교 현상에 대한 파악은 어떤 관습 현상, 언어 현상, 예술 현상에 대한 파악보다 더욱 쉽지 않다고 주장한다.

> 종교 표현은 그 어떤 표현보다도 높은 차원에서 유지되어 왔다. 그리고 우리가 그것을 볼 수 있을 때도, 우리가 진실로 그 의미가 무엇인가를 이해하기는 아주 어려운 일이다.[14]

이런 비판에 대한 종교학자의 적극적 변호는 없는 듯이 보인다. 다만 그는 '깨어진 거울(broken mirror)'이라는 비유를 통한 소극적 답변을 제시할 수 있을 뿐이다. 여기에 금이 많이 가고 먼지가 낀 거울이 있다고 하자. 그 거울에 비친 나의 이지러진 얼굴은 진정한 나의 얼굴이 아니다. 그러나 그것은 ─ 정확하지는 않아도 ─ 나의 얼굴일 수밖에 없다. 그것이 다른 사람의 얼굴일 수는 없기 때문이다. 이와 마찬가지로, 종교 현상에 나타난 본질은 본질의 전부가 아니며 본질의 정확한 표현도 아니다. 그러나, 비록 희미하기는 해도, 그것은 어디까지나 그 종교의 본질의 한 모습이다. 여기서 우리는 종교학의 특이한 입장을 다시 한 번 상기하게 된다.

예를 들어서 기독교인들은 예배를 드릴 때마다 『사도신경』을 암송하는데, 여기에는 "나는 …을 믿으며"라는 표현이 수없이 반복된다. 그러나 불교인들이 예불을 드릴 때 낭송하는 『반야심경』에는 '믿는다'는 단어가 한 번도 나오지 않는다. 종교학은 이런 현상의 상이점에 주목하면서, 이렇게 각기 다른 현상이 나타난 이유를 추구한다. 그러면 결국 기독교는 '밖으로부터의 구원(salvation from without)'을 추구하는 믿음의 종교며, 불교는 '안으로부터의 깨달음(enlightenment from within)'을 추구하는 수양의 종교라는 사실을 알게 된다. 물론 이 한 가지 차이점이 두 종교의 모든 차이점을 설명해 주지는 않는다. 그러나 그것이 기독교와 불교의 여러 가지 본질적 차이점들 중에 하나라는 사실에는 의심의 여지가 없다.

이렇게 보면, 우리는 종교학이 주장하는 객관성은 절대적이 아니라 상대적이라고 말할 수밖에 없다. 분명히 종교학은 변호학과는 달리 객관적이고 기술적이다. 그렇다고 해서 종교학이 완전히 객관적인 과학이 될 수는 없다. 이것이 바로 종교학의 '오묘한 입장'이다.

고백적이고 평가적인 변호학에 비교해 보면, 분명히 종교학은 역사적이고 기술적이다. 그러나 종교학이 마치 차가운 실험실의 카드 정리가 될 수는 없는 것이다.

우리는 종교 경험의 본질을 알기 위하여 종교 현상을 연구하는 것이며, 종교 현상 자체를 위하여 종교 현상을 연구하는 것이 아니라는 본래의 입장을 잊어버리는 주객전도의 태도로 전락하지 않도록 주의해야 할 것이다. 그렇지 않으면, 그것은 마치 아름다운 공주를 찾아 집을 떠난 왕자가 보물에 눈이 어두워서 공주를 찾기 위해 집을 떠났던 본래의 목적을 잊어버린 옛날 동화의 경우가 되고 말 것이다.[15]

4. 철학적 방법

철학적 접근 방법이란 종교 교리 자체의 일관성과 정합성을 역시 객관적으로 연구하는 방법이다. 즉 종교철학은 종교학이 유일한 연구 대상으로 인정하는 '문화적으로 한정된 종교 현상의 형식'을 넘어서서 그런 현상을 낳게 한 교리 자체의 일관성과 각기 다른 종교 교리들 사이의 정합성을 추구한다. 이런 뜻에서 종교학은 종교 현상을 기술(describe)하는 데 만족하지만, 종교철학은 그 현상을 설명(explain)하려고 노력한다.

몇 가지 실례를 들자. 불교는 인간에게 모든 욕망을 버리라고 가르친다. 왜? 깨달음을 얻기 위하여. 즉 우리는 깨달음이라는 큰 욕망을 위해 모든 조그만 욕망들을 버려야 한다는 뜻이다. 그러면 큰 욕망과 작은 욕망들의 차이점은 무엇인가? 그 차이점은 양적인 것인가 혹은 질적인 것인가? 이런 주장은 모순이 아닌가? 이런 것들이 바로 교리 자체의 일관성에 관련된 문제들이다.

그리고 기독교 교리의 일관성에 관련된 전통적인 문제로는 '악의 문제'가 있는데, 이것은 엄연히 존재하는 악 앞에서 어떻게 하느님을 변호할 수 있느냐는 변신론(辯神論)의 문제가 된다. 이렇게 종교철학은 종교학과 동일한 객관적 학문이지만 그들이 취급하는 대상은 전혀 다르다.

여기서 독자는 변신론의 문제는 종교철학자가 다루어야 할 문제이기 이전에 신학자가 다루어야 할 문제라고 생각할 것이며, 그의 이런 주장은 분명히 옳다. 모든 기독교 변호학자(신학자)는 우선 이 문제를 설명해야 할 의무를 가지고 있다. 그러면 변신론의 문제에 대한 변호학자와 철학자의 차이점은 무엇인가? 그들 사이에는 오직 주관적 태도와 객관적 태도의 차이점만 있을 뿐인가? 허드슨(D. Hudson)은 그들의 근본적인 차이점을 세 가지로 제시한다.[16]

첫째, 철학자는 신학자가 제공한 설명의 '일관성'을 검토한다. 예를 들어서 신학자는 변신론의 문제에 대하여 하느님이 인간에게 자유의지를 주었는데 인간이 그 자유의지를 남용했다고 설명한다. 그러나 종교철학자는 신학자의 이런 설명이 과연 우리가 일상적으로 사용하는 '자유의지'라는 어휘와 양립할 수 있느냐는 좀더 근본적인 질문을 제기한다.

> 신학자들의 견해와는 반대로, 일부의 철학자들은 하느님이 일상적 의미의 자유의지를 인간에게 주면서도 이기적인 행동을 할 수 없도록 만들 수 있다는 주장에는 아무런 모순이 없다고 말한다.
>
> 일반적으로 어떤 사람이 자유의지를 가지고 있다는 말은 그가 강제에 의해 행동하지 않으며 강압, 공포, 무의식에 의해 행동하지 않은 상태를 말한다. 즉 자유의지란 자신이 의도한 것을 행하는 자기결정적(self-determined)인 의지다.
>
> 그렇다면 자신이 원하는 것을 하면서도 언제나 비이기적으로 행동하는 인간을 만들 수 없다는 논리적 불가능성은 존재하지 않는다. 만약 하느님이 그런 인간을 창조했다면, 인간은 언제나 자신이 의도하는 대로 행동한다는 뜻에서 자유의지를 가지고 있으면서 동시에 세계의 굶주림의 원인이 되는 이기적 행위를 할 수 없었을 것이다. 이런 주장이 모순적이라는 신학자의 가정은 '자유의지'라는 어휘의 일상적 의미와 일치하지 않는다. 비록 그는 일상적이라고 생각하겠지만.[17]

둘째, 철학자는 신학자가 제공한 설명의 전제를 검토한다. 예를 들어서 괴테는 리스본에 지진이 났을 때 "하느님은 지금 어디에 있으며, 그는 지금 무엇을 하고 있는가?"라고 질문했다. 우리는 동일한 질문을 오사카의 지진, 터키의 지진, 대만의 지진에 대하여 던질 수 있다. 물론 괴테가 "하느님은 그때 붉은 옷을 입은 사람 옆에서 삽질을 하고 있었다"는 식의 답변을 기대한 것은 아니다. 그의 질문은 하느님의 선한 목표와 상반되지 않는 지평에서의 지진에 대한 설명을 요청한 것이다. 여기서 우리는 괴테가 하느님을 '육체를 가지고 있지 않은 행위자'로 간주하고 있다는 전제를 쉽게 발견할 수 있다. 종교철학은 바로 이런 전제의 타당성을 토론한다.[18]

셋째, 철학자는 종교적 질문과 비종교적 질문의 '논리적 변경선(frontier)'을 보여주는데, 허드슨은 철학자의 이런 임무를 '표면 문법(surface grammar)'과 '심층 문법(depth grammar)'의 차이점을 밝히는 것이라고 말한다.

표면 문법에 사로잡힌 사람들은 종교에 대한 질문과 다른 종류의 질문을 쉽게 혼동한다. 어떤 사람은 종교적 질문과 과학적 질문을 동일시하여 그런 혼란에 빠지고, 다른 사람은 모든 신학적 명제를 바로 인간 경험에 대한 명제로 환원시킴으로써 그런 혼란에 빠진다. 종교 신앙을 과학적으로 증명하거나 반증하면 종교 신앙의 문제가 해결된다고 생각하는 사람은 전자에 속하며, 예를 들어서 "예수는 부활했다"는 명제를 결국 "제자들은 새로운 자유를 경험했다"는 명제로 받아들이는 사람은 후자에 속한다.[19]

변호학의 경우와 마찬가지로, 종교철학은 기독교 철학, 이슬람교 철학, 불교 철학, 무교 철학 등으로 나눌 수 있다. 그래서 종교철학의 객관성의 문제는 종교학의 경우만큼 심각하지 않은 듯이 보인다. 그러나 진정한 종교철학은 한 종교 교리의 일관성뿐만 아니라 여러 종교의 각기 다른 종교 교리들을 비교적 입장에서 공평하게 설명하려고 노력한다는 점에서 종교학보다 더욱 엄격한 객관성을 요구한다. 다시 말해서, 종교학자는 모든 종교 현상을 있는 그대로(as they are) 관찰, 이해, 기술하면 되지만 종교철학자는 그것을 일관성 있게 설명할 뿐만 아니라 여러 종교가 주장하는 각기 다른 진리의 근거들을 정합적으로 설명하려고 한다.

종교간의 대화의 문제를 생각해 보자. 물론 이 문제는 변호학적 입장이나 종교학적 입장에서도 접근할 수 있다. 그러나 변호학적 입장은 당연히 우리가 앞에서 지적한 틸리히와 같은 결론에 도달할 것이며, 종교학적 입장은 여러 종교 현상의 유사성과 공통성을 객관적으로 나열하면 된다. 그러나 종교철학자는 여러 종교의 상충하는 진리 주장들(conflicting truth-claims)을 모든 사람이 납득할 수 있도록 설명하려고 노력한다. 이런 뜻에서 종교간의 대화의 문제는 종교철학의 고유한 영역이라고 할 수 있다. 종교철학이 다른 변호학이나 종교학보다 더욱 철저하게 이름의 독재(the tyranny of names)와 신조의 경쟁(the rivalry of creeds)을 초월하여 종교에 접근해야 하는 이유가 여기에 있다.[20]

변호학	주관적	
종교학	객관적	현상에서 출발
종교철학	객관적	교리에서 출발

물론 종교에 대한 변호학적 탐구, 종교학적 탐구, 철학적 탐구가 언제나 확연히 구별되는 것은 아니다. 실제로 그들은 서로 얽히고설켜

있다. 또한 이 세 가지 방법이 꼭 상호 배타적일 필요는 없다. 오히려 가장 이상적인 길은 그들이 상호 보충적으로 되는 것이다.

5. 21세기의 화두: 정보화 시대

나는 지금까지 변호학, 종교학, 종교철학이 우리에게 줄 수 있는 교훈을 원칙적 측면에서 설명했다. 그러나 우리는 여기서 21세기라는 새로운 시대에서 오는 현실적 문제도 동시에 고려할 필요가 있다. 모든 인간 행위와 마찬가지로 종교에 대한 학문도 진공에서 진행될 수는 없기 때문이다.

21세기는 우리에게 어떤 화두를 던질 것인가? 전통적으로 변호학에서 논의해 온 이성과 계시의 문제, 경전 해석의 문제, 덕치(德治) 가능성의 문제 등은 여전히 활발하게 토론될 것이며, 종교학에서 논의해 온 성과 속의 문제, 보편과 특수의 문제, 객관적인 기술론과 평가적인 설명론의 문제 등도 여전히 활발하게 토론될 것이며, 종교철학에서 논의해 온 악의 문제, 신존재의 문제, 종교언어의 문제, 종교철학 자체의 존속 가능성의 문제 등도 여전히 활발하게 토론될 것이다. 그러나 21세기는 우리에게 새로운 문제를 던질 것인데, 그것은 한 마디로 초고속 정보화 시대로 대표되는 과학의 발달에서 오는 문제로 요약될 수 있다.

종교와 과학의 갈등은 전혀 새로운 사실이 아니다. 지금까지의 종교와 과학의 역사는 그것이 화해의 관계가 아니라 투쟁의 관계임을 증명하며, "과학자와 종교인의 싸움은 언제나 실용성을 앞세운 과학자의 승리로 끝났다."[21] 기독교의 경우를 예로 들자.

천당은 우리의 머리 위에 있고 지옥은 발 밑에 있다는 식의 3층 우주관, 지구를 돌던 태양의 운행이 여호수아의 명령으로 잠시 중지되었다는 성서의 이야기, 이런 것들은 이제 현대 과학에 비추어 보면 믿을 수 없다. 또한 지구가 약 6천 년 전에 창조되었다거나 오늘날 우리가 보는 형태로 인간과 동물이 태초에 창조되었다는 성서의 이야기도 이제는 합리적 신념의 대상이 될 수 없다. 그리고 미래 어느 날 죽었던 모든 인간의 송장들이 하느님의 심판을 받기 위해 건강한 몸으로 되살아날 것이라는 기대도 별로 바람직한 것일 수 없다.[22]

이런 상황에서 보수주의자들은 아직도 과학에 대한 종교의 선험적 우위성을 주장하며, 과학만능주의자들은 오히려 종교에 대한 과학의 현실적 우위성을 주장한다. 그러나 존 힉은 '과학적 지식'은 '종교적 주장'의 영역 밖에 있기 때문에 과학은 종교를 긍정할 수도 없고 부정할 수도 없다는 신중론을 주장한다.

만약 하느님의 실재를 믿는다는 것이 전과학적인 시대의 모든 문화적 가정까지 믿는 것이라면, 우리의 종교적 믿음은 전혀 근거가 없다. 그러나 만약 (많은 현대 신학자들이 생각하듯이) 하느님이 인간에게 충분한 자율성을 주어서 인간의 자유의지에 따라 창조주와 관계를 맺을 수 있는 '중성적인 장소'로 세상을 창조했다면, 우리의 믿음이 전혀 근거가 없는 것은 아닐 수도 있다.

후자의 입장에서 보면, 하느님은 인간에게 일정한 거리 혹은 여백을 주었으며, 인간은 그 거리 혹은 여백에 의하여 — 비록 상대적이고 제한적이기는 하지만 — 스스로 책임감 있는 인격체로 살 수 있는 자유를 갖게 된 것이다.[23]

그러나 21세기는 종교와 과학의 싸움조차 허락하지 않을 정도로 완전히 과학화된 사회, 즉 정보화 사회가 될 것이다. 그래서 배국원은 21세기가 지금까지에는 공간, 현실, 현존, 본문의 개념이 전자공간(cyberspace), 가상현실(virtual reality), 원격현존(telepresence), 중복본문(hypertext)으로 대체될 것이라고 말하면서, 새 시대가 몰고 올 물리주의(physicalism)의 문제점을 이렇게 우려한다.

이른바 물리주의가 득세하면, 모든 종교적 견해들은 결국 물리화학적 신경 반응으로 환원, 축소되어 설명될 수 있을 것이다. 열반적정의 공허함을 흠모하는 불교도와 브라만과의 신비로운 합일을 열망하는 힌두교도와의 차이는 결국 그들의 뇌의 분비물과 구조로 설명될수도 있을 것이며, 다듬어진 예배 격식을 통해 신성함을 추구하는 성공회 교인과 하늘로부터 내려오는 뜨거운 방언의 불을 추구하는 순복음교회 교인의 차이도 역시 그들의 뇌의 어느 한 구석에 숨어 있는 비밀일 수도 있을 것이다.

이런 환원주의적 설명보다 더 위험한 것이 있다. 그것은 어쩌면 사랑, 미움, 분노, 그리움 등 인간 고유의 정서마저도 대리 경험할 수 있는 테크놀로지가 출현할지도 모른다는 사실이다. 마치 게보린 한 알 사서 먹으면 통증이 사라지듯이, 이제 약국에서 사랑약 한 알이나 그리움 드링크 한 병을 사 먹으면 애인도 필요없는 세상이 올지도 모른다. 정말 그러다간 열반 드링크나 은혜 주스와 같은 것을 팔고 사게될지도 모른다. 그러면, 이미 오래 전에 헉슬리가 경고했던 것처럼, 시뮬라시옹으로 가득 찬 『멋진 신세계』는 결국 기술문명이 이룩한 천국(utopia)이 아닌 지옥(dystopia)이 될 수도 있다.[24]

현재 이 문제를 활발하게 토론하고 있는 종교철학계의 일반적인 경향을 보면, 대부분의 학자들이 정신주의보다는 어느 정도 물리주의에 경도되어 있는 것은 사실이지만 이런 극단적 물리주의에 빠질 위험은 별로 없는 듯하다. 그러나 현재 과학철학자들은 컴퓨터의 마음, 인간의 마음, 신의 마음을 거의 동일선상에 놓고 토론하고 있는 실정이다. 예를 들어서 소흥열의 『자연주의적 유신론』의 부제는 신기하게도 '우주의 마음, 사람의 마음, 컴퓨터의 마음'이다.[25] 이런 상황에서 변호학자, 종교학자, 종교철학자는 새로운 정보과학의 끔찍한 영향력을 완전히 회피할 수는 없을 것이며, 그래서 이제 그들은 정말 진지한 자세로 이른바 N세대로 대표되는 21세기의 화두를 진지하게 토론해야 할 것이다. 배국원은 이런 과학의 영향을 두 가지로 정리한다.

첫째, 모든 종교에 대한 정보량이 엄청나게 증가되고 있다.

1세기 전에 비해서, 아니 불과 10년 전에 비해서, 서구인들은 다른 종교들에 대하여 놀랄 만큼 많이 알게 되었다. 여러 종교들의 주요 경전이 거의 다 번역되어 서점에서 일반 독자들을 기다리고 있다. 불교의 경우, 영어로 번역된 불경이 한국어로 번역된 불경보다 더 많을 정도다. 일본불교의 고전들과 티베트의 비의서(秘意書)들이 번역되고 있는 현 상황을 가리켜 "법륜(法輪)의 큰 바퀴가 세 번째 구르기 시작했다"고 말하는 것도 과장만은 아니다.

경전뿐만 아니라 각 종교의 주요한 주석서, 철학적 저서들도 앞 다투어 번역되고 있다. 중국의 경우에 주희, 왕양명 등은 물론이며 왕필, 소강절 등의 저서까지도 상세한 주석을 곁들인 번역들이 선보이고 있다.[26]

둘째, 정보의 양적 증가는 학자들에게 전통적으로 내려온 사상을 새로운 각도에서 바라보도록 강요하고 있다. 종교철학의 예를 들자.

> 아리스토텔레스와 아퀴나스만 읽고 덕(德)을 논하는 시대는 끝나고, 맹자와 퇴계의 덕론이 참조되는 시기가 되었다. 프레게와 러셀의 수리논리에만 관심있던 논리학자는 승론(勝論)과 정리(正理) 학파의 논리에 눈을 돌리고, 후설과 하이데거의 현상학은 용수(龍樹)의 중론(中論)과 세친(世親)의 유식론(唯識論)을 통해 새롭게 해석될 수도 있다. 마틴 루터의 '오직 믿음으로!'는 신란(新鸞)의 '오직 아미타에 귀의함으로!'와 바이슈나 신도들의 '오직 크리슈나에 대한 헌신만으로!'의 도전을 받게 되었다.
> 이렇게 종교철학자들은 신에 대한 심각한 사색이 전 세계와 전 세기에 걸쳐 진행되어 왔다는 평범한 진리를 발견하여 새삼 놀라고 있다. 잘 모르던 시절에는 그저 조잡한 미신이라고만 치부했던 이방 종교들 속에도 상카라, 라마누자, 알 가잘리, 루미 등과 같은 심오한 사상가들의 철학적 유산이 숨어 있다는 것을 알게 된 것이다.[27]

그러면 변호학, 종교학, 종교철학은 각각 이러한 정보화 사회의 무차별적 세례로부터 구체적으로 어떤 영향을 받을 것인가? 그리고 그들은 거기에 대하여 어떻게 대처할 것인가?

첫째, 변호학, 종교학, 종교철학 중에서 과학이라는 21세기의 화두에 가장 민감하게 위협을 느끼는 분야는 아무래도 변호학이 될 것이다. 우선 기독교, 불교, 유교를 포함한 대부분의 세계종교 경전은 일단 반과학적인 당시의 우주관을 배경으로 성립되었으며, 그래서 오늘날 우리는 그 경전들을 어떻게 새로운 시대에 맞게 읽어야 하느냐는 해석학의 문제가 제기될 수밖에 없기 때문이다. 예를 들면 불투만의 비신화론도 이런 시도에서 출발한 것이며, 오늘날 기독교에서 전통신학을 대신할 수 있는 담론신학, 과격한 해석학, 후기 자유신학, 해체신학 등을 활발히 토론하고 있는 이유도 여기에 있다.

이제 우리는 21세기 신과학의 세례를 완전히 벗어날 수 없다. 우리가 아무리 "자연으로 돌아가라!"는 루소의 말을 외쳐도 냉장고와 텔레비전과 컴퓨터 없이는 살 수 없으며, 우리가 아무리 정신, 본체계, 실재를 외쳐도 "이제는 디지털이다!"라는 네그로폰테 교수의 선언에서 완전히 벗어날 수는 없다.[28]

우리는 정보화 시대에 대한 이런 태도를 최근에 발생한 신종교에서 쉽게 발견할 수 있다. 예를 들어서 원불교는 "물질을 개벽하여 정신을 개벽하라"고 주장하고, 통일교는 더욱 적극적으로 '종교의 과학화, 과학의 종교화'를 주장한다. 이런 경향은 필자의 젊었을 때 상식으로는 상상조차 할 수 없는 일이다. 물론 정보화에 대한 변호학자들의 태도가 모두 이렇게 '컴퓨터의 마음'을 수용하는 쪽으로 진전되지는 않을 것이며, 오히려 반과학적으로 나타날 수도 있다. 즉 비트겐슈타인적 신앙우월주의 형태로 나타날 수도 있다.[29] 하여간 대부분의 변호학자들은 자신의 입장을 새 시대에 맞게 정리하는 과정에서 어느 경우에는 정체성의 위기까지 맛보게 될 것이다.

둘째, 여기에 비하여 종교학자는 정보화 시대로부터 그렇게 엄청난 충격을 받지는 않을 것이다. 오히려 역사 속에 나타난 종교 현상을 연구하는 종교학자는 컴퓨터, 인터넷, 이메일 등의 신형 기계들의 도움을 받게 될 것이다. (이런 뜻에서 종교학의 미래는 변호학이나 종교철학보다 훨씬 밝다고 할 수 있을까.)

셋째, 종교철학은 정보화 사회로부터 의외로 큰 충격을 받을 것이다. 지금까지 종교철학자는 종교 교리 자체를 텍스트로 삼아 왔으며, 또한 그 텍스트에 접근하는 방식이 객관적이라는 미명 아래 '안락의자의 철학'에 만족하고 있었다. 그러나 이제 생명의 문제, 신존재의 문제, 삼사라와 니르바나의 문제, 악의 문제뿐만 아니라 종교철학이 자랑하는 현상학적 방법과 분석학적 방법 자체에 대한 도전을 받게 되었다. 이런 뜻에서 정보화 시대가 종교철학에 주는 영향력은 변호학에 대한 것보다 결코 작지 않을 것이다.

최근에 정신과 영혼의 문제와 '타인의 마음'의 문제가 전혀 새로운 방향에서 모색되고 있는 이유도 여기에 있으며, 이런 작업은 이미 이론적인 측면에서 반증거주의, 반기초주의, 해체주의 등의 이름으로 활발히 거론되고 있는 실정이다. 한 마디로 21세기의 과학주의는 종교철학의 정체성 자체를 위협할 수 있다.

그러나 내가 여기서 가장 염려하는 것은 정보화 사회가 종교에게 줄 긍정적인 영향이나 부정적인 영향이 아니다. 긍정적인 영향은 당연히 긍정적인 결과를 생산할 것이며, 부정적인 영향에 대하여는 종교인들이 거기에 맞설 대응책을 새롭게 추구하게 될 것이다. 내가 가장 염려하는 것은 21세기의 정보화 사회가 모든 종교에 대한 극도의 무관심을 조장하게 되리라는 것이다. 무관심은 증오보다 무서운 것이다. 틸리히는 이미 이런 사실을 일본의 경우를 들어 설명하면서, 이런 무관심은 종교가 테크놀로지의 침략에 대항할 준비가 전혀 되어 있지 않았기 때문에 발생한 것이라고 말한다.

일본에서 활약하는 선교사들에 의하면, 그들은 모든 종교에 대한 엄청난 무관심을 불교나 신도의 성장보다 더욱 염려한다는 것이다. 이런 현상은 19세기 후반의 유럽에도 있었다. 당시 10만 명이 모일

수 있는 동베를린의 주일 예배에는 대개 100여 명이 참석했는데, 그
것도 남자와 젊은이가 빠진 늙은 여성들뿐이었다. 기독교가 테크놀
로지의 침략과 거기에 수반된 세속화 경향에 대항할 준비가 전혀 되
어 있지 않았으며, 이런 현상이 현재 일본에서 벌어지고 있는 것이다.
이런 진단은 동유럽의 동방정교회나 중국의 유교, 도교, 불교에도 그
대로 적용되며, 약간의 예외가 있긴 하지만 인도의 힌두교와 아프리
카의 부족종교에도 그대로 해당되며, 더욱 많은 예외가 있겠으나 이
슬람 국가들에도 그대로 적용된다.[30]

틸리히가 이 글을 발표한 것은 1963년이며, 그것은 원래 1961년 미
국의 '뱀프턴 강의(Bampton Lecture)'에서 한 말이다. 그로부터 세
월은 굉장히 변했으며, 우리가 맞이할 21세기는 전혀 다른 세상이 될
것이다. 더구나 요즘에는 쌍둥이 사이에도 세대차를 느낀다고 할 정
도로 빨리 변하고 있지 않은가. 하여간 과학의 시대가 되었다. 종교변
호학자, 종교학자, 종교철학자는 이 현실을 잊지 말아야 한다.

6. 맺음말

우리는 종교에 대한 이상의 세 가지 접근 방법들 중에서 어떤 길을
선택해야 하는가? 물론 이 문제는 각자의 성향과 환경에 따라 다를 수
밖에 없을 것이다. 그러나 나는 여기서 몇 가지를 언급하고 싶다.

첫째, 우리는 자신이 선택한 길만이 옳다거나 적어도 다른 길보다
더욱 훌륭하다고 믿기 쉽다. 그러나 이런 태도는 이제 용납될 수 없
다. 우리는 우리가 '선택하지 않은 길'에 대한 정당한 존경심(due
respect)을 잃지 말아야 한다. 실로 종교에 대한 한국인의 태도는 극

히 배타적이다.

우리는 불교를 열심히 비방하면 기독교의 신앙심이 증명되고, 기
독교를 망국병의 징조라고 강조하면 불교의 신심이 증명된다고 믿고
있다. 그러나 이런 '위대한 고립주의'의 시대는 이미 지났다. 이제 우
리는 진리의 다면성(多面性)을 솔직하게 인정하고, 그런 인정 위에서
현대에 들어와서 '새롭게 대두된 문제'를 신중하게 고려해야 한다.
이제 우리가 '신앙의 주관적 절대성'과 '종교의 객관적 상대성'을
동시에 인정해야 되는 이유가 여기에 있다.[31]

바흐는 이렇게 말한다. "진리를 사랑한다는 것은 비진리를 증오한
다는 것이다. 그러나 자신의 신앙을 높이기 위하여 반드시 다른 사람
의 신앙을 훼손해야 되는 것은 아니다."[32] 이것은 각기 다른 종교에
대한 우리들의 바람직한 태도를 기술한 것이다. 그러므로 동일한 종
교에 대한 각기 다른 학문적 접근 방법의 우열을 따지는 것은 이제 시
대착오적인 발상일 뿐이다.

둘째, 변호학과 종교학과 종교철학은 이제 손을 잡아야 하며, 종교
에 관한 한 우리는 이 세 방법을 전부 알아야 종교에 대하여 안다고
주장할 수 있다는 사실을 정확히 인식해야 한다. 신앙이라는 미명 아
래 종교학과 종교철학을 전혀 모르는 변호학자, 객관성이라는 미명
아래 주관적인 변호학과 객관적인 종교철학을 전혀 모르는 종교학자,
변호학의 실존성과 종교학의 유용성을 무조건 배척하는 종교철학자
는 이제 독불장군의 시대가 끝났다는 사실을 새롭게 인식해야 한다.
바야흐로 우리는 벌써 21세기를 살고 있다. 강돈구는 맥쿼리(John
MacQuarrie)의 『20세기의 종교사상(Twentieth-Century Reli-

gious Thought)』을 읽은 소감을 이렇게 말한다.

> 서구의 사상을 이해하기 위하여, 우리는 철학만 알아도 안 되고 기
> 독교 신학만 알아도 안 될 것이다. 일반적으로 우리 학계의 현실은 철
> 학자는 철학만 알고 신학자는 기독교 신학만 알면 되는 것으로 되어
> 있다. 따라서 두 학문의 밀접한 관계에도 불구하고, 두 학문간의 교류
> 는 거의 이루어지지 않고 있다. 다만 기독교 신학계에서는 철학 쪽에
> 일말의 관심을 가지고 있어서, 그런 관심을 '종교철학'이라는 분야에
> 서 해소하고 있을 뿐이다.[33]

그러나 강돈구는 여기에도 두 가지 문제가 있다고 말한다. 우선 "우
리의 철학계에는 기독교 신학을 학문으로 이해하려고 하지 않는 습성
이 있다. 그래서 서구의 철학과 신학은 분명히 밀접한 관련을 맺으면
서 전개되고 있음에도 불구하고, 우리 학계는 그런 사실을 외면하고
있다. 우리 학계의 이런 경향은 철학과 기독교 신학 양 분야의 발전에
결코 바람직한 결과를 초래하지 못할 것이 분명하다." 또한 종교철학
이란 문자 그대로 종교에 대한 철학적 탐구다. 그럼에도 현재 우리나
라에서는 철학적 신학(philosophical theology)을 종교철학으로 이해
하고 있다. "우리 학계의 이런 잘못된 이해로 인해 진정한 의미의 종
교철학이 제대로 발전하지 못하고 있는 실정이다."[34]

셋째, 종교에 대한 세 가지 접근 방법은 종교가 근본적으로 인간을
위해 존재한다는 점에서 서로 만날 수 있다. 모든 학문과 종교는 종국
적으로 인간을 위해 존재하는 것이다.[35]

[주]

1) 이 책, 제1강좌.

2) B. Pascal, *Pensées*, 제78절.

3) Cf. 황필호, 『서양종교철학 산책』, 집문당, 1997, pp. 193-204.

4) 파스칼과 키에르케고르에 대하여는 각각 다음을 참조할 것. 황필호, 『문학철학 산책』, 집문당, 1998, pp. 203-254; pp. 255-310.

5) Cf. 독일 서남선교부(EMS)가 주관하여 지난 1997년 11월 17-22일에 요르단의 수도 암만에서 모인 국제 포럼의 주제는 '신학교육의 변호(Advocacy in Theological Training)'였다. "원래 '변호'란 유대교인들과 이슬람교인들 사이에서 어려움을 겪으면서 화해의 복음을 대변하려고 애쓰고 있는 팔레스타인 기독교인들의 실존적인 상황을, 서남선교부와 협력관계를 맺고 있는 가나, 남아프리카, 한국, 요르단, 인도, 인도네시아, 일본 등의 기독교인들이 깊이 인식하고, 그들을 후원하기 위해 1991년 6월의 예루살렘 포럼에서 공식적으로 등장한 개념이다. 다른 나라에서는 이 개념이 사회적인 약자들에 대한 교회와 신학의 봉사 및 지원을 의미한다." 박동현, 「암만 '변호' 국제협의회 참가 보고」, 전국 신학대학 협의회, 『신학 교육』(1998. 5. 15), p. 5.

6) Ninian Smart, *The Phenonenon of Religion*, Seabury Press, New York, 1973, p. 13.

7) 이 문제를 토론한 개종(改宗, conversion)과 가종(加宗, addversion)에 대하여는 다음을 참조할 것. 황필호, 『서양종교철학 산책』, 앞의 책, pp. 229-240; 343-352.

8) Bernard Lucas, *Our Task in India* (Carrin Dunn, 황필호 역, 『석가와 예수의 대화』, 종로서적, 1980, p. 186 각주에서 재인용).

9) S. Radhakrishnan, *Eastern Religion and Western Thought*, 제8장 (같은 책, pp. 187-188에서 재인용). 원문: "No religion in its present form is final. Every religion is seeking for a better expression."

10) Paul Tillich, *Christianity and the Encounter of the World Religions*, Columbia University Press, 1964, pp. 2-3.

11) 황필호, 『철학적 인간, 종교적 인간』, 범우사, 1983, p. 183.

12) John Hick, 황필호 역, 『종교철학 개론』, 종로서적, 1980, p. 271.

13) Joachim Wach, "Introduction," *The History of Religions: Essays on the Problem of Understanding*, ed. Joseph M. Kitagawa, University of Chicago Press, 1967, p. 6.

14) 같은 글, p. 10.

15) 황필호, 『철학적 인간, 종교적 인간』, 앞의 책, p. 185.

16) 허드슨은 두 가지로 설명하지만 나는 그것을 세 가지로 나눈다.

17) Donald Hudson, *Ludwig Wittgenstein*, London, Lutherworth Press, 1968, 제7장 (황필호, 『분석철학과 종교언어』, 종로서적, 1984, p. 99에서 재인용).

18) 같은 책, p. 100.

19) 같은 책, p. 100.

20) Dunn, 앞의 책, p. 126.

21) Hick, 앞의 책, p. 84.

22) 같은 책, p. 84.

23) 같은 책, p. 86.

24) 배국원, 「현대 영미 종교철학의 연구 경향과 과제」, 원광대학교 편, 『종교철학 연구』, 1996, pp. 88-89.

25) 소흥열, 『자연주의적 유신론 — 우주의 마음, 사람의 마음, 컴퓨터의 마음』, 서광사, 1992.

26) 배국원, 앞의 글, p. 81.

27) 같은 글, p. 82.

28) 같은 글, p. 88 각주(Nicholas Negroponte, *Being Digital*, Vintage Books, New York, 1995).

29) 요즘 새롭게 대두되고 있는 신앙우월주의가 과연 비트겐슈타인 사상과 양립할 수 있느냐는 문제에 대하여는 다음을 참조할 것. 황필호, 『서양종교철학 산책』, 앞의 책, pp. 325-342.

30) Tillich, 앞의 책, pp. 12-13.

31) 황필호, 『서양종교철학 산책』, 앞의 책, p. 96.

32) Joachim Wach, *The Comparative Study of Religions*, Columbia University Press, 1958, p. 9.

33) 강돈구, 「다석 유영모의 종교사상(Ⅰ)」, 『정신문화 연구』, 제19권 제4호(통권 65호), 1996, p. 185.

34) 같은 글, p. 186.

35) 황필호, 『철학적 인간, 종교적 인간』, 앞의 책, p. 187.

진리란 무엇인가

1. 머리말

나는 이 책의 제2강좌부터 제4강좌까지 학문의 일반적 성격, 여러 학문 중에 하나인 철학의 속성, 그리고 여러 철학 중에 하나인 종교철학의 속성을 토론했다. 왜? 그 이유는 한 마디로 모든 학문, 모든 철학, 모든 종교철학이 진리를 추구한다고 주장하고 있기 때문이다. 그러므로 우리가 여기서 일상적 진리와 철학적 진리를 구별하거나 일반적 진리와 종교적 진리를 구별하는 것은 별 의미가 없는 듯이 보인다. 그들 사이에 차이점이 하나도 없어서가 아니라 종국적으로 철학과 종교의 궁극적 목표는 단순한 지식이 아니라 진리, 지혜, 덕이기 때문이다.

그러나 우리는 여기서 세 가지 심각한 질문을 던질 수 있다. 첫째는 도대체 이 세상에 정보와 지식을 초월한 진리, 지혜, 덕이 과연 존재하느냐는 것이고, 둘째로 그런 진리가 존재한다고 해도 과연 그것을 한 사람이 다른 사람에게 전달할 수 있느냐는 것이고, 셋째는 그것의 전달이 가능하다고 할 때 우리가 진리를 전달하는 구체적인 도구가 과연 무엇이냐는 것이다. 우리는 이 세 가지 질문을 각각 "진리는 존재하는가?", "진리는 전달될 수 있는가?", "진리는 어떻게 전달되는가?"로 정리할 수 있다.

그러나 이 세 질문보다 더욱 중요한 질문은, 도대체 우리가 무엇을 진리라고 규정하느냐는 것이다. 즉 진리의 특성이 과연 무엇이냐는 질문이다. 물론 우리가 진리를 정확히 규정할 수는 없을 것이다. 진리란 객관적으로 존재하는 것이 아니라 우리가 계속해서 만들어가는 것이며, 이런 뜻에서 우리가 추구하는 진리는 '존재로서의 진리(truth as being)'가 아니라 '생성으로서의 진리(truth as becoming)'이기 때문이다. 그러나 우리는 적어도 — 비트겐슈타인의 표현을 빌리면 — 진리에 대한 가족유사성(家族類似性)이라도 먼저 알아야 할 것이다.

이것은 마치 신 존재 증명에서 우리가 증명하려는 신이 도대체 어떤 속성을 가지고 있느냐를 먼저 밝혀야 하는 경우와 다름이 없다. 서낭당 귀신도 일종의 신으로 볼 수 있다면, 신 존재에 관련된 문제도 자연히 어떤 속성을 가지고 있는 신으로 보느냐에 따라서 다를 수밖에 없기 때문이다. 나는 2절에서 진리의 특성, 즉 대부분의 사람들이 당연하게 여기고 있지만 실제로는 가장 어려운 문제를 토론하고, 3절에서는 앞에서 제기한 세 가지 질문을 토론하겠다.

끝으로 우리는 어떻게 진리를 발견할 수 있는가? 열심히 공부를 해야 하는가? 그렇지 않으면 열심히 명상을 해야 하는가? 일반적으로 시중에는 수많은 길이 제시되고 있다. 아니, 너무 많은 길이 제시되어 우리를 혼란스럽게 한다. 그러면 과연 어느 길이 옳은 길인가? 나는 4절에서 진리로 향하는 몇 가지 길을 구체적으로 제시하겠다.

일반적으로 진리에 대한 담론은 크게 두 가지 상이한 방식으로 전개될 수 있다. 첫째는 진리를 객관적으로 존재하는 하나의 명제로 취급하는 명제론적 견해며, 둘째는 그것을 명제론적 진리보다는 차라리 구원사적 입장에서 보려는 비명제론적 견해다. 전자에서 진리란 신도가 공손하게 받아들여야 할 대상일 뿐이지만, 후자에서 진리란 궁극적 실재가 일방적으로 선언한 내용을 신도가 수동적으로 받아들이는 것이 아니라 궁극적 실재와의 어떤 만남을 전제로 한다. 나는 앞에서 전자를 '존재로서의 진리'라고 표현했으며, 후자를 '생성으로서의 진리'라고 표현했다. 이 글은 후자의 입장을 취할 것이다.

2. 진리의 네 가지 특성

진리란 무엇인가? 진리는 어떤 본질적 속성을 가지고 있는가? 만약 우리가 이 질문에 답변할 수 없다면, 우리들의 토론은 전부 무의미하게 될 것이다. 물론 진리에도 여러 가지가 있을 것이다. 이 세상에 꼭 하나의 진리가 있다고 믿는 것은 전혀 근거가 없다. 또한 비록 이 세상에 오직 하나의 진리가 있다고 해도, 그것은 시대에 따라 각기 다른 옷을 입고 출현할 것이다. 중국철학에서 흔히 주장하듯이, 근원은 절대적이지만 그 근원의 나타남은 상대적일 수밖에 없기 때문이다.[1] 그러나 나는 모든 진리는 최소한 네 가지 특성을 가지고 있다고 생각한다.

첫째, 진리는 진리의 소유자에게 육체적, 현실적, 일상적 삶보다는 어떤 초육체적, 초현실적, 초일상적 삶을 추구하도록 한다. 진정한 삶은 단순히 밥 먹고 똥 싸는 것 이상이라는 것이다. 종교인들이 추구하는 천당이나 극락도 이런 초일상성의 표현일 뿐이다.

> 종교에서 이런 초일상적인 삶은 천도(天道)를 따르는 삶, 정령(精靈)과 원만한 관계를 유지하는 삶, 선한 인간의 본성이 구현된 삶, 깨달음에 이르는 삶, 혹은 은혜의 삶 등으로 표현된다. 그리고 어느 경우에는 이런 초일상적인 삶을 기준으로 해서 일상적인 삶을 살아야 한다고 말하거나, 아예 그런 삶을 위해 일상적인 삶을 포기할 수도 있어야 한다고 말한다. 하늘의 뜻을 따르기 위해 목숨을 걸고 상소하는 충신이 전자에 속한다면, 진리를 위해 목숨을 버리는 순교자는 후자에 속할 것이다. 모든 종교는 일종의 초일상성, 초현실성, '여기'에 대비되는 '저기'를 전제로 한다.[2]

물론 이 초일상성이 반드시 반육체적, 반현실적, 반일상적으로 표현되는 것은 아니다. 유교나 도교의 경우에서처럼 그것은 적극적인 현실 긍정 혹은 자연 긍정으로 표현될 수도 있다. 그러나 그것은 일단 우리들의 일상적인 삶을 초월하는 삶을 추천한다.

둘째, 진리는 진리의 소유자에게 무한한 자유, 영원한 행복, 절대적 기쁨을 준다. 물론 지식이 어느 정도의 보람을 주는 것은 사실이다. 그러나 근본적으로 지식은 지식의 소유자에게 절대적 기쁨을 줄 수 없다. 그것이 진정 절대적 기쁨을 주려면, 지식을 추구하는 사람은 이 세상의 모든 지식을 가지고 있어야 할 것이며, 이런 인간은 이 세상에 존재하지 않는다. 그래서 지식은 추구하면 할수록 더욱 많은 지식을 갈구하게 된다. 성서가 "지식을 더하는 자는 근심을 더하느니라"(전도서, 1:18)고 경고한 이유가 여기에 있다.

예를 들어서, 세기의 지성으로는 상대성 원리를 발견한 아인슈타인을 들 수 있다. 그러나 그는 말년에 들어와서 자신이 개척한 새로운 지식에 만족할 수 없었으며, 그렇다고 해서 신의 질서를 견지하기 위해 자신의 지식을 포기할 수도 없었다. 그가 "신은 주사위를 던지지 않는다"는 아포리아를 남기면서 — 자신의 지적 업적을 극히 불만족스럽게 여기면서 — 불행하게 죽음을 맞이한 이유도 여기에 있다.

그러나 소크라테스는 독약을 마시는 죽음을 앞에 두고도 절대적인 평안을 누릴 수 있었다. 사람은 하루를 살아도 '영혼의 발전'을 위해 살아야 하며, 선한 사람에게는 어떤 경우에도 악한 일이 일어날 수 없다고 믿었기 때문이다. 아인슈타인은 그저 학자였지만 소크라테스는 — 자신이 종교를 창설하지 않았지만 — 분명히 진리를 소유한 종교인이었다.

진리를 발견한 사람, 그에게는 죽음의 공포도 없으며, 삶과 죽음의 차이도 존재하지 않는다. 그는 언제 어디서나 행복하다. 살아도 행복하고 죽어도 행복하다. 비트겐슈타인(1889-1951)은 이런 감정을 '나는 절대로 안전하다는 느낌' 혹은 '아무도 나를 해칠 수 없다는 느낌'으로 표현한다. 경건한 종교인들이 진리를 위해 기꺼이 목숨을 버릴 수 있는 이유도 여기에 있다. 이런 뜻에서 "진리가 너희를 자유롭게 하리라"(요한복음, 8:32)는 성서의 구절은 진리에 대한 가장 적절한 표현이 아닐 수 없다. 완전히 행복하지 못한 사람, 그는 아직도 진리와 비슷한 것을 진리로 착각한 사람이 아닐까.

셋째, 진리는 진리의 소유자에게 궁극적으로 봉사의 행동을 하도록 한다. 현실화되지 않고 육화(肉化)되지 않은 진리, 행동으로 표현되지 않은 진리는 아직 완전한 진리가 아니다. 나무는 그 열매로 판단되고, 진리는 실천으로 판단된다. 물론 여기서 말하는 봉사는 직접적인 봉사일 수도 있고, 명상을 통한 봉사일 수도 있고, 학문적 업적에 의한 봉사일 수도 있다. 그러나 궁극적으로 진리는 '나'를 위해 존재하는 것이 아니라 '남'을 위해 — 더욱 정확히 말하면 '우리'를 위해 — 존재한다. 우리는 진리의 이런 행위적 측면을 슈바이처나 테레사 수녀와 같은 성자들의 삶에서 쉽게 발견할 수 있다. 그들은 마치 남에게 봉사하기 위해 이 세상에 태어난 듯이 보일 정도로 자신을 희생하면서 이웃을 돕다가, 어느 경우에는 목숨을 버리기도 한다. 해방신학자 까마라(D. H. Camara)는 「위험 없는 희망」에서 이렇게 말한다.

> 위험 없는 희망은 희망이 아닙니다.
> 위험스럽게 사랑하고
> 이웃을 무조건 신뢰하고
> 하느님께 내맡기고
> 무조건 뛰어드는 것,
> 그것이 진정한 사랑입니다.[3]

진리를 소유한 사람은 가만히 앉아 있을 수 없다. 그는 즉시 일어나 봉사의 길을 걷는다. 우리는 이런 사실을 종교의 창시자들의 삶에서 더욱 확실히 볼 수 있다. 예수가 하느님의 아들이라는 사실이 중요한 것이 아니다. 그가 영광된 보좌를 버리고 죄인인 인간을 구원하기 위해 이 세상으로 내려왔다는 사실이 중요하다. 만약 그가 인간과 아무런 관련이 없다면, 우리는 그를 논의할 필요도 없는 것이다. 석가가 보리수 밑에서 우주의 진리를 깨달았다는 사실이 중요한 것이 아니다. 그가 고통에 시달리는 중생을 위해 다시 사바 세계로 돌아왔다는 사실이 중요하다. 만약 그가 우리 중생과 아무런 관련이 없다면, 역시 우리는 그를 논의할 필요도 없는 것이다.

진리는 우리를 움직이게 한다. 나의 도움을 필요로 하는 이웃의 존재를 깨닫게 하고, 그들을 위해 헌신하는 삶으로 우리를 인도한다.[4] 아리스토텔레스뿐만 아니라 현대 분석철학자들이 철학을 '행동' 혹은 '수행'이라고 선언하는 이유가 여기에 있다. 그리고 내가 평소에 "나는 생각하므로 존재한다(I think, therefore I am)"의 철학은 "나는 행동하므로 존재한다(I act, therefore I am)"의 철학으로 승화되어야 한다고 주장하는 이유도 여기에 있다.

넷째, 진리는 진리의 소유자에게 어떤 경우에도 비폭력을 따르도록 노력하게 만든다. 이런 뜻에서 "모든 종교는 원칙적으로 개인, 가정, 사회, 국가, 세계의 평화를 증진시키고 전쟁을 제거하려고 노력한다. 증오보다는 사랑, 살생보다는 방생, 전쟁보다는 평화, 폭력보다는 비폭력을 위해 노력한다. 우리는 그것을 기독교의 사랑, 불교의 자비, 유교의 인, 천도교의 인내천, 단군교의 홍익인간에서 쉽게 찾아볼 수 있다. '정의로운 전쟁'이라는 개념은 — 그렇게 주장한 종교인들이 없는 것은 아니지만 — 원칙적으로 종교적인 발상이 아니다.

전쟁은 절대로 평화를 가져올 수 없다. 전쟁은 언제나 또 다른 전쟁, 더욱 커다란 전쟁을 초래할 뿐이다. 전쟁으로 전쟁을 막는다는 발상은 마치 피 묻은 손을 피로 씻으려는 역설과 다름이 없다. 동일한 이유로 핵 무장은 평화를 가져올 수 없다."[5]

그러면 왜 종교는 지금까지 수많은 전쟁을 일으켰는가? 나는 이 질문에 대한 답변을 '종교와 종교인의 구별'에서 찾고 싶다. 종교는 완전하다. 그러나 종교인은 불완전하다. 종교인이 자신의 신앙을 절대화시킬 때 거기에는 이미 증오와 반목의 씨앗이 싹트는 것이다. 그래서 경건한 종교인인 파스칼은 "인류 역사상 가장 잔인한 범죄들은 언제나 종교라는 이름으로 진행되었다"고 말한다. 그는 여기서 완전한 종교와 불완전한 종교인의 구별을 염두에 두고 있지 않았을까. 종교의 본질은 평화며, 그것도 비폭력에 의한 평화다. 개인과 개인을 분열시키고, 가정을 파괴하고, 국가간의 전쟁을 조장하는 것은 종교가 아니다. 테러에 대하여는 더욱 큰 테러로 복수해야 한다는 발상도 종교적인 발상은 아니다.

물론 이 세상에서 백 퍼센트의 순수한 비폭력은 존재하지 않을 것이다. 비폭력주의자인 간디가 분명히 말했듯이, 삶은 그 자체가 폭력적일 수밖에 없으며, 더 나아가서 모든 생명은 다른 생명을 죽임으로써만 생존할 수 있다. 우리는 숨을 쉬면서 수많은 공중의 박테리아를 죽일 수 있고, 길을 걸으면서 수많은 벌레를 죽일 수 있다. 그래서 자이나교도들은 언제나 입에는 마스크를 쓰고 땅을 향해서는 지팡이를 짚고 다닌다. 그러나 진리는 진리를 소유한 사람에게 가능한 한 백 퍼센트의 비폭력을 실천하도록 끝까지 노력하라고 권유한다. 폭력과 진리는 절대로 동거할 수 없다. 그래서 예수는 원수까지 사랑하라고 말했으며, 석가는 인간뿐만 아니라 모든 생명체의 생명을 보호하는 불살생의 원칙을 천명한 것이다.

진리의 네 가지 특성
1. 초일상성
2. 절대적 행복
3. 이웃에 대한 봉사
4. 비폭력의 실천

물론 우리는 이상의 네 가지 특성만 가지고 진리의 성격을 완전히

설명했다고 장담할 수는 없을 것이다. 진리의 가족유사성 중에는 그 이외에도 여러 가지가 있을 수 있다. 예를 들어서 진리는 진리를 소유한 사람을 '성스러운 존재'로 만드는 특성을 가지고 있다거나, 혹은 진리는 필연적으로 어떤 '궁극적 실재'를 상정하도록 만든다고 주장할 수도 있다. 그러나 일단 진리의 가족유사성적 특성으로 이상의 네 가지를 드는 데는 별반 이의가 없을 것이다.

3. 진리에 대한 세 가지 질문

나는 지금까지 진리의 네 가지 특성을 토론했다. 우선 진리는 그 진리의 소유자에게 초일상성이라는 삶의 목표를 제시해 주며, 단순한 정보나 지식이 줄 수 없는 무한한 자유, 영원한 행복, 절대적 기쁨을 준다. 이 기쁨은 존재 자체에서 오는 삶의 기쁨이다. 또한 진리는 그 진리의 소유자에게 실천을 요구한다. 진리는 가만히 있지 않는다. 그것은 살아서 움직이고 활동한다. 실천되지 않는 진리는 아직 진리가 아니다. 끝으로 진리는 언제나 비폭력을 따른다.

그런데 대부분의 종교인들과 철학자들은 이런 진리가 실제로 존재하며, 또한 한 사람이 그 진리를 다른 사람에게 전달할 수 있으며, 그 전달의 구체적 방법으로는 경험이나 이성이나 직관이 될 것이라고 말한다. 즉 진리의 존재, 진리의 전달 가능성, 진리의 전달 방법을 당연한 것으로 받아들인다. 그러나 과연 그럴까? 여기서 우리는 진리에 대한 세 가지 본질적 질문을 던질 수 있다.

첫째, 진리는 존재하는가? 그리스의 궤변론자들로 대표되는 극단적 상대주의자들은 이 세상에 '진리'는 존재하지 않으며, 오직 '진리와 같이 보이는 것'만이 존재한다고 주장한다. 진정한 사랑은 없지만 진정한 사랑인 듯이 보이기만 하면 된다는 것이다. 그리고 실제로 하루하루를 힘겹게 살아가는 보통사람들에게 진리나 덕은 배부른 사람들의 너스레에 불과하며, 또한 그들은 정보나 지식만 가지고도 충분히 세상을 살 수 있다.

과연 진리는 존재하는가? 철학자들은 이 명제를 증명하기 위해 대응설(對應說, correspondence theory), 정합설(整合說, coherence theory), 실용설(實用說, pragmatic theory) 등의 여러 가지 이론을 제시해 왔다. 그러나 결국 마지막 단계에 가면 "나는 진리가 존재한다고 믿겠다"는 의지의 표현일 뿐이다. 이렇게 보면, 진리는 증명의 대상이 아니라 오직 우리들의 인생관의 문제인 듯하다. 다만, 여기서 중요한 것은, 진리가 존재한다고 믿는 사람과 그렇지 않다고 믿는 사람의 삶은 굉장히 상이할 수밖에 없다는 사실이다. 한 사람은 "진리가 너희를 자유롭게 하리라"는 명제를 믿고, 다른 사람은 "진리가 너희를 구속하리라"는 명제를 믿을 것이다.

둘째, 백 보를 양보해서 이 세상에 정보나 지식보다 한 차원이 높은 진리나 덕의 세계가 있다고 하자. 그 진리의 내용이 무엇이든지 간에. 그렇다면 우리는 한 사람이 다른 사람에게 진리를 가르치고 배울 수 있는가? 그렇지 않으면, 우리가 가르치고 배울 수 있는 것은 정보와 지식뿐이며, 진리는 각자 스스로 깨달아야 하는가? 이것이 바로 공자와 소크라테스가 씨름했던 '덕의 교수 가능성(the teachability of virtue)'의 문제다.

언뜻 보기에, 진리를 추구하는 철학에 관한 한 이런 문제는 전혀 문제가 되지 않는 듯이 보인다. 현상적으로 볼 때 우리나라의 웬만한 대학에는 철학 강의가 개설되어 있으며, 요즘에는 고등학교에서도 학교장의 재량에 따라 철학을 가르칠 수 있게 되었다. 그러므로 철학을 가르칠 수 있느냐는 질문은 전혀 무용하게 보인다. 그러나 학교에서 가르치는 것은 철학 자체가 아니라 철학으로 갈 수 있게 하는 예비 지식일 뿐이다. 그것은 철학의 역사일 수도 있고, 어느 철학자의 사상일 수도 있다. 그러나 그것이 바로 나의 삶에 피가 되고 살이 되는 진리는 아니다. 우리가 철학에서 추구하는 것은 진리에 대한 지식이 아니라 진리 그 자체이기 때문이다.[6]

나는 1978년에 11년 간의 사회 생활과 6년 간의 늦은 학창 생활을 마치고 덕성여대 교수로 부임했다. 전국은 데모의 와중에 시달리고 있었다. 그러나 당시 나는 학생들에게 데모를 하라고 충고할 것인지, 그렇지 않으면 공부만 하라고 해야 할 것인지를 전혀 알 수 없었다. 그렇다면 도대체 나는 이 상아탑에서 무엇을 할 수 있단 말인가. 이런 고민은 당시 내가 진리를 학생들에게 전혀 가르칠 수 없다는 자각에서 나온 고민이었다.

우선 진리를 가르칠 수 있고 배울 수 있다는 이론이 있다. 그러려면 먼저 가르치는 사람이 진리를 가지고 있어야 하고, 또 그 진리를 진리답게 표현할 수 있어야 하며, 배우는 학생들도 진리를 받아들일 수 있어야 한다. 그러나 나는 이 점에 있어서 전혀 자신이 없었다. 이것이 솔직한 고백이다. 이와 반대로 우리는 진리를 가르칠 수도 없고 배울 수도 없다는 이론이 있다. 그렇다면 나는 현재 무슨 짓을 하고 있단 말인가. 단지 대학을 나의 생존의 수단으로 취급하고 있는 것이 아닌가. 그리고 진리를 찾으려는 수많은 젊은 영혼들에게 오히려 방해꾼 노릇을 하고 있는 것은 아닌가. 나는 이상의 두 이론 중에서 어느 쪽도 선택할 수 없었다. 그래서 나는 다시 "교육이란 무엇인가?"라는 문제를 해결하기 위해 공부를 시작했으며, 그 결과로 교육학 전공의 석사 학위를 하나 더 얻게 되었다.

이 문제에 대한 나의 현재 '잠정적 결론'은 다음과 같다. 절대적 낙관론은 모든 것이 가능하다고 믿으며, 절대적 비관론은 모든 것이 불가능하다고 믿는다. 그러나 나는 현재 "나는 진리를 가르칠 수는 없지만, 학생들은 나를 통해 진리를 배울 수 있다"는 비판적 낙관론을 믿고 있다. 즉 학생들은 나를 통하여 — 나의 조그만 도움을 받으면서 — 스스로 진리를 터득할 수 있다고 믿는다. 마치 소크라테스가 진리는 각자가 산고(産苦)의 고통을 받으면서 스스로 탄생시킬 수밖에 없으며, 교사는 그 산고의 고통을 조금 덜어줄 수 있는 산파에 불과하다고 말했듯이. 만약 나의 이런 주장이 정당하다면, 우리는 아마도 이렇게 생각해야 할 것이다.

> 우리 교육자들은 이제 솔직히 고백해야 한다. 나는 아직 '깨달은 사람'이 아니라고. 그리고 진리란, 어머니가 어린애에게 밥을 먹이듯이 일방적으로 줄 수 있는 것이 아니며, 각자가 피나는 공부와 명상을 통해서만 얻을 수 있으며, 그 과정에서 교육자는 '조그만 계기'를 마련해 주는 산파의 역할을 할 뿐이라는 겸손한 마음을 가져야 한다.
> 그러므로 삶은 결론이 아니라 영원한 과정이다. 모든 사람은 진리를 찾아가는 순례자일 뿐이다.[7]

셋째, 백 보를 양보해서 이 세상에 진리가 존재하며, 또한 우리가 그 진리를 어떤 형태로든지 다른 사람들에게 전달할 수 있다고 하자. 이 경우에 우리는 어떤 방법을 선택해야 하는가? 여기에는 전통적으로 세 가지 답변이 있다. 첫째는 경험이고, 둘째는 이성이고, 셋째는 직관이다. 특히 18세기의 서양철학자들은 이 문제에 대하여 각각 경험론과 합리론을 내세우면서 자신의 방법만이 옳다고 주장했으며, 칸트는 이 두 학파를 종합하려고 시도했다. 그래서 우리는 일반적으로 경험과 이성이 지식이나 진리를 탐구하는 도구라는 사실을 인정하고 있다. 그러나 과연 직관도 진리 탐구의 수단이 될 수 있는가? 모든 탐구는 어차피 논리적일 수밖에 없으며, 직관은 언제나 반논리적이지 않은가? 나는 이 심각한 질문에 대한 답변으로 '논리적 직관'의 가능성을 제시하겠다.

직관은 세 가지로 나눌 수 있다. "첫째는 갓난아이가 배가 고프면 어머니의 젖을 빤다거나 죽음에 가까워진 사람이 이상하게도 죽음을 준비하는 듯한 행동을 하는 것과 같은 본능적 직관이 있다. 둘째는 하느님의 계시나 영감을 통하거나 심오한 관조적 사색을 통해서 진리를 얻을 수 있는 직관이 있다. 물론 이런 영감이나 깨달음이 확실한 진리가 되기 위해서는 나중에 그것에 대한 논리적 분석이 필요하게 마련이다. 그러나 우리가 인간 이상의 영계, 초자연계, 본체계를 상상할 수 있다거나 인간 자체의 초인간적 측면을 인정할 수 있다면, 인간은 논리적인 통로가 아닌 꿈, 기적, 신탁, 황홀경, 고요한 명상을 통해서도 특수한 앎을 전수받을 수도 있고 스스로 진리를 깨달을 수도 있을 것이다. 셋째는 사고를 완전히 초월한 무사무념(無思無念)의 직관을 상상할 수 있다. 이런 초사고적인 세계가 어떤 것인지는 도저히 논리적으로 표현할 수 없을 것이며, 그것을 논리적으로 표현하려는 모든 노력은 마치 니르바나(nirvana)를 삼사라(samsara)로 표현하려는 어리석은 짓에 불과할 것이다."[8]

우리는 첫째 경우를 '본능적 직관'이나 '본능의 논리'라고 광의적으로 말할 수 있다. 그러나 엄밀한 의미에서 이 단계는 논리적 직관과는 무관한 것이다. 그것은 마치 목이 마르면 물을 찾는 것과 같은 것이기 때문에 학문적 방법과는 아무런 관련이 없다. 셋째 경우도 — 만약 그런 직관이 가능하다고 가정하더라도 — 학문과는 아무런 관련이 없다. 그것은 아마도 종교적 신념으로서의 직관일 뿐이기 때문이다. 그러므로 학문적 방법으로 용인될 수 있는 직관은 '외계로부터 받은 영감'이나 '인간 스스로가 깨달은 앎'을 줄 수 있는 둘째 직관이다. 그리고 이러한 직관은 대부분의 경우에 반논리적으로 전개된다.

그러나 이러한 직관이 언제나 반논리적인 것은 아니다. 그들의 영감이나 깨달음은 지금까지의 꾸준한 논리적 추구의 최종 단계일 수도 있기 때문이다. 예를 들자. 뉴턴은 사과가 떨어지는 것을 보고 만유인력을 발견했다고 한다. 물론 이 이야기는 과학사적으로 증명된 사실이 아니다. 그러나 여기서 중요한 것은 사과가 떨어지는 것을 필자와 같은 문외한이 그 자리에서 관찰했다면 전혀 아무것도 발견하지 못했을 것이라는 사실이다. 그러나 뉴턴은 평소에 이 문제에 대하여 심각한 논리적 추구를 하고 있었기 때문에 지금까지 알지 못했던 진리를 어떤 유도된 직관에 의하여 — 무엇에 의하여 유도되었는지는 정확히 말할 수 없는 직관에 의하여 — 홀연히 깨닫게 된 것이다. 여기서 우리는 '언어를 통한 직관 또는 언어화된 체험의 세계에 대한 직관'의 가능성을 인정할 수 있다. 소흥열은 이렇게 말한다.

언어화된 체험을 바탕으로 하여 일어나는 직관은 그런 직관에서 얻은 결론을 입증하기 위해서만이 아니라, 그런 직관 자체를 가능하게 하는 데 있어서도 의식적 추리와 밀접한 관계를 맺고 있다. 예술가의 직관, 과학자의 직관, 철학자의 직관은 그런 전문가적 훈련을 받지 못한 사람들의 직관과는 다른 면을 가지고 있지 않을까? 수학적인 훈련을 받지 않은 사람이 새로운 수학 문제의 해답에 대한 직관을 체험할 수 있을까? 어떤 특정한 종교적 개념들에 대한 지식이 전혀 없는 사람이 그 종교의 진리에 대한 직관적 체험을 할 수 있을까? 아닐 것이다. 그렇다면 과학, 예술, 철학, 또는 종교가 필요로 하는 높은 차원의 직관도 논리적 사고를 통하여 훈련되는 추리력과 밀접한 관계를 갖는다고 할 수 있지 않을까?[9]

이렇게 보면 철학적 방법으로서의 직관을 모두 반이성적이고 반논리적으로만 간주하려는 경향은 곧 그 직관을 지식이나 지혜의 최초 단계로만 바라보고 최후 단계로는 바라보지 않기 때문에 일어난 오해에 불과하다. 지식이나 진리는 아무런 생각도 없이 지나가는 사람에게 감이 익어서 떨어지듯이 하루 아침에 하늘로부터 내려오는 것이 아니다. 꾸준한 노력과 논리적 탐구에 전념한 사람에게만 '신의 은총'으로 내려오는 선물이다. 예를 들어서, 선불교의 수도사들은 불경을 태워버려야 한다고 말한다. 불경이 아무리 중요해도, 불경에 대한 논리적, 이성적 탐구는 결코 깨달음을 줄 수 없다는 것이다. 그러나 그는 불경을 태워버리기 위해 얼마나 오랫동안 불경을 공부하고 탐구하고 명상해 왔겠는가. 만약 우리가 불경을 태워버리는 어느 선사의 행동을 보면서, 이런 일이 일어나기까지 그가 수양해 온 과정을 완전히 무시한다면, 이것은 현상을 보면서도 본질을 보지 못하는 것이다. 나무를 보면서도 숲을 보지 못하는 것이다.

간단히 정리하면 이렇다. 대부분의 직관은 반논리적이며, 그래서 그것은 학문과는 아무런 관계가 없다. 그러나 직관 중에는 오랜 기간에 걸친 우리들의 논리적 추구에 대하여 어떤 획기적인 전기를 마련해 주는 직관도 있으며, 우리는 그런 직관을 '논리적 직관'이라고 부를 수 있을 것이다. 내가 진리를 전달하는 방법으로 경험, 이성, 직관의 세 가지를 열거하는 이유도 여기에 있다.

진리에 대한 세 가지 질문
1. 진리는 존재하는가?
2. 진리는 전달될 수 있는가?
3. 진리는 어떻게 전달되는가?

이제 우리는 자신의 방법만을 철학의 유일한 길이라고 고집하지 말아야 한다. 관찰 · 응용 · 체험의 경험적 방법, 생각 · 추리 · 논리의 이성적 방법, 명상 · 기도 · 수양의 직관적 방법은 이제 서로 협동해야 하며, 이런 종합적인 접근만이 21세기의 새로운 철학과 종교를 탄생시킬 수 있을 것이다. 자신의 길만 고집하는 사람은 결국 코끼리를 만지는 소경과 같이 불완전한 정보와 단편적인 지식에 머무를 것이며, 그래서 그들은 모든 사람에게 필요한 진리를 추구하는 보편 학문으로부터 소외될 것이다.

4. 진리로 향하는 다섯 가지 길

그러면 구체적으로 진리로 향하는 길로는 어떤 것이 있을까? 그것은 물론 철학과 종교에 따라 상당한 차이가 있겠지만, 크게 다섯 가지로 분류할 수 있다. 첫째는 지식을 통한 길이며, 둘째는 절대자에 대한 사랑을 통한 길이며, 셋째는 다른 사람에 대한 선행(善行)을 통한 길이며, 넷째는 여러 가지 정신적 훈련을 통한 길이며, 다섯째는 천명(天命)에 순복(順服)하는 삶을 통한 길이다.

첫째, 불교는 지식을 통한 길을 주장한다. 원래 모든 사람은 이미 깨달은 사람이다. 단지 자신이 깨달은 부처라는 사실을 모르고 있을 뿐이다. 마치 먼지가 낀 거울로 사람의 얼굴을 확실하게 알아볼 수 없듯이. 그러므로 무명의 때를 벗은 자기 자신을 명명백백히 바라보면 바로 부처를 본 것이다. 불교는 이런 과정을 소아(小我)와 대아(大我)로 구별하거나 아예 무아설(無我說)로 표현하기도 한다. 분명히 나는 몸과 마음과 정신(혹은 영혼)을 가지고 있는 존재다. 그러나 그 몸이나 마음이나 정신 자체가 바로 나라고 할 수는 없으며, 이 과정에서 우리는 '나'가 아닌 것을 '나'로 착각하게 된다. 진실한 나가 아닌 것(假我)을 진정한 나(眞我)로 착각하게 된다. 우리가 이 사실을 깨달을 때 우리는 바로 부처가 되는 것이다.

그러나 지식을 통한 길은 불교의 독점물이 아니라 모든 종교의 공통된 현상이다. 기독교인들이 지식과 지혜, 논리와 직관, 이성과 계시를 종합하려고 꾸준히 노력해 왔으며, 또한 그들이 절대적인 신의 존재까지도 신앙에 의존하지 않고 인간의 이성과 지성으로 증명하려고 노력해 온 이유도 여기에 있다. 또한 유교인들은 '사람의 뜻'이 결국 '하늘의 뜻'에 따라서 움직여야 한다는 진리를 우선 깨달아야 한다고 말하는데, 이것도 지식을 통한 길의 전형적인 실례라고 할 것이다. 다만 불교가 특히 이 길을 강조한다는 뜻에서, 나는 이 길을 마치 불교만이 주장하는 길인 양 설명한 것이다.

일반적으로 지식, 논리, 문자는 종교와 별로 상관이 없는 것으로 인식되고 있다. 그러나 모든 종교는 지식, 논리, 문자적인 방법을 부인하면서도 — 그리하여 지식의 목표는 지식이 아니라 진리 혹은 깨달음이라고 말하면서도 — 끊임없는 지식 습득을 통한 인간성 회복을 시도하고 있다. 아마도 휴스턴 스미스(Huston Smith)가 지식에 의한 방법을 '가장 빠른 길'이라고 표현한 이유도 여기에 있을 것이다.[10]

둘째, 지식을 통한 길이 가장 빠른 길일지는 몰라도 가장 어려운 길임에는 틀림없다. 그것은 합리성과 경건성을 동시에 소유한 구도자에게만 가능한 길이다. 종교성이 없는 합리주의자는 지식인이 될 뿐이며, 합리성이 없는 구도자는 광신자가 되기 쉽다. 이런 뜻에서 지식의 길은 선택된 소수에게만 더욱 적합한 방법이라고 말할 수 있다.

이런 상황에서 기독교는 절대자에 대한 사랑, 즉 신애(神愛)를 통한 길을 추구하며, 이 길은 모든 사람이 그의 지적인 정도에 관계없이 쉽게 따를 수 있다고 주장한다. 기독교에서 "인간의 첫째 목적은 하느님을 사랑하는 것"이라고 주장하는 이유도 여기에 있다.

> 우리가 해야 할 유일한 일은 그저 하느님을 진정 사랑하는 것이다. 말로만 사랑하지 말고 실제로 사랑하는 것이다. 그분만을 사랑하며, (다른 사람들에 대한 사랑도 그분을 위해 사랑하며) 아무런 이유도 없이 사랑 자체를 위해 사랑하는 것이다.
>
> 물론 성자도 다른 사람들만큼 이 세상을 사랑할 수 있다. 그러나 그는 완전히 다른 방식으로 세상을 사랑하게 되는데, 성자는 세상 속에서 그가 사랑하는 하느님의 투영된 영광을 보기 때문이다.[11]

여기서 우리는 이 길이 초월적 절대자의 존재를 믿는 유대교, 기독교, 이슬람교 등의 유신론적 종교에만 해당되고, 유교나 불교와 같은 무신론적 혹은 비신론적 종교에는 전혀 해당하지 않는다는 사실을 쉽게 알 수 있다. 또한 우리는 지식을 통한 길과 사랑을 통한 길의 몇 가지 차이점을 발견하게 된다. 우선 불교에서 추구하는 대상은 자신 속에 내재한 진정한 자아(自我)다. 그러나 기독교에서 추구하는 하느님은 인간을 초월한 타자(他者)다. 그리하여 불교에서는 내가 바로 부처가 되지만 기독교에서는 내가 하느님이 되는 것이 아니라 하느님을 사랑하는 '자녀'가 된다. 또한 기독교의 하느님은 불교의 비인격적 카르마가 아니라 다분히 인간과 '너와 나'의 대화를 할 수 있는 인격적인 존재다.

셋째, 이슬람교는 구체적인 일, 행동, 선행을 통한 길을 가르친다. 그리하여 모든 무슬림이 꼭 지켜야 할 '다섯 가지 기둥' 중에는, 절대자인 알라에 대한 신앙 고백과 하루 다섯 번의 기도뿐만 아니라 구체적으로 고통받는 이웃을 물질적으로 도와주어야 한다는 조항이 있다. 즉 알라에 대한 사랑은 구체적인 현실로 표현되어야 한다. 행동이 없는 믿음은 죽은 것이다. 이런 뜻에서 이슬람은 단순한 '교리의 종교'가 아니라 모든 신도가 공동체의 일원으로 다른 사람들을 위해 구체적으로 자선을 행하려는 '실천의 종교'라고 말할 수 있다.

알라의 자비는 관념적이 아니다. 그것은 구체적인 현실에서 — 전쟁까지 포함하는 모든 현실에서 — 표현되어야 한다. 이렇게 행동을 강조하는 이슬람은 신도들에게 아주 구체적인 행동 지침을 지시한다. 휴스턴 스미스는 이슬람의 이런 구체성에 대하여 이렇게 말한다.

무슬림은 그가 어디에 서 있는지를 잘 알고 있다. 그가 누구며 절대자가 누구라는 것을 잘 알고 있다. 그는 그의 의무가 무엇이며, 그것을 지키지 못할 때는 무엇을 해야 하는지를 잘 알고 있다.

이슬람의 세계는 카프카의 세계와는 정반대가 된다. 후자에 있어서, 인간은 그의 운명으로부터 분리되어 있으며, 그 분리는 영원히 해결할 수도 없고, 갈 길도 막혀 있고, 누구와 이야기하고 있는지도 모르며, 성 안에 누가 있는지도 모른다. 그는 단지 막연하게 그가 큰 잘못을 저질렀다는 사실만을 알고 있다.

이슬람은 이렇게 그저 계속해서 움직이고, 상대적이고, 불확실하고, 쉬지 않는 파도와 같은 삶을 영위하는 현대인에게 명확성, 질서, 확실성을 준다. 무슬림들은 이것을 이슬람교의 장점이라고 믿는다.[12]

여기서 우리는 일을 통한 길은 지식을 통한 길이나 사랑을 통한 길을 추구하는 신도들이 동시에 추구할 수 있는 길이라는 사실을 쉽게 알 수 있다. 하느님을 위해 열심히 일하면서 자신을 단순한 하느님의 '도구'로 생각하는 기독교인들과 우주적 원칙과의 합일을 위해 아무런 집착심 없는 자비행을 실천하는 불교인들이 여기에 속한다. 물론 동서양의 모든 종교는 실천을 강조한다. 친절은 표현되어야 하고, 사랑은 현실화되어야 하고, 자비심은 외화(外化)되어야 한다. 그야말로 시조 300수를 외우는 것이 중요한 것이 아니다. 구체적인 현실에서 사랑, 자비심, 선한 마음은 구체적으로 실천되어야 한다. 이런 뜻에서, 선행을 통한 길은 모든 종교가 주장하는 가장 공통적이며 일반적인 길이라고 말할 수 있다. 다만 나는 이런 사상을 특별히 강조하는 이슬람교를 통해 선행의 길을 설명한 것이다.

넷째, 힌두교는 우리가 일반적으로 명상이라고 부르는 여러 가지 심리적, 정신적, 내면적 훈련을 통한 길이 왕도(王道)라고 주장한다. 우리가 일상적으로 생각하는 자아는 진정한 자아의 극히 작은 부분에 불과하지만, 이 자아는 바로 우주의 기본 주체며, 그 주체는 결국 여러 가지 정신 훈련을 통해 완성할 수 있다. 그러므로 힌두교에서 주장하는 자아 완성, 자기 초월, 자기 극복은 바로 '내면 속에서의 초월(the beyond that is within)'이다. 물론 힌두교의 요기들에게도 외부 세계는 존재한다. 그 세계를 향해 경탄하기도 한다. 그러나 그들의 내면 세계에 비하면 그것은 티끌만도 못한 것이다. 인간은 자신의 진정한 내면 세계로 돌아올 때 우주와의 합일을 경험한다. 『바가바드 기타』는 이렇게 노래한다.

> 내면의 즐거움
> 내면의 평화
> 내면의 비전을 추구하는 요기만이
> 브라만을 만나고
> 열반을 경험한다.[13]

오늘날 힌두교의 명상은 점차 인기를 얻고 있다. 불교는 이미 그것을 자신의 독특한 수행 방법으로 실천하고 있으며, 최근에는 가톨릭에서도 이 방법을 새삼스레 수용하고 있으며, 비종교인들도 건강을 위한 요가와 함께 이 방법을 실행하고 있다.

다섯째, 도교와 유교는 천도(天道) 혹은 천명(天命)에 순복하는 삶을 통한 길을 가르친다. 사람은 동물처럼 되는 대로 살지 않고 인륜(人倫)을 따라서 살려고 노력하며, 인륜은 다시 천륜(天倫)에 바탕을 두고 있기 때문이다.

여기서 학자들은 도교와 유교는 종교가 아니라 윤리일 뿐이라고 주장하기도 하고, 도교와 유교에서 주장하는 천도나 천명은 유일신교의 하느님과 같은 인격적 존재가 아니라고 주장하기도 한다. 그러나 그런 것들은 여기서 중요하지 않다. 다만 인간은 순도(順道) 혹은 순명(順命)의 삶을 살기 위해 어느 경우에는 목숨까지도 희생할 수 있으며, 실제로 이런 삶을 영위한 많은 사람들이 내세에 대한 기독교 식의 확신이 없으면서도 죽음을 담담하게 받아들여 왔다는 엄연한 역사적 사실이 중요하다.

진리로 향하는 다섯 가지 길
1. 지식
2. 신애
3. 선행
4. 명상
5. 천도

　지금까지 나는 여러 종교가 진리로 향하는 길로 제시한 다섯 가지 방법을 종교별로 설명했다. 그러나 이런 설명은 어디까지나 방편적인 것이다. 실제로 종교가 제시하는 길은 이상의 방법 이외에도 여러 가지가 있으며, 또한 모든 종교는 다소 차이는 있겠지만 이 다섯 가지 방법을 모두 권장하고 있으며, 또 신도들도 자신의 입장과 환경에 따라서 한 가지 혹은 몇 가지 방법을 채택할 수밖에 없다.

　특히 명상을 통한 자아 완성을 강조하는 힌두교는 그 구체적인 실천 방안으로써 정교한 여덟 가지 과정을 제시하면서도, 진리로 향하는 길로는 명상을 통한 길 이외에도 다른 길이 있을 수 있다는 사실을 솔직하게 인정한다. 많은 학자들이 힌두교를 세계 종교 중에서 가장 관용스러운 종교라고 주장하는 이유도 여기에 있다. 『바가바드 기타』는 이렇게 말한다.

　　어떤 사람은 명상을 통해 아트만을 철학적으로 실현시킨다. 또 올바른 행동의 요가를 통해 실현하는 사람도 있다. 또 다른 사람은 스승의 가르침에 따라서 하느님을 경배한다. 그가 배운 것을 충실히 실천하는 사람은 죽음의 힘을 초월할 것이다.[14]

어느 길이 가장 좋은가? 그것은 전적으로 개인의 성향, 성격, 의지에 달려 있다. 반성적(reflective)인 사람은 지식을 통한 길을 택할 것이며, 감정적(emotive)인 사람은 신애를 통한 길을 택할 것이며, 행동적(active)인 사람은 선행을 통한 길을 택할 것이며, 실험적(experimental)인 사람은 명상을 통한 길을 택할 것이며, 현실적(practical)인 사람은 천도의 순명의 길을 택할 것이다. 나는 이 중에서 반성적인 사람과 감정적인 사람의 차이가 가장 중요한 구분이라고 생각한다. 선행을 통한 길, 명상을 통한 길, 순명을 통한 길은 모든 사람들이 동시에 수행할 수 있기 때문이다. 그러나 반성과 감정의 차이도 절대적인 것은 아니다.

가장 훌륭한 길은, 비록 각자는 자신의 취향에 따라서 특히 선호하는 길을 따르면서도 다른 종류의 길들을 동시에 가려고 노력하는 자세일 것이며, 이 다섯 가지 방법을 조화롭게 결합한 상태가 가장 이상적일 것이다. 자신의 길만 고집하면서 다른 길을 무조건 무시하는 태도는 절대로 인간 완성의 길이 될 수 없다.[15] 여기서 우리는 몇 가지를 심각히 고려할 필요가 있다.

첫째, 지식을 통한 길은 꾸준한 교육과 실천을 통해서만 진리를 발견할 수 있다는 사실을 시사한다. 그러므로 우리는 교육이란 근본적으로 백년지대계(百年之大計)이므로 진리에 도달하는 길은 하루 아침에 성취될 수 없다는 사실을 잘 인식해야 한다. 꾸준한 노력과 처음부터 하나씩 실천하려는 구체적인 노력에 의해서만 진리는 달성될 수 있다.

둘째, 사랑을 통한 길은 ── 간디의 표현을 빌리면 ── 모든 사람을 '신의 자녀'로 취급하는 사해 동포애를 갖게 한다. 이런 사해 동포애는 자신의 인간성은 존중하면서도 동료의 인간성을 자신의 이익을 위해 쉽게 짓밟을 수 있다는 이중성에 사로잡힌 현대인에게 진정한 진리의 길을 제시할 수 있다.

셋째, 선행을 통한 길은 우리에게 인간성 회복은 어떤 선정적 구호나 운동을 위한 운동으로 끝나지 말고 남이 실천하기 전에 내가 먼저 실천해야 된다는 교훈을 시사한다. 마르크스의 말대로, 진리는 토론의 대상이 아니라 실천의 대상이다.

넷째, 명상을 통한 길은 우리에게 나의 마음이 먼저 정화하고 회복되어야 한다는 사실을 시사한다. 수신(修身)을 한 사람만이 제가(齊家), 치국(治國), 평천하(平天下)를 할 수 있다.

다섯째, 천도를 통한 길은 인간이란 결국 우주 자연의 일부에 불과하며, 그래서 인간의 삶에 직접적인 영향을 주는 모든 도덕과 법률도 결국 하늘의 뜻에 그 근거를 두고 있다고 가르친다.

다시 말하지만, 진정한 '진리 운동'은 이상의 다섯 가지 방법을 모두 동시에 사용해야 한다. 그리고 이 운동은 자신의 방법만을 고집하는 닫힌 세계로 전락하지 말아야 한다. '우리의 길'이 없는 '나의 길'은 결국 실패하기 마련이다.[16]

5. 맺음말

임현수는 나의 글에 대한 논평에서 내가 철학과 종교를 전혀 구별하지 않아서 혼동을 일으킨다고 말한다. 예를 들어서 내가 제시한 진리의 세 가지 기능도 "철학에서 말하는 진리보다는 종교적 진리와 더 밀접한 관련이 있다"고 말한다. 결국 나의 글에서는 동일한 수준에서 논의될 수 없는 것들이 구별 없이 사용되고 있다는 것이다. 그는 이렇게 말한다.

철학과 종교가 황 교수의 글에서 일종의 착종 현상을 일으키고 있다는 나의 부정적 판단은, 어쩌면 학문을 바라보는 입장의 차이에서 기인할 수 있다. 이 글을 읽다 보면 황 교수의 학문적 입장이 매우 독특한 성향을 지니고 있다는 점을 감지할 수 있다. 그것은 철학과 종교를 연속성을 지닌 것으로 이해하고 있는 그의 태도를 말한다.

또 이 철학과 종교의 연속성은 우열의 가치 판단을 내포하고 있는 듯하다. 철학적 진리보다는 종교적 진리, 철학적 진리 전달 방법보다는 종교적 진리 전달 방법을 더 우월한 것으로 보고 있다. 철학과 종교는 우열의 관계지만, 동일한 수준에서 논의될 수 있다는 입장이다. 이렇게 되면, 종교도 학문의 일부로 포섭될 수 있다.[17]

나는 여기서 내가 철학과 종교를 연속적으로 보고 있다는 임현수의 주장에 동의한다. 그러나 이런 연속적 시각이 "우열의 가치 판단을 내포하고 있다"는 그의 주장에는 동의하지 않는다. 나는 그 이유를 두 가지로 설명하겠다.

첫째, 철학과 종교를 확실히 구분하려고 무척 애를 쓴 사상가로는 단연 토마스 아퀴나스를 들 수 있다. 그는 신의 존재는 신앙이 없어도 논리적으로 증명될 수 있는 철학의 분야에 속하지만, 하나가 셋이고 셋이 하나라는 삼위일체설은 철학의 대상이 아니라 신앙의 대상이라고 말했다. 그러면서도 그는 엄연히 존재하는 신학과 종교철학 사이에 성교의(聖敎義)라는 학문이 존재할 수 있다고 말하는데, 이 제 3의 학문은 계시에 근거를 두면서도 이성적으로 전개되는 학문이라는 것이다.[18]

나도 한때는 아퀴나스의 이런 명확한 구분에 대해 찬사를 아끼지 않았다. 그러나 세월이 지나면서 나의 사상에는 서서히 새로운 생각이 자리잡게 되었다. 어차피 철학적 인간과 종교적 인간은 떨어져 있는 것이 아니라는 자각이다. 예를 들어서, 아우구스티누스의 『고백록』을 보라. 어떻게 보면 이 책은 신앙인의 기도문이기도 하고, 또 다른 측면에서 보면 아주 세련된 종교철학의 저서이기도 하다. 그리고 그렇게 확실히 구별되지 않아서 어지러울 정도로 혼란한 태도가 바로 인간의 본래 모습과 비슷한 것이다. 인간이란 성(聖)의 세계와 속(俗)의 세계를 넘나들면서 살 수밖에 없는 '중간적인 존재'이기 때문이다.

그럼에도 임현수는 철학과 종교의 확실한 구분을 요구한다. 그래서 그는 내가 제시한 세 가지 방편 중에서도 이성과 경험은 철학적 방법이고 직관은 종교적 방법이라고 말한다. 그러나 나는 이런 구분 자체를 반대한다. 그것은 오직 각자의 수행 방식에 따라서 달라질 수 있는 것일 뿐이다.

둘째, 철학과 종교를 동일선상에서 보려는 나의 태도가 그들의 '우열의 가치 판단'을 내포한다는 주장은 전혀 나의 사상이 아니다. 반대로 철학과 종교 사이에는 어떤 우열도 존재하지 않는다는 것이 나의 마지막 입장이다.

우리는 모두 종교변호학, 종교학, 종교철학을 전공하는 사람들이다. 만약 우리들의 평생 작업이 종교의 경지에 이르지 못하여 학문의 경지에 머무를 수밖에 없다면, 이 얼마나 슬픈 일일 것인가. 철학과 종교는 — 그들 사이의 수많은 차이점에도 불구하고 — 그리 멀리 떨어져 있지 않다. 모든 철학과 종교는 진리 탐구를 목적으로 삼고 있다.[19]

오늘날 진리 담론은 별로 인기가 없다. 일부의 사람들은 "진리가 밥 먹여 주느냐?"고 대들 것이며, 하루하루의 삶을 영위하는 것이 버거운 대부분의 사람들은 진리, 덕, 지혜와 같은 것에 대하여 아무런 관심조차 가지고 있지 않을 것이다.

　이런 상황에서 진리의 가족유사성, 진리의 전달 가능성의 문제, 진리를 획득할 수 있는 방법의 문제, 진리로 향하는 구체적 길의 문제 등에 대하여 토론한다는 것은 참으로 한심한 듯이 보인다. 이것은 마치 키에르케고르가, 요즘과 같이 모든 사람이 기독교에 대하여 잘 알고 있다고 생각하는 상황에서, 기독교의 역설을 새삼스럽게 설명한다는 사실 자체가 아무런 의미가 없는 듯이 보인다는 주장과 동일한 것이다. 오늘날 진리 담론은 할 일 없는 사람들의 낭만적 시간 보내기로 전락해 있다.

　현실이 이럼에도 불구하고, 혹은 현실이 이렇기 때문에, 우리는 더욱 근원으로 돌아가서 진리, 덕, 지혜의 마르지 않는 샘물을 찾으려고 노력해야 할 것이다.

[주]

1) Karl Jaspers 외, 황필호 역, 『소크라테스, 공자, 석가, 예수, 모하메드』, 강남대, 2001, p. 99.
2) 황필호, 『한국巫敎의 특성과 문제점』, 집문당, 2002, p. 86; Cf. 황필호, 『종교철학 에세이』, 철학과현실사, 2002, p. 322.
3) D. H. 까마라, 『사막은 풍요롭다』(황필호 편역, 『비폭력이란 무엇인가』, 종로서적, 1986, p. 217에서 인용.)
4) Cf. 엔도 슈사꾸가 하느님을 '존재하는 신' 보다는 '움직이는 신'으로 표현하는 이유도 여기에 있다. 황필호, 『엔도 슈사꾸의 종교소설 읽기』, 신아출판사, 2002, p. 206.
5) 황필호, 『종교철학 에세이』, 앞의 책, p. 323.
6) 황필호, 『철학이 있는 사람이 아름답다』, 창해, 1998, p. 279.
7) 같은 책, p. 281.
8) 황필호, 『분석철학과 종교』, 종로서적, 1984, pp. 27-28.
9) 소흥열, 『논리와 사고』, 이화여대, 1979, p. 48.
10) Huston Smith, *The Religions of Man*, Harper & Row, 1958, p. 39.
11) 같은 책, p. 41.
12) 같은 책, p. 235.
13) 같은 책, p. 27.
14) 같은 책, p. 29.
15) 황필호, 『중국종교철학 산책』, 청년사, 1991, pp. 56-57.
16) 같은 책, pp. 57-58.
17) 임현수, 『논평』, 한국종교문화연구소 포럼, 2004년 10월 16일.
18) Cf. John Hick, 황필호 역, 『종교철학 개론』, 종로서적, 1980, pp. 237-246.
19) Cf. 황필호, 『종교변호학, 종교학, 종교철학』, 철학과현실사, 2004.

인간이란 무엇인가

1. 머리말

　나는 지금까지 학문, 철학, 종교, 진리를 토론했다. 이런 주제들이 종교철학자가 가장 먼저 검토해 보아야 할 생각들이라고 믿었기 때문이다. 이런 뜻에서 우리는 지금까지 생각의 열차를 운행해 온 것이다. 파스칼이 인간을 자연 중에서 가장 연약한 갈대지만 '생각하는 갈대'로 규정한 이유도 여기에 있다.

　　인간은 자연 중에서 가장 연약한 갈대에 불과하다. 그러나 그는 생각하는 갈대다. 인간을 박멸시키기 위하여 전 우주가 무장할 필요는 없다. 조그만 수증기나 한 방울의 물도 그를 충분히 죽일 수 있다. 그러나 우주가 인간을 박멸시킨다고 해도, 인간은 그를 죽이는 우주보다 더욱 고귀하다. 인간은 그가 죽는다는 것을 알고 있으며, 우주가 그보다 더욱 유리한 점을 가지고 있다는 것을 알고 있기 때문이다. 우주는 이것을 모른다.

인간의 모든 위엄은 생각에 있다. 그러므로 우리는 우리가 채울 수 없는 공간이나 시간에 의해서가 아니라 생각으로 우리 자신을 승화시켜야 한다. 잘 생각하도록 노력하자. 이것이 도덕의 원칙이다.

생각하는 갈대 — 나는 나의 위엄을 공간으로부터 찾지 말고 나의 생각의 관리로부터 찾아야 한다. 몇 개의 세계를 가졌다고 해도, 생각이 없으면 더 이상 아무것도 가진 것이 없는 것이다. 우주는 공간으로 나를 둘러싸고, 나를 작은 원자처럼 삼켜버린다. 그러나 나는 생각으로 세계를 파악한다.[1]

사람은 호랑이만큼 힘이 세지도 않고, 여우만큼 꾀가 많지도 않으며, 공중의 새와 같이 하늘을 훨훨 날아다닐 수도 없다. 이런 뜻에서 인간은 연약한 갈대다. 또한 인간은 어느 동물보다 늦게 성장한다. 말은 태어나자마자 껑충껑충 뛰어 다닌다. 그러나 인간은 1년이 되어야 겨우 걸음마를 배운다. 참으로 인간은 연약할 뿐만 아니라 아주 늦게 되는 존재다. 그럼에도 현재 인간은 만물을 지배하고 있다. 왜? 인간은 생각할 수 있는 능력을 가지고 있기 때문이다.

물론 개나 돼지도 어느 경우에는 생각하는 듯한 표정을 지으며, 도살장으로 끌려가는 소는 자신의 죽음을 생각하고 눈물을 흘린다고 한다. 그러나 그것은 어디까지나 생각하는 듯한 표정일 뿐이다. 또 백보를 양보해서 동물이 생각한다고 해도, 그들의 생각은 어디까지나 배고픔과 욕망을 해결하기 위한 일차원적 및 본능적 생각일 뿐이다. 오직 인간만이 철학을 생각하고 종교를 생각한다. 이처럼 인간의 위대함은 바로 생각에 있다.

그러면 우리는 무엇을 생각해야 하는가? 수많은 생각 중에서 어떤 생각을 제일 먼저 해야 하는가? 이 질문에 대하여 파스칼은 이렇게 답변한다. "생각의 순서는 자아로부터 시작해서 자아를 창조한 하느님과 자아의 목표를 생각하는 것이다."[2]

여기서 우리는 생각의 순서에 대한 파스칼의 견해에 대하여 좀 숙고할 필요가 있다. 알다시피 그는 독실한 기독교인이었다. 그래서 그는 모든 것을 제쳐놓고 우선 하느님 먼저 생각해야 된다고 말할 수 있었을 것이다. 그러나 그는 그렇게 하지 않았다. 또한 그는 천재적인 수학자며 과학자며 발명가였다. 그래서 그는 모든 것을 제쳐놓고 학문에 정진해야 된다고 말할 수도 있었을 것이다. 그러나 그는 그렇게 하지 않았다. 그는 모든 생각의 출발점은 '자아'라고 말한다. 우리가 파스칼을 실존철학의 아버지로 간주하는 이유도 여기에 있다.

우리는 먼저 '나'를 생각하고 '나'를 알아야 한다. 돈도 중요하고, 명예도 중요하고, 다른 사람도 중요하고, 신이 존재한다면 신도 중요하다. 그러나 그 중에서 가장 중요한 것은 '나'라는 존재다. 그야말로 천상천하 유아독존이라는 식으로 자신의 중요성을 먼저 알아야 한다. 나는 누구인가? 나는 무엇인가? 인간이란 무엇인가? 이런 것들이 모든 질문 중에서 가장 중요한 질문이다.

2. 인간 이해의 발자취

인간이란 무엇인가? 인간은 다른 동물과는 판이한 속성을 가지고 있는가? 그리고 고유한 속성이 있다면, 그것은 무엇인가?

학문의 학문이라고 자처하는 철학이 이런 문제들에 관심을 가져온 것은 당연한 일이다. 특히 고대 중국에서는 맹자의 성선설, 순자의 성악설, 자공(子貢)의 무선무악설(無善無惡說)이 서로 다투어서 인간의 고유한 속성을 해명하려고 노력했다. 그러나 중국 철학의 이와 같은 노력은 다음과 같은 두 가지 약점을 가지고 있었다.

첫째, 중국 철학자들의 인간성 연구는 다분히 경험적인 사실을 무시하고 인위적인 연역의 방법을 취했다. 물론 맹자는 성선설을 주장하면서 우물에 빠지려는 어린애를 보고 인간이 느끼지 않을 수 없는 동정심을 예로 들기도 했다. 그러나 이러한 일상적인 예는 극히 단편적이기 때문에 과거로부터 미래에 이르는 모든 인간이 본질적으로 선하다는 보편적 명제를 증명할 수는 없었다.

둘째, 인간은 단세포 동물이나 단자(單子)로 구성된 생물이 아니다. 인간은 여러 가지 속성을 가지고 있다. 그러므로 인간에 대한 고찰은 철학적, 심리적, 생리적, 역사적, 사회적, 윤리적으로 종합해서 이루어져야 한다. 그럼에도 고대 중국 철학자들은 인간을 단지 윤리적인 입장에서만 고찰했다. 물론 우리는 맹자의 성선설에서 심리적인 인간 혹은 정치적인 인간의 모습을 볼 수 있다. 그러나 맹자의 주요 목표는 어디까지나 '인간은 선하다'는 윤리적인 명제를 가지고 인간성 전체를 설명하려는 우물 안 개구리 식의 작업이었다. 그것은 마치 '인간은 세포'라는 명제 하나를 가지고 인간 전체를 설명하려는 시도와 같다. 그러나 인간에 대한 이런 제한된 접근 방법은 인간의 일면밖에 볼 수 없었다.

서양철학에서는 인간의 문제가 오랫동안 뒷자리를 차지하고 있었다. 고대 그리스 철학자들은 자연이나 이데아의 세계를 추구함으로써 변화무상한 자연 뒤에 숨어 있는 불변의 아르케를 찾으려고 노력했다. 중세 철학자들은 인간보다는 절대자를 추구함으로써 인간의 문제를 외면해 왔다. 물론 그리스 시대의 프로타고라스와 같은 궤변론자는 인간을 그의 중심 과제로 삼았으며, 중세 시대의 아우구스티누스는 죄를 짓지 않을 수 없는 인간성에 대하여 고민하기도 했다. 그리하여 아우구스티누스는 밤하늘의 별보다 더욱 신비로운 것은 인간이라고 말하기도 했다.

그러나 일반적으로 인간의 문제가 서양철학의 중심 문제로 대두된 것은 근대 철학의 아버지라고 불리는 데카르트 이후였다. 물론 데카르트도 절대자의 존재를 이 세상의 존재보다 먼저 증명해야 된다고 믿었다는 점에서 중세 사상을 완전히 탈피하지는 못했다. 그러나 인간을 '생각하는 존재'로 정의한 그의 철학적 명제가 인간 중심적인 근대 철학의 기초를 제공했다는 것은 의심의 여지가 없다.

그러나 오늘날과 같이 인간의 문제가 철학의 첫째와 마지막 문제가 되어야 한다는 의식은 유럽에서 1920년대 소위 '인간학적 전환'을 불러왔다는 철학적 인간학으로부터 시작되었다. 이 운동의 중심 인물인 셸러(Max Scheler, 1874-1928)는 철학의 모든 문제는 궁극적으로 인간의 문제라고 외치고, 자신의 철학을 인간 본질에 대한 '기초 과학'이라고 단정했다.

한편 미국에서는 1930년을 전후하여 인간을 심리학적으로 연구하는 성격 과학(Science of Personality, or Characterology)이 위세를 떨치기 시작했다. 이 운동의 주동 인물인 알포트(G. W. Allport)는 『인간 성격: 심리학적 해석』이라는 저서에서, 모든 사람이 제 나름대로의 독특한 성격을 가지고 항상 다른 사람의 성격과 부딪치면서 살아간다는 자명한 사실을 환기시키면서, 지금까지 환경이나 유전으로 돌려버렸던 인간 성격의 형성 과정 및 발달 과정을 과학적으로 연구할 수 있다고 주장했다.

그러나 동양철학의 경우와 마찬가지로, 인간에 관심을 집중시킨 서양철학도 인간에 대한 보편적인 답변을 제시하지는 못하고 있다. 다시 말해서 '인간학으로서의 철학'도 인간에 대한 명쾌한 답변을 제시하지 못하고 있는 실정이다. 그리하여 어떤 사람은 인간을 이성적 동물이라고 말했으며, 다른 사람은 인간을 감성적인 동물이라고 말했다. 어떤 사람은 인간을 일하는 동물 혹은 도구를 만드는 동물이라고 말했고, 다른 사람은 인간을 사회적 동물이라고 말했다. 어떤 사람은 인간을 언어적 동물이라고 말했고, 다른 사람은 인간을 종교적 동물이라고 말했다. 어떤 사람은 인간의 본성은 선하다고 말했고, 다른 사람은 인간의 본성은 악하다고 말했다.[3]

그 중에서 몇 가지 예를 들면 다음과 같다. 브라우니(Thomas Browne) 경은 인간을 '고상한 동물'이라고 말했으나, 처치(Francis Church)는 '단순한 곤충'에 불과하다고 말했다. 세네카(Seneca)는 인간을 '추리하는 동물'이라고 말했지만, 퍼시(Thomas Percy)는 '단순한 동물'이라고 말했다. 운터마이어(Louis Untermeyer)는 인간을 '위대하고 강력하며 현명한 존재'로 보았지만, 시인 키플링은 인간을 '조그만 감자'에 비유했다. 루소와 사르트르는 인간을 '자유로운 존재'로 보았으나, 플라톤은 '감옥에 갇힌 죄수'로 보았다. 테니슨은 인간을 '운명의 주인'이라고 보았으나, 몽테뉴는 '확실히 미친 놈'으로 보았다.[4]

이렇게 철학자들은 인간의 각기 다른 측면을 강조했다. 그리하여 아리스토텔레스는 인간의 사회성을 강조했고, 마르크스는 인간의 노동 능력에 관심을 기울였으며, 프로이트는 심리적인 측면에 관심을 쏟았다. 또한 동일한 실존철학자라도 파스칼은 인간의 비참함을 강조했으며, 키에르케고르는 절망을 강조했으며, 야스퍼스는 한계 상황을 강조했으며, 하이데거는 불안을 강조했다.

여기서 우리는 인간에 대한 여러 가지 이론들이 서로 상반되는 의견들(conflicting opinions)이라는 사실에 직면하게 된다. 즉 그들 중에 어느 한 쪽을 받아들이면 다른 쪽을 포기할 수밖에 없는 견해들이라는 뜻이다. 만약 "인간은 자유롭지 않을 수 있는 자유 이외의 모든 자유를 가지고 있다"는 사르트르의 이론이 옳다면, 우리가 자유롭게 선택했다고 생각하는 행위까지도 실제로는 우리가 과거에 가졌던 경험이 무의식의 세계로 표출된 것에 불과하다는 프로이트의 이론은 틀린 것이 되어야 한다. 또한 절대자에 의하여 인간이 창조되었다는 기독교의 이론이 옳다면, 인간 이상의 존재를 인정하지 않는 마르크스의 이론은 틀린 것이 되어야 한다. 이런 실례들이 서로 논리적으로 상반되는 의견들이다.

3. 인간 이해의 어려움

그러면 인간 이해를 궁극적 목표로 삼고 있는 철학까지도 인간에 대한 명확한 답변을 — 그리고 모든 사람이 받아들일 수 있는 보편적인 답변을 — 제공하지 못하고 있는 이유는 무엇인가? 도대체 왜 인간은 인간을 완전히 이해할 수 없는가? 인간에 대한 어떤 이론이 일세를 풍미하다가도 조만간 그 이론이 전혀 틀렸다는 것을 실감해야 되는 근본적인 이유는 무엇인가?

첫째, 이미 지적했듯이 인간은 단세포 동물이 아니다. 그러므로 인간을 정확히 이해하려면 인간의 모든 측면을 동시에 연구해야 한다. 생물학적, 심리적, 역사적, 사회적, 정치적, 언어적, 윤리적, 종교적 측면을 모두 고찰해야 된다. 그렇지 않으면 결국 우리의 고찰은 소경이 코끼리를 만지는 식으로 끝날 수밖에 없다. 그러나 실제로 인간을 이렇게 총체적으로 파악하기란 — 불가능하지 않다면 — 굉장히 어려운 일이다.

둘째, 우리가 인간을 정확히 알 수 없는 또 다른 이유는 우리들의 탐구의 대상인 인간이 굉장히 복잡한 존재일 뿐만 아니라 인간에 대한 질문을 던지는 주체가 바로 인간이라는 점에 있다. 모든 탐구는 일정한 거리를 요구하고 나름대로의 객관성을 필요로 한다. 그러나 인간을 탐구하는 인간은 인간으로서의 여러 가지 편견을 가질 수밖에 없기 때문에 처음부터 제자리걸음으로 끝날 수밖에 없는 숙명을 가지고 있다.

철학적 인간학은 이러한 인간학의 숙명을 전이해(前理解)라는 말로 표현한다. 어떤 경험적인 개별 과학이 우리들의 인간 이해를 도울 수 있으려면, 우리는 인간에 대한 나름대로의 이해를 사전에 이미 가지고 있어야 한다는 것이다. 예를 들자. 어떤 진화론의 연구자가 인간의 두개골을 인식하는 데 아주 중요한 의미를 갖고 있는 뼈의 화석을 발견했다고 가정하자. 그러나 그 뼈의 화석 자체는 인간이 무엇인가에 대하여 아무런 말도 하지 않는다. 단지 그것이 인간을 이해하는 데 굉장히 중요할 것이라는 나름대로의 인간관을 우리가 사전에 가지고 있기 때문에, 우리는 그것을 중요한 자료로 간주하는 것이다. 그리고 우리는 이와 같은 사실을 역사학, 고고학, 의학, 사회학에도 그대로 적용시킬 수 있다.

경험적인 개별 과학이 "인간은 ○○○이다"라고 말함으로써 인간학적으로 중요한 의미를 갖는 것이 아니라, 인간 존재가 무엇임을 우리가 먼저 알고 있음으로 말미암아 — 즉 우리가 우리 자신을 인간으로 체험하고 이해함으로 말미암아 — 경험으로 얻은 개별 지식들은 비로소 그들의 인간학적 중요성을 얻게 된다.

　여기서 우리는 아주 중요한 결론에 도달한다. 인간의 본질에 관한 물음은 인간의 생성에 관한 물음과 같은 의미를 갖는 것이 아니다. 인간의 본질에 관한 물음은 진화론적인 이론으로 대답을 얻을 수 있는 것이 아니다. 설사 인간이 발생학적으로 동물의 모습으로부터 기원했다고 하더라도, 인간이 곧 하나의 동물에 불과하다는 결론은 나오지 않는다. 인간의 진화사의 요소들은 인간에 대한 지식이 미리 전제되는 한에서만 인간학적으로 이해되고 해명될 수 있다. 만약 우리가 지금까지 인간이 어떻게 형성되어 왔는가를 제대로 묻고 싶으면, 우리는 인간이 무엇인지를 먼저 알고 있어야 한다.[5]

　셋째, 우리가 인간을 완전히 이해할 수 없는 또 다른 이유는 우리의 탐구 대상인 인간이 고정되어 있지 않고 언제나 변화하는 존재이기 때문이다. 인간이란 고정된 관념의 노예가 아니라 살아 있는 생명체의 움직임이다. 고정된 있음(being)의 존재가 아니라 영원한 만들어짐(becoming)의 존재다. 그러므로 우리가 인간을 하나의 개념으로 정의할 때, 그 정의는 이미 그것이 정의한 인간을 상실하고 만다. 이렇게 보면, 우리는 인간에 대한 확실한 정의를 내리지 못했으며, 또한 앞으로도 내리지 못할 것이라는 점을 쉽게 이해하게 된다.

　인간을 알려는 인간의 노력은 인류의 영원한 염원이었다. 각기 다른 이론을 제창하는 모든 사람들이 한결같이 가졌던 지상 최대의 과제였다. 물론 역사적으로는 이러한 자기 지식의 가능성과 필요성을 부인하는 회의론자도 있었다. 그러나 그들도 결국 세계에 대한 지식의 확실성을 포기함으로써 인간 자체에 대한 관심을 갖지 않을 수 없었다. 그리스의 궤변론자들이 자연에 대한 관심을 인간에 대한 관심으로 대체시킨 이유도 여기에 있다.

인간의 자기 지식은 모든 탐구의 시작이며, 아르키메데스의 출발점이다. 그럼에도 우리가 인간을 충분히 이해하지 못하는 이유는 "이 세상에 변하지 않는 인간은 하나도 없다"는 명제를 받아들이지 않을 수 없기 때문이다. 고정화, 개념화, 정체화를 거절하면서 끝없이 생성 변화하고 전진 퇴보하는 것이 바로 인간이다.

넷째, 우리가 인간을 완전히 이해할 수 없는 이유는 완전히 이해할 수 있는 방법이 없기 때문이다. 일반적으로 철학에서는 이성에 의하여 지식을 습득한다는 합리주의와 경험에 의하여 지식을 습득한다는 경험주의가 있다. 합리주의는 내적인 성찰에 의하여 인간을 알 수 있다고 주장하고, 경험주의는 인간과 세계에 대한 외적인 관찰에 의하여 인간을 알 수 있다고 주장한다.

서양에서의 최초의 인간학적 탐구라고 말할 수 있는 근대 철학은 데카르트의 내적 성찰로 시작되었다. 그러나 이러한 방법은 그 후에 곧 비판을 받았으며, 수많은 심리학자들은 관찰에 의해서만 인간을 파악할 수 있다고 말했다. 그리하여 그들은 엄격한 객관적인 행동만이 학문의 대상이 될 수 있다고 공언했다. 그러나 우리들의 근본 문제는, 어느 한 쪽도 인간의 전체 모습을 보여주지 못하고 있다는 사실이다.

일관성 있고 과격한 행동주의는 그 목적을 달성할 수 없다. 물론 그것은 있을 수 있는 방법론적 오류를 지적해 준다. 그러나 그것이 인간 심리의 모든 문제를 해결하지는 못한다. 그래서 우리는 순수한 성찰의 방법을 비판하거나 의심할 수 있다. 그러나 그것을 완전히 억압하거나 제거할 수는 없다. 성찰, 느낌, 감정, 지각, 생각에 대한 직접적인 인식이 없이는 인간 심리의 영역조차 정의할 수 없다.

그러면서도 만약 우리가 이 길만 따르면, 우리는 인간성에 대한 종합적인 견해에는 절대로 도달할 수 없다는 것을 인정해야 한다. 성찰은 개인적 경험으로 접근할 수 있는 삶의 극히 적은 분야만을 우리에게 보여준다. 인간 현상의 모든 영역을 보여줄 수는 없다. 그리고 비록 우리가 모든 외적인 재료를 모아서 집합시켰다고 하더라도, 우리는 인간성에 대한 빈약하고 단편적인 그림만을 — 미완성된 그림만을 — 갖게 될 뿐이다.[6)]

4. 인간에 대한 세 가지 모델

우리는 어떻게 인간에 대한 질문을 시작해야 되는가? 한 가지 명백한 사실은 인간에 대한 단정적 접근 방법을 채택해서는 안 된다는 것이다. 먼저 일단 단정해 놓고 시작하는 정의적 철학(definitional philosophy)은 언제나 가장 빠르고, 가장 정확하고, 가장 객관적인 방법처럼 보이지만, 실제로는 가능하지 않은 '기계 속의 유령'에 불과한 것이다. 그러므로 우리는 인간에 대한 직설적이고 획일적인 접근을 지양하고, 우선 인간에 대한 몇 가지 모델을 고찰할 필요가 있다.

모든 문제와 문제에 대한 답변은 우리가 그 문제에 어떤 시각을 부여하느냐에 따라서 다르게 마련이다. 인간에 대한 문제도 우리가 인간을 어떤 개념으로 보느냐에 따라서 다르게 마련이다. 물론 인간이 단순한 개념이라는 뜻은 아니다. 인간은 확실히 피가 용솟음치는 물질적이며 육체적인 존재이기도 하다. 그러나 인간에 대한 우리들의 시각에 따라서 우리들의 답변은 다르게 나타나게 된다.

나는 이제 인간이란 하느님의 마음 속에 있는 개념이라는 의견과 하느님은 인간의 마음 속에 있는 개념이라는 의견을 동시에 배척하고,

인간은 인간의 마음 속에 있는 개념이라는 세 번째 견해를 주장하겠다. 그래서 나는 인간을 기계로서의 로봇 모델(the robot model: man as a machine)과 동물로서의 피조물 모델(the creature model: man as a beast)과 자유로운 행위자로서의 창조자 모델(the creator model: man as a free agent)로 구분한 매트슨(Floyd W. Matson)의 견해를 소개하겠다.[7]

첫째, 로봇 모델은 인간을 하나의 기계나 기계의 부속품으로 느끼게 한다. 우리는 매일 반복되는 쳇바퀴를 돌면서 살아간다. 그리고 우리는 그 습관적인 생활 속에서 기계로 만든 장난감이나 자동 파일럿과 같이 느낄 때가 있다. 물론 대부분의 사람들은 이런 감정을 느꼈다가도 얼른 인간 본연의 자세로 돌아오게 된다.

그러나 기계화되고 과조직화된 사회에서 오는 스트레스를 견디지 못한 사람은 오히려 기계적인 모델에 만족을 느낀다. 심리학자인 베텔하임(Bruno Bettelheim)은 조이(Joey)라는 '기계 소년'의 경우를 발표한 일이 있다. 조이는 스스로 자기가 기계라고 확신하고 있을 뿐만 아니라 다른 사람들에게까지 그가 기계라는 인상을 준다.

그는 "기계를 선택하여 기계의 이미지로 자신을 동결시킨 9세 된 정신 분열증 소년"이었다. 가령 식당에 들어갈 때도 그는 그의 상상적인 전기줄을 정성스레 냅킨에다 연결한 다음에야 그것을 사용하며, 식사를 할 때도 그의 전기줄이 식탁에서 떨어지지 않게 세심한 주의를 쏟는다. 여기서 놀라운 사실은, 조이 자신뿐만 아니라 그를 치료하는 의사와 간호사들까지도 그를 하나의 기계로 취급하여, 가령 그의 전기줄을 밟지 않고 지나가려는 듯한 행동을 하게 된다는 것이다. 그의 환상은 그 자신에게 뿐만 아니라 다른 사람에게까지도 ─ 적어도

잠시 동안은 — 진실한 것이다.[8]

물론 조이의 경우는 극단적인 경우다. 그러나 일반적으로 우리 현대인들은 이 로봇 모델을 충실히 따르고 있다. 그 이유는 어디에 있는가? 우선 시계, 자동차, 가스레인지, 텔레비전, 컴퓨터와 같은 기계는 현대인의 우상이 되었다. 그들의 유용성과 생산성은 인간을 편하게 만들어 주었다. 그리하여 많은 사람들이 자신을 마치 커다란 기계의 이미지로 만들고 있다. 그러나 우리가 로봇 모델을 채택하는 더욱 근본적인 이유는, 과학은 이제 단순히 우리에게 편리함을 주는 데 끝나지 않고 인간을 명령하기 때문이다. 그리하여 프랑스의 과학자인 메트리(La Mettrie)는 인간이 바로 기계라는 담대한 결론을 내려야 한다고 말했으며, 미국의 심리학자 와트슨(J. B. Watson)은 인간을 '움직일 준비가 되어 있는 유기적인 기계'라고 말했다.[9]

고전적 우주론을 탈피하지 못했던 갈릴레오와 뉴턴과 같은 과학자들이 과거 3세기 동안 믿어 왔던 기계론적 세계관에 의하면, 우리가 살고 있는 우주는 완전한 균형(perfect symmetry)과 완전한 정확성(perfect precision)을 가지고 있는 물체다. 이런 의미에서 우주는 하나의 커다란 기계라고 할 수 있다. 그리고 이 기계 안에서 일어나는 모든 현상은 자연적인 효과 원인에 의하여 일어나기 때문에, 과학이 그 원인을 규명할 수 있다는 사실은 시간이 지남에 따라 더욱 명백해질 것이다. 그리하여 오펜하이머(J. Robert Oppenheimer)는 『과학과 일반적 이해』라는 저서에서 이렇게 선언했다.

> 지구라는 커다란 기계는 미리 정해진 궤도를 따라 운행한다. 그러므로 우리는 이 궤도를 오늘이 아니면 미래 언젠가는 이론적으로 뿐만 아니라 실제적으로 이해하게 될 것이다. 더구나 이 커다란 기계는

인과 법칙에 의하여 결정되어 있기 때문에 순수한 객관성을 가지고 있다. 인간의 어떤 행위나 간섭도 그 운행 과정을 변경시킬 수 없다.[10]

이런 과학만능주의 사상은 다시 철학자들의 사상을 뒤흔들어 놓았다. 예를 들어서 데카르트는 인간 정신이 전혀 관여하지 않은 철학을 세우기 위하여 진실로 바람직한 '과학으로서의 철학'을 제창했다. 데카르트에 의하여, 철학은 이제 단순한 과학적 철학이 아니라 과학의 과학, 다시 말해서 모든 실재 밑에 깔려 있으면서도 모든 실재를 나타내 주는 기계학의 역할을 담당하게 되었다.

데카르트의 철학은 영국의 철학자 홉스(1588-1679)에 의하여 더욱 강화되었다. 그는 우주를 설명할 수 있는 유일하고 가장 합당한 길은 물체와 운동이라는 갈릴레오의 주장을 굳게 믿고 있었다. 대륙으로 건너가 데카르트의 명상록을 직접 탐독한 홉스는 데카르트 철학의 약점을 보완하는 길은, 그의 철학을 더욱 기계적으로 해석하는 길밖에 없다고 확신했다. 그리하여 그는 인간의 모든 사유 작용도 동물적 유기체의 운동으로 환원시킬 수 있다고 주장했다. 즉 우리가 사유 작용이라고 부르는 것은 단순히 명칭에 의존하고 있으며, 이 명칭은 다시 인간의 상상력에 의존하고 있으며, 이 상상력도 육체적인 기관의 운동에 의존하며, 그러므로 정신이라는 것도 결국에는 육체의 운동에 불과하다는 것이다.

홉스의 기계적인 철학은 스피노자(1632-1677)에 이르러 절정을 이루었다. 데카르트로부터 시작된 자연주의 사상을 극치의 경지로 끌어올렸다고 말할 수 있는 스피노자에 의하면, 우리가 살고 있는 우주는 완전히 필연에 의하여 움직이는 것이기 때문에 인간은 그 속에서 아무런 영향력을 발휘할 수 없다. 인간의 자유의지도 인간이 꾸며낸 환상에 불과하며, 언젠가는 그 허구성이 과학에 의하여 증명될 것이다. 자유란 필연의 인정(the recognition of necessity)일 뿐이다.

스피노자에 이르러 절정에 도달한 '과학의 과학으로서의 철학'에 의하면, 우주는 하나의 커다란 기계며, 인간은 이 기계의 주체가 아니라 객체다. 그러므로 과학자의 임무는 중립적 객관성과 분석적 환원에 의하여 조금도 의심할 수 없는 지식을 추구하는 것이다. 지식은 확실해야 된다. 불확실한 지식은 지식이 아니다. 오늘 불확실한 것은 내일 확실하게 될 것이다. 그러므로 우리에게 중요한 것은 물체뿐이다. 우리는 우주의 모든 현상을 원자로 환원시켜서 설명할 수 있으며, 인간의 감정까지도 물질적인 운동으로 설명할 수 있다.

두 세기가 지난 오늘날 18세기의 과학만능주의를 그대로 믿는 사람은 거의 없다. 심지어 과학자들까지도 이제는 과학의 불확정성을 주장하며, 지금까지 과학 이상의 분야로 인정해 왔던 인간의 종교성과 신앙의 문제까지도 과학의 정당한 분야로 인정한다. 그러나 지구가 단순한 기계가 아님을 인정한 현대인들도 내면적으로는 오히려 인간을 기계로 취급하는 경향을 강력하게 수용하고 있다.

둘째, 피조물 모델은 인간을 단순한 동물로 간주한다. 약 100년 전에 시작된 현대 물리학에 의하여 로봇 모델이 발생한 것과 같이, 이 모델은 약 200년 전에 시작된 현대 생물학에 의하여 발생했다. 그리고 앞으로 예상되는 생물학적 혁명에 의하여, 이 모델은 더욱 극성을 부리게 될 것 같다.

피조물 모델은 로봇 모델과 마찬가지로 인간의 의식적 선택의 여지를 인정하지 않으며, 철저히 자유의지를 부정한다. 그리고 인간을 야수적인 본능이나 밀림의 본능으로, 즉 침략과 경쟁의 본능으로 설명한다. 이성적인 선택이 아니라 본능적인 자기 방어의 본능과 타인 살인의 본능에 의하여 삶을 영위하는 것이 인간이라고 말한다.

피조물 모델은 인간을 건설자보다는 파괴자로 간주한다. 그리고 먹이를 찾아 발광하는 살인자로서의 짐승으로 간주한다. 이런 모델을 처음으로 제공한 사람은 적자 생존의 모델을 제공한 다윈(1809-1882)이었다. 그는 인간을 동물로 그렸으며, 인간이 모인 사회를 하나의 커다란 밀림으로 묘사했다. 이 밀림에서 생존할 수 있는 것은 강자뿐이다. 약자는 강자의 먹이로 희생되게 마련이다.

다윈의 이런 사상을 더욱 발전시킨 사람은 심리 분석의 시조인 프로이트(1856-1939)였다. 그는 인간의 본능을 삶의 본능과 죽음의 본능으로 구분하고, 이 두 가지 본능이 끝없이 전쟁하는 무대가 바로 인간이라고 말했다. 그러므로 인간은 생존을 추구하는 동시에 타인과 자신의 죽음을 추구하는 경향이 있다는 것이다. 그가 "인간은 인간에게 영원한 늑대"라고 외친 이유도 여기에 있다.[11]

제1차 세계대전이 끝난 어두운 시절의 유럽에 살았던 프로이트의 사상을 더욱 발전시킨 사람은 인성학(人性學)의 시조라고 할 수 있는 로렌츠(Konrad Lorenz)였다. 그는 인간의 본능을 침략성으로 규정하고, 이 본능은 영원히 사라질 수 없는 필연적인 것이라고 말했다. 인간은 본질적으로 동물과 다르지 않다는 것이다. 동물과 인간의 질적인 차이를 주장하는 사람은 환상에 사로잡힌 사람일 뿐이다. 인간의 행위는 동물의 행위와 마찬가지로 자연 법칙의 지배를 받게 마련이다. 물론 인간은 진화의 가장 높은 단계에 있기 때문에 동물과는 차이가 있다. 그러나 그것은 어디까지나 질적인 차이가 아니라 양적인 차이일 뿐이다.

그러나 로렌츠는 프로이트의 죽음의 본능을 설명하면서 두 가지를 첨부한다. 첫째로 인간의 살인적 본능은 개인과 개인의 관계뿐만 아니라 단체와 단체, 종족과 종족, 국가와 국가의 관계에 더욱 뚜렷하게 나타난다. 오늘날 인간의 살인과 살육이 단순히 개인적인 차원보다는 집단적인 차원에서 더욱 뚜렷하게 나타나는 이유도 여기에 있다. 둘째로 인간은 동물과 다름이 없지만 살인의 본능에 있어서 인간은 동물을 훨씬 능가하고 있다. 동물은 적어도 자신의 생존을 위하여 다른 종족의 동물을 살생한다. 늑대는 토끼를 잡아먹지만 다른 늑대를 죽이는 경우는 거의 없다. 그러나 인간은 인간을 잡아먹는 유일한 종류의 동물이다. 인간이야말로 자신과 동일한 종을 대량으로 학살하는 유일한 동물(the only animals to indulge in mass slaughter of their own species)이다.

현대는 살인, 방화, 천재지변, 전쟁, 핵무기의 공포에 시달리는 시기다. 그리하여 동물로서의 인간이라는 모델은 이제 더욱 인기를 얻을 것 같다. 그래서 그들은 이렇게 외친다. 중요한 것은 이 복잡한 세계에서 살아남는 것이고, 살아남을 수 있는 유일한 길은 힘을 가지고 다른 사람들을 공격하는 것이다. 공격만이 최상의 방어다.

셋째, 창조자 모델은 인간을 자유로운 행위자로 간주한다. 우선 이 모델은 인간을 본질적으로 자유로운 존재로 보고, 결정론적인 로봇 모델과 피조물 모델을 배격한다. 사르트르의 표현을 빌리면, "인간은 자유롭도록 정죄되어 있다(Man is condemned to be free)." 우리가 아무리 자유롭지 않은 물건이 되려고 노력하지만, 자유를 완전히 떨쳐 버릴 수 없는 존재가 바로 인간이다. 여기서 인간은 운명의 단순한 수혜자가 아니라 운명의 개척자가 되고, 삶은 수동적인 단계를 지나서 능동적인 단계로 이양된다.

또한 이 모델은 로봇 모델과 피조물 모델의 '닫힌 체계'를 부정하고 모든 것을 스스로 선택하고 — 그리하여 어느 때는 스스로 잘못 선택한 행위에 대한 결과를 감수할 수밖에 없는 — '열린 체계'를 지지한다. 닫힌 체계의 주장자인 스키너(B. F. Skinner)는 "인간이 자유로운 존재가 아니라는 가설은 과학적인 방법을 인간 행동 연구에 적용시키는 가장 중요한 요소"라고 말했지만,[12] 인간을 자유로운 행위자로 보는 이 모델은 인간을 자연과 타인에 대하여 긍정이나 부정을 행사할 수 있는 '능력의 존재'로 본다.

여기서 인간의 목표는 단순한 생존의 단계를 지나서 미지의 세계를 탐험하고, 외계를 정복하고, 타인과의 인간적인 공동체를 추구한다. 인간은 이제 단순히 행동하도록 지시받는 존재가 아니라 위험을 무릅쓰고 변화를 추구하는 존재가 된다. 매트슨은 이런 창조자 모델을 미국의 작가인 포크너(William Faulkner)의 노벨 문학상 수상 연설의 일절을 인용하면서 설명한다.

인간이 오래 견디기 때문에 영원하다고 말하기는 아주 쉬운 일이다. 그리하여 운명의 마지막 종소리가 울리고 죽음의 표시조차 없이 마지막 붉게 죽어가는 석양 속으로 사라질 때에도 또 한 번의 소리가 들릴 것이라고 말할 수 있다. 즉 인간에게는 영원히 지칠 줄 모르는 작은 목소리가 있다고 말할 수 있다.

그러나 나는 이것을 인정하지 않는다. 나는 단순히 인간이 오래 견딜 뿐 아니라 승리할 것이라고 믿는다. 인간은 동물 중에서 유일하게 지칠 줄 모르는 목소리를 가지고 있기 때문에 영원한 것이 아니라, 자비와 희생과 명예를 위하여 투쟁할 수 있는 영혼과 정신이 있기 때문

에 영원한 것이다. 기계는 오래 견디고, 동물은 생존한다. 그러나 오
직 인간만이 승리할 수 있다.[13]

이제 우리 앞에는 선택이 놓여 있다. 로봇의 모델을 따라서 기계적
으로 살 수도 있고, 피조물 모델을 따라서 짐승으로 살 수도 있고, 창
조자 모델을 따라서 자유로운 행위자로 살 수도 있다. 그것은 전적으
로 각자의 선택의 대상이다. 그러나 우리는 여기서 오직 창조자 모델
만이 자유로운 선택과 위험스러우면서도 새로운 삶의 지평을 열어 준
다는 것을 잊지 말아야 한다.

5. 맺음말

어른들이 볼 때 어느 어린아이가 정확히 열 개의 손가락과 열 개의
발가락을 가지고 있다는 단순한 사실은 참으로 희한하게 보일 수 있
다. 이처럼 어린아이는 자신의 몸 안에도 여러 가지 신기한 부분을 가
지고 있다. 그러나 아직 지적으로 성숙하지 않은 어린아이는 절대로
자기 자신에 대하여 질문하지 않는다. 오직 자기 밖의 다른 사람들,
다른 사물들에 대해서만 질문을 쏟는다. 이처럼 어린아이는 언제나
주위 환경이나 자연에 대하여 먼저 질문하고, 성숙한 다음에야 자기
자신에 대하여 질문한다. 전자를 자연에 대한 물음이라고 한다면, 후
자는 인간에 대한 물음이라고 할 수 있다. 한 마디로 인간은 인간에
대하여 질문하기 이전에 자연에 대해 먼저 질문을 던지게 마련인데,
이런 사실은 동서양의 철학사에 잘 나타나 있다.

서양철학의 시조라고 불리고 있으며 당대의 천문학과 기하학에 조
예가 깊었던 탈레스(기원전 624-546)는 변화무상한 자연 뒤에 숨어

있는 영원한 '아르케(根本物質)'를 추구하여 변화성과 유동성과 풍요성이 넘치는 '물'이야말로 자연을 만들고 변화시키는 아르케로 보았다. 아낙시메네스(기원전 544-528)는 직관성을 가진 공기를 아르케로 보았으며, "만물은 흐른다"는 유명한 명제를 남긴 헤라클레이토스(기원전 544-484)는 상변성을 가진 불을 아르케로 보았다. 그리고 다원론자인 엠페도클레스(기원전 495-435)는 흙, 물, 불, 공기의 4원소를 아르케로 보았다.

그러나 궤변론자들은 이러한 자연에 대한 관심을 인간으로 끌어내렸다. 특히 프로타고라스(기원전 481-411)는 "인간은 만물의 척도"라는 명제를 발표함으로써 모든 삼라만상의 가치는 인간이 어떤 가치를 부여하느냐에 달려 있다고 주장했다. 그리고 궤변론을 초월하여 새로운 인간 중심의 철학을 전개한 소크라테스는 "네 자신을 알라!"는 경구를 발표함으로써 인간에 대한 관심을 재삼 확인시키기에 이르렀다.

고대 동양인들은 인간의 생사 화복이 완전히 귀신의 손에 달려 있다고 생각했다. 그러나 공자(기원전 551-479)는 귀신을 섬기되 멀리하고, 차라리 인간에 대한 의무를 다하는 것이 바로 지혜라고 선언함으로써 인간에 대한 관심을 환기시켰다.[14] 특히 그는 "사람이 도(道)를 넓히는 것이며, 도(道)가 사람을 넓히는 것이 아니다"라고 선언함으로써 동양철학의 인본주의 사상의 뿌리를 내렸다.[15] 인간에게 가장 중요한 것은 바로 인간의 삶이다.

인간은 자연을 노래하고, 진리를 탐구하고, 절대자를 찬양하기도 한다. 그러나 이 모든 추구도 그것이 인간에게 어떤 영향을 주느냐에 따라서 그 가치가 정해지는 것이며, 그 반대로 인간이 자연이나 진리나 절대자를 위하여 존재하지 않는다. 또한 우주의 모든 삼라만상도 인간을 위해서만 존재한다고 말할 수 있다. 밤하늘의 은하수로부터 서산에 지는 해에 이르기까지 우주의 모든 것은 인간의 행복 혹은 불행을 위하여 존재한다고 말할 수 있다. 말 못하는 미생물이나 바윗돌에도 어떤 목적이 있다면, 그것도 바로 인간의 이익 혹은 손실을 위하여 존재한다고 말할 수 있다. 철학사에서 "내가 존재하지 않는다면 이 세상의 아무것도 존재하지 않는다"는 극단적인 관념론이 발생할 수 있는 이유도 여기에 있다.[16]

인간의 문제는 영원한 문제다. 영원히 계속될 수밖에 없는 질문이며, 마지막 말을 하는 순간에 다시 시작되어야 할 질문이다. 그래서 많은 사람들은 인간에 대한 질문 자체를 포기하기도 한다. 어차피 완전히 풀 수 없는 수수께끼라면, 수수께끼 그대로 놓아두는 것이 좋지 않을까? 인간에 대한 질문은 시간 낭비에 불과한 것이 아닌가? 물론 이렇게 결론내릴 수도 있다. 그러나 그것은 어디까지나 인간이 인간이기를 포기하는 것이다. 인간은 질문하지 않을 수 없는 존재며, 질문하는 한 자기 자신에 대하여 질문하지 않을 수 없는 존재다.

한 마디로 인간에 대한 질문은 영원한 질문이다. 그렇기 때문에 ─ 혹은 그럼에도 불구하고 ─ 그것은 우리가 결코 포기할 수 없는 질문이다. 그리하여 소크라테스는 "반성하지 않는 삶은 살 가치조차 없다"고 외쳤던 것이다. 인간만이 자의식적인 동물이다.

[주]

1) Blaise Pascal, *Pensees*, tr. E. P. Dutton, New York, 1958, 347-348절.
2) 같은 책, 146절.
3) 황필호, 「인간의 종교성」, 『철학적 인간, 종교적 인간』, 범우사, 1983, pp. 161-162.
4) Floyd W. Matson, *The Idea of Man*, A Delta Book, 1976, p. xiii.
5) 진교훈, 『철학적 인간학 연구』(Ⅰ), 경문사, 1982, p. 14.
6) Ernst Cassiser, *An Essay on Man*, Yale University Press, 1970, p. 1.
7) Matson, 앞의 책, pp. xiv-xxii.
8) Bruno Bettelheim, "Joey: A Mechanical Boy," *Scientific American*, March, 1959.
9) John B. Watson, *Behaviorism*, University of Chicago Press, 1958, p. 269.
10) J. Robert Oppenheimer, *Science and Common Understanding*, New York, Simon and Schuster, 1954, pp. 13-14.
11) Leslie Stevenson, *Seven Theories of Human Nature*, Oxford University Press, 1974, p. 113.
12) B. F. Skinner, *Science and Human Behavior*, Macmillan, 1953, p. 447.
13) William Faulkner, 1950년 노벨 문학상 수상 연설문, *Saturday Review* (1951년 2월 3일, Matson, 앞의 책, pp. xxi-xxii에서 인용.) 원문: "Machines endure and amimals survive; but only man can prevail."
14) 『논어』, 6:20 "務民之義 敬鬼神而遠之 可謂知矣."
15) 『논어』, 15:28 "人能弘道 非道弘人."
16) 황필호, 『철학적 여성학』, 종로서적, 1986, p. 302.

제 2 부

응용편

제7강좌

소크라테스는 종교인인가

1. 머리말

　나는 이 책에서 인류의 영원한 스승인 소크라테스(기원전 469-399), 공자(기원전 551-479), 석가(기원전 560-480), 예수(기원전 4-기원후 29)의 종교 사상을 간단히 토론하려고 한다. 그러나 나의 이런 시도는 다음과 같은 반대 의견에 부딪치게 된다. 석가와 예수는 각각 불교와 기독교의 시조이기 때문에 분명히 종교인이라고 할 수 있겠으나, 공자의 유교는 종교라기보다는 철학이나 윤리 체계일 뿐이지 않은가. 더구나 소크라테스는 소위 소크라테스교를 세우지 않았으며, 자신을 어디까지나 철학자로 만족하고 있지 않았던가. 그러나 나는 이 책에서 석가와 예수뿐만 아니라 공자와 소크라테스도 엄연한 종교인이라고 주장할 것이며, 그렇게 주장하는 이유를 제시할 것이다.

서양에서 가장 잘 알려진 철학자인 소크라테스에 대하여 우리가 갖고 있는 이미지로는 두 가지를 들 수 있다. 첫째로 그는 "네 자신을 알라"는 경구를 남긴 사람이며, 둘째로 그의 아내인 크산티페(Xanthippe)가 역사상 가장 지독한 악처(惡妻)라는 것이다. 대부분의 학자들은, 악처인 크산티페는 그저 지나가는 유머로 간단히 처리하고, 소크라테스의 진면목을 그가 델포이 신전의 신탁에서 받았다는 "네 자신을 알라"는 경구의 해석에서 찾으려고 한다. 그러나 나는 그보다는 크산티페가 악처로 기록될 수밖에 없었던 소크라테스의 언행을 먼저 관찰해야 된다고 생각한다. 소크라테스가 훌륭한 철학자이고 크산티페가 악처인 것이 아니라 오히려 크산티페는 보통사람이고 소크라테스가 괴팍한 사람이라고 믿기 때문이다.

　　우선 "네 자신을 알라"는 경구는 소크라테스가 처음 발설한 문장이 아니라 아폴론 신전에 이미 새겨져 있어서 수많은 사람들이 읽고 지나쳤던 것이다. 다만 소크라테스는 그 문구를 읽으면서 어떤 영감을 얻었고, 그 문구를 자신의 평생 모토로 삼았고, 또한 그 내용을 아테네 사람들에게 가르치려고 노력했다. 일설에 의하면, 그 아폴론 신전에는 다른 문구도 있었다고 한다. 더 나아가서 모리모토 데츠로는 소설 『소크라테스 최후의 13일』에서 "네 자신을 알라"는 원래 인디아로부터 온 것이라고 추측하면서 이렇게 말한다.

　　　당시 나[소크라테스]는 자만에 빠져 있었다. 나 자신에 대한 자만에 빠져 일거수 일투족이 자신만만했다. 무엇보다 델포이로 간 것도 신탁을 경멸하면서 장난치는 기분으로 구경하기 위해서였다. 그러나 아폴론 신전에 새겨져 있던 "네 자신을 알라"는 그 한 마디가 나를 완전히 바꾸어버렸다. 나 자신의 무지를 깨달을 수 있었기 때문이다.

거기에는 그 말 이외에도 "넘치지 말라"와 "중용은 최상의 덕이다"
라는 명문도 보였다. 아마도 이런 말들은 아폴론의 신탁을 받은 현자
들이 감사하는 뜻으로 봉헌한 것이리라.[1]

하여간 나는 다음 절에서 소크라테스의 악처론을 토론하면서 그의
사상에 접근해 보려고 한다. 그러나 우리는 여기서 한 가지 방법론적
문제에 봉착하게 된다. 알다시피 소크라테스는 한 줄의 글도 남기지
않았다. 그러므로 현재 우리가 알고 있는 소크라테스는 대부분 그의
제자인 플라톤의 대화편을 통해서 알게 된 것이다. 사정이 이쯤 되다
보니, 우리는 대화편에 나오는 어떤 사상이 진정 소크라테스의 사상
인지 혹은 소크라테스의 입을 빌린 플라톤의 사상인지를 확연히 구별
할 수 없다. 일반적으로 학자들은 플라톤의 전기 대화편에 나오는 소
크라테스는 진짜 소크라테스의 사상이며 후기 대화편에 나오는 소크
라테스는 플라톤의 사상이라고 믿지만, 여기에도 선명한 구분을 할
수 없는 형편이다. 수많은 학자들이 정확한 '역사적 소크라테스'의 모
습을 구축할 수 없다고 단정하는 이유도 여기에 있다.

일반적으로 소크라테스를 바라보는 시각에는 세 가지 각기 다른 견
해가 있었다. 첫째는 그를 진리의 순교자로 본 플라톤의 견해며, 둘째
는 오히려 그를 궤변론의 왕초로 본 아리스토파네스의 견해며, 셋째
는 그를 보통사람으로 본 크세노폰의 견해다.[2] 그러나 오늘날 우리는
플라톤이 본 소크라테스를 진정한 소크라테스로 받아들이고 있다. 그
가 플라톤이라는 훌륭한 제자를 가지고 있었기 때문일 것이다.

2. 크산티페는 악처인가

철학자는 결혼을 잘 해도 좋고 잘못 해도 좋다는 농담이 있다. 좋은 배필을 맞아 결혼하면 물론 좋은 일이고, 만약 나쁜 배필을 만나 결혼하면 소크라테스와 같은 위대한 철학자가 될 수 있기 때문이라는 것이다. 이렇게 대부분의 학자들은 크산티페가 악처였다는 주장을 자명한 사실로 받아들인다. 그래서 실존주의자 칼 야스퍼스는 "크산티페는 철학자로서의 소크라테스의 생애에 커다란 영향을 끼치지는 못했다"고 말하며,[3] 또 다른 학자는 이렇게 말한다.

소크라테스가 아주 연하인 크산티페와 결혼했던 당시의 나이는 아마 50세 전후였던 것으로 알려져 있다. 그녀는 히스테리컬하고 시끄러운 성미인데다가, 소크라테스의 철학에 대해서는 조금도 이해하지 못하였다. 크세노폰의 『향연』(플라톤도 같은 이름의 책을 썼다) 중에는, 소크라테스가 안티스데네스라는 친구에게 "처를 꽉 쥐고 말야, 어떻게 해서라도 마음 속에 생각하고 있던 대로 길들여 보라구"라는 의견을 보였을 때, "그렇다면 자네는 그런 이치를 알고 있으면서 왜 자네 아내 크산티페는 그렇게 교육시키지 못하나? 자네의 아내는 과거, 현재, 미래를 통해서 가장 다루기 힘든 여자로 알려져 있지 않은가? 그런데도 자네 아내를 그대로 두고 있는 것은 어떻게 된 일인가?"라고 말했을 정도다.

또 크세노폰의 『소크라테스 사상의 출발』 중에는 아들 람프로클레스와 아버지 소크라테스의 다음과 같은 문답이 있다.

아들: "어머님의 저렇게 거친 성깔은 누구라도 참을 수가 없겠죠."

아버지: "그렇지만, 그렇게 말한다면 야수의 잔혹한 것과 어머니의

잔혹한 것과는 어느 쪽이 심하다고 생각하느냐.”

아들: “저는 어머님 쪽이라 생각합니다.”

아버지: “그렇다면 오늘까지 네가 달려들어 물어뜯기고 채인 일이 있었더냐. 야수에게 그렇게 당했던 사람은 이미 많이 있었다고 생각된다만.”

아들: “그렇습니다만, 어머니는 세상의 모든 것을 집으로 가져온다해도 말을 듣지 않을 것같이 말씀하십니다.”

이러한 일화 이외에도 크산티페가 히스테리를 일으켜서 식탁을 뒤집기도 하고, 소크라테스가 입고 있던 저고리를 사람들 앞에서 마구찢었다고 하는 에피소드가 디오게네스 라에르티오스의 『철학자 열전』에 나오는 소크라테스 편에 서술되어 있다. 특히 알키비아데스가 “크산티페의 잔소리는 가만히 듣고 있지 않으면 안 된다”고 말하자, 소크라테스는 “나는 이미 하인 노릇에는 예사이고, 시종 도르래의 덜컹덜컹하는 소리를 듣고 있는 셈이지. 누구라 할지라도 거위의 꽥꽥거리는 소리를 참고 듣지 않을 수 있겠나?”라고 대답했다고 전해지고 있다.[4]

정확히 말해서, 석공인 아버지 소프로니스코스와 산파인 어머니 파이나레테 사이에 태어난 소크라테스는 그의 나이 49세 때 17세의 크산티페와 인연을 맺었으며, 소크라테스가 죽을 때는 17세인 람프로클레스와 8세인 (소크라테스 아버지의 이름을 그대로 따서 지은) 소프로니스코스와 이제 겨우 2세가 된 메네스세소스라는 세 명의 아들이 있었다. 그가 이렇게 늦게까지 결혼을 하지 않았던 이유는 그가 “마누라는 들고 다니기에는 너무 무겁고 귀찮은 존재”라는 비극 작가 에우리피데스의 말에 내심 공감하고 있었기 때문일 수도 있고, 또한 이성간의 교제보다 동성간의 교제를 더욱 진실하게 보았던 당시 세태 때문이라고 보는 견해도 있다. 그러나 이것은 모두 추측일 뿐이다. 그럼에도 모든 학자들은 크산티페가 악처였다는 주장에 동의한다. 내가 발견한 유일한 예외는 소크라테스의 최후를 소설로 구성한 한 권의 책을 들 수 있다.

　　소크라테스의 아내 크산티페는 소크라테스가 수감된 후 단 한 번 면회를 왔을 뿐, 그 후로는 전혀 모습을 보이지 않았다. 크리톤을 비롯한 수많은 친구들과 제자들이 소크라테스의 감방을 찾아왔지만 아내만이 찾아오지 않는다니 사뭇 기이한 느낌이 들지만, 그것은 그녀가 비정해서도 아니고 세상에 전해졌듯이 악처여서도 아니었다. 소크라테스의 부부의 정이 엷어서 그런 것은 더욱 아니었다. 크산티페는 명문 출신으로 공주처럼 애지중지 자라서 제멋대로 구는 면도 있긴 했지만 남편을 경멸한다든지 가정을 팽개치고 마실을 나다니며 낭비를 일삼는 그런 여자는 아니었다.

　　고집이 센 여자이기는 했다. 그 때문에 일상 생활에서 남편에게 자기 주장을 강하게 피력하거나 아들을 심하게 나무라는 일도 많았다. 그래서 장남 람프로클레스는 때로 "우리 어머니는 너무 잔소리가 심해"라고 친구들에게 불평을 늘어놓기도 했지만 그 정도는 어느 집안에서나 가능한 이야기였다.

　　그렇다면 왜 크산티페는 감옥으로 면회를 가지 않았을까? 죽음을 앞에 둔 남편을 만나기가 고통스러웠기 때문이기도 하지만 무엇보다도 소크라테스가 아내의 내방을 엄하게 금했기 때문이었다. 그녀는 남편의 명령에 따랐던 것이다.

　　소크라테스는 조금도 죽음을 두려워하지 않았다. 영혼 불멸을 믿었기 때문이다. 오히려 혼이 육체라는 감옥을 떠나 자유로워지는 날을 손꼽아 기다리고 있었다. 그러나 그런 소크라테스의 신념을 크산티페가 이해할 리가 없었다. 아무리 소크라테스가 설명을 해도 아내는 그냥 눈물만 흘릴 뿐이었다. 소크라테스는 그런 아내의 탄식을 보고 싶지 않았던 것이다.[5]

상식적으로 생각해 보아도, 크산티페가 소크라테스의 옥사에 자주 모습을 보이지 않았다고 해서 그녀를 비정한 여성이라고 비난할 수는 없을 것이다. 아마도 그녀는 집에서 숨 죽여 울먹이고 있었을 것이다. 그래서 소크라테스와 가장 절친한 친구인 크리톤은 틈만 나면 크산티페를 방문하여 위로해 주었던 것이다. 또한 죽음을 앞둔 독방에서 소크라테스는 그녀와 아들들을 생각하지 않을 수 없었을 것이다. 어린 막내 아들과 특히 자신의 모습을 무척 닮은 소프로니스코스의 표정을 떠올리면서 목이 메었을 것이다. 그리고 그럴 때마다 "이제 와서 무슨 소용이 있겠는가?"라고 탄식했을 것이다.

그러면서도 그는 인간의 존재 양태, 신비로운 영혼의 존재와 성격에 대한 문제, '나'의 본질 등에 관해서 죽기 전에 충분한 토론을 통해 스스로 정리하거나 제자들에게 가르쳐 주려고 했던 것이다. 즉 그에게는 '철학함'이 가정이나 자신의 죽음보다 중요했던 것이다.

크산티페가 보통사람이고 소크라테스가 괴팍한 사람이라는 사실은 그가 기소된 죄목을 보면 더욱 쉽게 알 수 있다. 알다시피 그는 두 개의 죄목으로 기소되는데, 첫째는 그가 전통적으로 내려온 신을 믿지 않는다는 불경죄며, 둘째는 젊은이들을 타락시킨다는 선동죄다. 물론 학자들은 이상의 이유는 겉으로 내건 구실에 불과하고 실제로는 민주체제에 대한 소크라테스의 지속적인 반항이 진정한 원인이라고 주장하기도 한다.

　　소크라테스의 범죄는 다음과 같다. 즉 그는 그의 친구인 카르미데
스와 크리티아스, 그리고 아테네에 대한 배신으로 악명이 높지만 그
의 사랑하는 제자였던 알키비아데스 등의 도움을 받아 전쟁 중에 아
테네 민주주의에 대한 반대 혁명을 일으키려고 음모했으며, 심지어
404년 아테네의 패배로 전쟁이 끝난 당시에도 귀족 청년들에게 민주
주의 체제의 전복을 지속적으로 선동했던 것이다.
　　아마 재판의 의도는 소크라테스에게 겁을 주어 아테네에서 추방하
고자 하는 것이었으리라. 즉 그가 공공 장소에서 철학을 통해 민주 정
부를 지속적으로 비판함으로써 쇠약해진 민주주의의 기강을 더 이상
약화시키는 일을 계속할 수 없도록 하고자 했을 것이다. 아테네 사람
들은 그에게 사형 선고를 내리려는 의도는 전혀 없었고, 또한 그를 순
교자로 만들 뜻도 전혀 없었다.[6]

　반면에 정치학자들은 소크라테스의 재판과 죽음을 개인의 자유에
대한 국가 권력의 통제로 해석하기도 하고, 철학자들은 그것을 철학
과 철학자에 대한 대중의 증오심을 나타내는 것으로 해석하기도 한
다. 심지어 어떤 사람은 소크라테스의 죽음은 재판에 의한 살인
(judicial murder)이 아닌 재판에 의한 자살(judicial suicide)로 보기
도 한다.[7] 그는 분명히 죽지 않을 수 있는 기회를 수없이 갖고 있었지
만 스스로 죽음을 자초했다고 볼 수도 있기 때문이다.

　　플라톤이 『변론』에서 진술하듯이, 소크라테스가 만약 재판이 시작
되기 이전에 아테네를 떠났다면 그는 죽음을 모면했을 것이다. 이런

망명은 그 당시 재판에서의 무죄 방면이 의심스러울 때 흔히 하던 관례였다. 게다가 비록 그가 재판 전에 아테네를 떠나지 않았다 하더라도, 만약 대중과 배심원들의 민주주의적 정서에 경의를 표했더라면, 아니 적어도 그들에 대한 경멸감을 공개적으로 나타내지 않았더라면, 그는 무죄 방면되었을 것이다.

더 나아가 그가 공개 연설에서 드러낸 아테네 민중과 민주주의에 대한 경멸감에도 불구하고, 만약 혼자서 조용하게 은거하겠다고 제안했다면, 그는 풀려났을 것이다. 또한 마지막으로 그가 사형 선고를 모면할 수 있었던 이런 모든 수단을 외면했다 하더라도, 그는 독배를 마시기까지 한 달 동안 감금되어 있었기 때문에, 사형 선고 후에라도 쉽게 도망갈 수 있었을 것이다. 그리고 그가 도망갔다고 해서 아무도 그를 비난하지 않았을 것이다.[8]

분명히 우리는 소크라테스의 죽음을 이상의 여러 가지 입장에서 해석할 수 있다. 그러나 그것만이 소크라테스에 대한 가장 정당한 해석은 아니다. 오늘날 소크라테스는 정치가보다는 철학자나 사상가로 우리들에게 지속적인 영향을 주고 있기 때문이다. 그러므로 앞의 해석들은 마치 우리가 예수의 십자가를 오직 정치적 음모의 결과로 보는 것과 별반 다름이 없다.

그러면 우리는 소크라테스에게 부과된 종교적 불경죄와 사회적 선동죄를 어떻게 보아야 하는가? 이 질문에 대한 답변은 크게 세 가지로 분류될 수 있다.

1. 불경죄와 선동죄는 아무런 연관이 없는 별개의 기소 제목이다.
2. 불경죄가 선동죄의 원인이다. 즉 전통적인 신을 부정하다 보니

자연히 젊은이들을 타락시키게 되었다.

3. 선동죄가 불경죄의 원인이다. 즉 젊은이들을 타락시킨다고 믿은 아테네인들은 그에게 불경죄라는 기소 제목을 추가시켰다.

대부분의 학자들은 첫 번째 견해를 지지하며, 모든 문제를 신존재와 연결시키려는 학자는 두 번째 견해를 지지할 수도 있을 것이다. 그러나 나는 세 번째 경우가 가장 올바른 해석이라고 믿는다. 우선 소크라테스는 자신의 무죄를 변론하면서 자신을 전통적인 신을 부정하는 사람이나 무신론자로 매도하는 것은 말도 되지 않는다고 일축한다. 오히려 왜 자신이 아테네 거리를 돌아다니면서 철학을 가르치지 않을 수 없었느냐는 점을 지루하게 설명하며, 이 지루한 설명이 오히려 그에게 사형 선고를 내리게 한 것이다.

도대체 젊은이들을 타락시킨다는 죄목이란 무엇인가? 그리고 왜 소크라테스는 그런 죄목으로 기소되었는가? 우선 소크라테스는 직업이 없는 사람이었다. 그는 당시 궤변론자들과 마찬가지로 전국을 유랑하면서 만나는 사람들과 철학적 토론을 전개하는 것이 그의 일과였다. 물론 그는 궤변론자들과는 달리 그의 가르침에 대한 대가를 받지는 않았지만, 어쨌든 그는 일반 시민과는 판이한 생활을 영위했다.

또한 그를 따라서 전국을 유랑하는 그의 젊은이들은, 요즘 말로 표현하면, 전부 가출한 젊은이들이었다. 보통 젊은이들은 가정에 머물면서 부모의 말씀에 순종하고 그에게 부과된 일을 한다. 그러나 소크라테스를 따라다니던 젊은이들은 엘렝쿠스(elenchus, 논파한다는 뜻)라고 불리는 교묘한 수사학으로 상대방을 넉아웃시키는 묘미에 취해서 전국을 떠돌아다니고 있었으며, 심지어 일부의 제자는 이런 수사학을 악용하여 궤변론자와 조금도 다름없는 짓을 하기도 했다.

"소크라테스는 언제나 그의 물음에 대한 반박으로 자신들의 견해를 제시하는 사람들을 바보로 만들고, 또 정치와 철학에 있어서 그와 견해를 달리하는 사람들을 적대시하는 등 상대방을 꼼짝 못하게 하는 명수였다."[9] 그런 소크라테스를 옆에서 바라보면서 가끔 자신도 그런 명수가 된 듯이 착각할 수 있다는 사실은 젊은이들의 허영심을 자극하기에 충분한 것이었다. 이것은 분명히 젊은이들을 타락시키는 것이며, 젊은이들을 타락시키는 사람이야말로 어느 범죄보다 더욱 무거운 엄벌을 받아야 할 것이다.

3. 소크라테스는 무엇을 가르치려고 했는가

그러면 소크라테스는 죽는 순간까지 아테네인들에게 무엇을 가르치려고 했는가? 도대체 그가 목숨보다 더욱 중요하게 여긴 내용은 무엇인가? 물론 여기에는 수많은 답변이 있겠으나 우리는 일단 다음의 몇 가지로 정리할 수 있다.

첫째, 소크라테스는 모든 사람이 '모르는 사람'이라는 사실을 스스로 깨닫게 되기를 원했다. 우리는 모두 알고 있다고 생각한다. 그러나 실제로 우리는 모르고 있다. 그러므로 진정 알려고 하는 사람은 자신이 모르는 사람이라는 사실, 즉 '무지(無知)의 지(知)'를 깨달아야 한다. 델포이에 있는 아폴론 신전의 유명한 신탁이 어떤 사람도 소크라테스보다 더 지혜롭지 않다고 말한 이유도 여기에 있다. 사람들은 자신이 모르면서 안다고 생각한다. 그러나 소크라테스는 자신이 모른다는 사실을 잘 알고 있으며, 이런 뜻에서 그는 어떤 사람보다 현명하다.

처음에 소크라테스는 이 신탁이 거짓이라는 것을 증명하기 위해 아주 지혜롭다는 평판을 듣고 있는 정치가들을 만났지만 그들은 그들의 무지를 깨닫지 못하고 있었다. 다음에 소크라테스는 역시 지혜롭다는 평판을 듣고 있는 시인들을 만났지만 그들도 그들의 무지를 깨닫지 못하고 있었다. 끝으로 소크라테스는 배나 구두 만드는 법을 잘 알고 있는 장인과 농부를 만났지만 그들도 그들의 기술만 믿으면서 전혀 그들의 무지를 깨닫지 못하고 있었다. 결국 델포이의 신탁은 소크라테스가 지혜롭다는 것을 의미하는 것이 아니라 자신이 아무것도 모른다는 사실을 잘 알고 있다는 뜻이다. 하여간 소크라테스는 이런 무지의 자각을 통해서만 진정한 지식과 지혜를 얻을 수 있다고 믿었다.

둘째, 소크라테스는 모든 사람에게 지식이 바로 덕이고 덕이 바로 지식이라는 '지식과 덕의 동일성'을 가르치려고 했다. 우리가 진정 선을 안다면 우리는 자연히 선을 실천할 것이며, 우리가 진정 악을 안다면 우리는 역시 악을 회피할 것이라는 주장이다. 그래서 소크라테스는 "아무도 고의적으로 악을 행하지 않는다"고 선언한다.

일반인의 입장에서 볼 때, 이런 주장은 말도 되지 않는다. 우리는 아는 사람과 덕 있는 사람은 동일인이 아니라는 사실을 잘 알고 있다. 그래서 우리는 종종 마음은 원이로되 육신이 약하다고 한탄하며, 일상 생활에서도 언행 일치를 강력히 주장한다. 그럼에도 소크라테스는 지식을 덕, 진리, 지혜와 동일시하고 있다. 소크라테스 전문가인 블라스토스(Gregory Vlastos)는 "덕은 지식이다"라는 소크라테스의 주장을 이렇게 설명한다.

지식이 없으면 덕도 없다. 이 부분이 바로 소크라테스의 논증에 강도를 주며, 먼저 정의(定義)를 찾게 만든다. 그래서 그는 어떤 주제를 지지하거나 정의를 발견하는 데 실패함은 단지 지적 패배가 아니라

도덕적 참사라고 느끼게 한다. 그는 『에우티프론』의 마지막 부분에서, 정확히 경건성(piety)을 안다고 확실하게 주장할 수 없는 사람은 지적으로 부실할 뿐만 아니라 도덕적으로 파산 선고를 받은 것과 다름이 없다고 말한다. (중략)

소크라테스의 가르침에는 이와 비슷할 정도로 과격한 또 다른 쌍둥이 주장이 있다. 만약 우리가 지식을 갖고 있다면, 우리는 어떤 감정적 스트레스나 압력을 받아도 선한 사람이 될 수밖에 없으며, 선한 사람으로 행동할 수밖에 없다는 것이다. 타인과의 약속을 어기고, 그들의 최상의 통찰력과 반대되는 무방비적 순간에서 행동하도록 사람들을 유혹하거나 당황시키는 것들도 — 분노와 쾌락과 고통과 사랑과 공포 중의 한 가지나 그들을 모두 통합시킨 것들도 — 소크라테스적 지식을 가진 사람에게는 아무런 힘을 쓸 수 없다.

그는 외부 세계의 강풍도 그를 깨뜨리거나 자국조차 낼 수 없는 마력의 갑옷과 같은 지식으로 무장되어 있어서, 결코 공격할 수 없는 삶을 영위할 것이다.[10]

셋째, 소크라테스는 모든 사람에게 우리가 살아 있는 동안 정말 관심을 가지고 실천해야 할 일은 오직 '영혼의 향상'일 뿐이라는 진리를 가르치려고 했다. 우리는 모두 쾌락, 금전, 명예에 연연하지 말고 오직 영혼의 향상을 도모해야 한다. 그것만이 인생의 유일한 희망이다. 블라스토스는 이렇게 말한다.

영혼이란 비록 우리가 24시간밖에 살지 못한다고 해도 마치 영원을 초월한 듯이 관심을 가질 가치가 있다. 만약 우리가 하루밖에 살수 없고, 그 다음에는 백지 이외에는 아무것도 기대할 수 없다고 해도, 소크라테스는 여전히 우리가 우리의 영혼을 향상시킬 필요가 있다고 생각한다. 우리는 영혼과 더불어 하루를 살아야 한다. 만약 우리가 하루를 더욱 훌륭한 자아를 가지고 살 수 있다면, 왜 우리는 그 하루를 더욱 나쁜 자아를 가지고 살아야 하는가?[11]

물론 소크라테스의 가르침은 이상의 세 가지 이외에도 굉장히 많다. 이를테면 그는 공동체의 중요성, 보편성과 특수성의 조화, 영혼불멸 등을 주장하고 가르치려고 했다고 말할 수도 있다. 또한 이상의 세 가지 가르침도 서로 떨어져 있는 것이 아니라 굉장히 상호 연결되어 있다. 이를테면 영혼의 정화를 개인적으로 실천하는 방법이 바로 자신의 무지를 깨닫는 길이며, 그것을 사회적으로 실천하는 방법이 지식과 덕의 동일성을 인식하고 실천하는 길이라고 주장할 수 있다. 그러나 나는 일단 소크라테스의 가르침을 이상의 세 가지로 분류해서 토론하겠다.

4. 소크라테스는 어떻게 가르치려고 했는가

우리는 이상의 세 가지 내용을 보통사람들에게 가르친다는 것이 굉장히 어려울 것이라는 점을 쉽게 예상, 상상할 수 있다. 모든 사람은 어느 정도의 나르시스트적인 요소를 가지고 있어서 자신의 무지를 쉽게 인정하려고 하지 않으며, 특히 현대인은 지식과 실천의 괴리를 잘 알고 있기 때문에 그들을 전혀 동일시할 수 없으며, 끝으로 이 세상에는 영혼의 향상보다 더욱 감미로운 것이 얼마든지 있다고 생각한다. 이제 이 세 가지를 차례로 생각해 보자.

첫째, 우리가 우리의 무지를 자각하려면 우리는 먼저 우리 자신에 대한 반성을 해야 한다. 그러나 대부분의 사람들은 나보다는 너, 우리보다는 그들, 자아보다는 타인, 개인보다는 사회에 관심을 쏟는다. 그리고 가끔 자신을 돌아보는 사람도 심각하게 "반성하지 않는 삶은 살 가치조차 없다"고 믿지 않는다.[12] 그래서 소크라테스 자신도 사람들이 반성하도록 가르치기가 굉장히 어렵다는 사실을 솔직히 인정한다.

> 어떤 사람은 아마 이렇게 말할 것입니다. "소크라테스, 당신은 왜 아테네로부터 은퇴해서 잠자코 있을 수 없는가?" 내가 그렇게 할 수 없는 이유를 당신들에게 이해시키기란 이 세상에서 가장 어려운 일입니다. 그것이 신의 명령을 어기는 것이기에 내가 잠자코 있을 수 없다고 말한다면, 여러분은 내가 진실되지 않다고 생각하고 나를 믿지 않을 것입니다.
>
> 그리고 만약 내가 인간의 우수성을 매일 토론하고 여러분이 지금까지 들어온 내 자신과 다른 사람들을 논박하고 반성하는 문제들을 토론하는 것 이상의 선한 일이란 인간에게 있을 수 없으며, 또한 반성하지 않는 삶은 살 가치조차 없다고 말한다면, 여러분은 더욱 나를 믿지 않을 것입니다. 그러나 그것이 사실입니다, 나의 친구들이여. 비록 내가 여러분을 설득시키기는 쉬운 일이 아니지만.[13]

둘째, 지식과 덕의 동일성을 가르치기는 더욱 어렵다. 우리는 모두 이론과 실천의 차이를 잘 알고 있다. 로마의 시인 오비디우스가 "우리는 더 좋은 길을 알고 있다. 그러나 나쁜 길을 걷는다"라고 말한 이유도 여기에 있다. 특히 이성의 무력함을 적극적으로 주장한 흄 이래의 거의 모든 철학자들, 프로이트 이후의 대부분 정신분석학자들, 그리고 최근의 해체주의자들은 이성적 지식보다 감성적 느낌의 중요성을 잘 알고 있다. 그런데 우리가 어떻게 앎과 함의 동일성을 믿을 수 있 겠는가.

셋째, 소크라테스는 영혼의 향상을 적극적으로 주장했다. "이 세상 에서 가장 위대한 아테네의 시민, 나의 친구여, 당신들은 지성과 권력 에 있어서는 그렇게도 훌륭합니다. 그러나 당신들은 돈을 벌고 명성 과 특권을 신장시키려고 온갖 노력을 경주하면서도, 진리와 지혜를 위하여 그리고 당신의 영혼의 향상을 위해서는 조그만 관심이나 걱정 도 하지 않고 있다는 것을 부끄럽게 생각하지 않습니까?"[14] 소크라테 스의 이 외침은 마치 "사람이 온 세상을 얻고 그의 영혼을 잃는다면 무슨 소용이 있겠는가?"라는 성서의 구절을 연상시키며, 그래서 마이 어(Heinrich Maier)는 소크라테스의 이 외침을 단순한 소크라테스의 철학이 아닌 '소크라테스의 복음'이라고 부르기도 한다.

그러나 보통사람들에게 영혼의 소중함을 가르친다는 것은 그리 쉬 운 일이 아니다. 우선 먹기는 곶감이 달듯이, 일단 우리는 우리들의 감각을 만족시키는 것을 욕망한다. 또한 영혼의 소중함은 일단 영혼 의 존재를 인정하는 것이다. 그러나 소크라테스는 과연 영혼이나 영 혼의 불멸을 증명했는가? 많은 철학자들은 그가 이것을 확실히 증명 했다고 생각한다. 그러나 나는 그렇게 생각하지 않는다. 이 문제는 이 글의 후반부에서 다시 토론될 것이다. 분명히 소크라테스는 철학을 가르치는 작업, 즉 한 마디로 '철학함(philosophizing)'을 자신의 천 직과 소명으로 인식했다. 그래서 그는 "내가 숨을 쉬고 있는 한, 나는 여러분에게 철학을 가르치고, 여러분을 훈계하고, 누구를 만나든지 여러분을 고소하고, 나의 일상적인 방법으로 말하기를 그치지 않겠습 니다"라고 고백한다.[15] 그러나 이것은 결코 쉽지 않은 일이다.

그러나 보통사람들이 그의 가르침을 쉽게 받아들일 수 없는 더욱 중요한 이유는 그의 가르침의 내용뿐만 아니라 그가 가르치는 방식의 독특함에 있다. 그는 어머니가 아이에게 밥을 먹여주듯이 지식과 진리를 가르쳐주지 않는다. 그는 각자 스스로가 무지의 자각을 통해 그것을 스스로 획득해야 하며, 이런 과정의 구체적 방법은 대화를 통하는 길이라고 역설한다.

여기서 각자의 노력과 대화의 방법은 긴밀히 연관되어 있다. 모든 사람은 혼자가 아니라 누군가와의 대화를 통해서만 스스로 진리를 발견할 수 있기 때문이다. 소크라테스가 언제나 시장과 광장에서 수많은 사람을 붙들고 철학 강의를 시도한 이유도 여기에 있다. 언뜻 보기에 논리적으로는 '각자의 노력'과 '대화의 방법'은 서로 상충되는 듯하다. 만약 우리가 각자의 노력으로 진리를 발견할 수 있다면, 왜 우리는 꼭 대화를 해야 하는가? 만약 우리가 대화를 통해 진리를 발견할 수 있다면, 왜 그것은 각자의 노력의 결과인가? 그러나 소크라테스는 이 두 가지를 동시에 주장한다.

첫째로 소크라테스적 방법의 전반부인 각자의 노력부터 고찰해 보자. 소크라테스는 진리 발견의 주체는 '너'가 아닌 '나'라고 역설한다. 나 스스로 깨달아야 한다. 그러나 이런 방식이야말로 참으로 어려운 일이 아닐 수 없다. 그것은 일자무식한 사람에게 피타고라스의 원리를 스스로 깨달으라는 것이며, 돈벌기에 온 신경을 쓰는 사람에게 영혼의 소중함을 깨달으라는 것이며, 알면서 실천하지 못하는 사람에게 자신을 실천하지 못하는 사람일 뿐만 아니라 아는 사람이 아니라는 것을 깨달으라는 것이기 때문이다.

소크라테스가 자신을 산파로 비유한 이유도 여기에 있다. 그는 진리를 건네주는 메신저가 아니다. 진리는 각자 스스로가 발견하는 것이다. 그 과정에서 선생은 학생의 지적 고통을 조금 덜어줄 수 있는 산파에 불과하다. 실제로 그는 테아에테투스가 진리를 발견할 수 없으면서도 그런 시도를 포기할 수 없다고 고백했을 때, "그대는 산고의 고통을 받고 있다. 그대는 비어 있지 않고 곧 출산을 할 것이다"라고 말하기도 한다.[16]

또한 소크라테스가 — 적어도 상식인의 입장에서 볼 때 — 참으로 희한한 회상설(theory of recollection)을 주장한 이유도 여기에 있다. 자유로운 인간의 영혼은 먼 과거에는 모든 진리를 알고 있었으나 육체와 결합함으로써 그 진리를 차츰 망각하게 되었으며, 그러므로 우리가 배운다는 것은 마치 옛날에는 알고 있었지만 이제는 망각한 진리를 각자 스스로가 다시 회상하는 작업이라는 것이다. 야스퍼스는 이렇게 말한다.

> 소크라테스는 지혜를 건네주지 않고 다른 사람이 스스로 발견하도록 만든다. 사람은 자신이 알고 있다고 생각한다. 그러나 소크라테스는 그 사람의 무지를 인식시킴으로써 그가 그의 속에 있는 진정한 지식을 발견하도록 인도한다. 그는 그가 이미 알고 있었던 것을 기적적인 심연으로부터 상승시킨다. 그러면서도 그는 그가 이미 알고 있었다는 것을 모른다. 이것은 바로 모든 사람은 자신 안에 있는 지식을 스스로 발견해야 된다는 뜻이다. 그 지식은 이 사람 저 사람 손으로 건네질 수 있는 상품이 아니라 오직 환기시켜 줄 수 있는 것이다.
>
> 지식이 완전히 드러났을 때 그것은 마치 오래 전에 알았던 일을 다시 회상하는 것과 같다. 철학적 탐구에 있어서 내가 어떤 것을 알지 못하면서도 추구할 수 있는 이유가 여기에 있다. 궤변론자는 이렇게 말한다. "나는 내가 아는 것만을 추구할 수 있다. 만약 내가 알고 있다면 나는 더 이상 그것을 추구할 필요가 없을 것이며, 만약 내가 모른

다면 내가 모른다는 사실을 알지 못하기 때문에 그것을 추구할 수 없을 것이다." 그러나 소크라테스에게 있어서, 철학함이란 내가 이미 알고 있는 것을 추구하는 것이다. 다만 나는 그것을 마치 희미한 옛날의 추억과도 같이 무의식적으로 알고 있으며, 이제 나는 그것을 나의 현재 의식이라는 밝은 빛으로 알기를 원한다. 그러므로 소크라테스의 질문과 반증과 시험은, 사람은 솔직한 사고에 의하여 신의 도움이 있다면 진리에 도달할 것이라는 신념에 의하여 유지된다.[17]

하여간 소크라테스에게 있어서 진리 탐구의 주체는 선생이 아니라 학생이며, 배움은 본질적으로 선생의 행위라기보다는 학생의 행위라고 할 수 있다. 그래서 교양교육자인 다키(William A. Darkey)는 "진리는 선생에게 있지 않고 학생에게 있다"고 선언한다.[18] 그렇다면 이 과정에서 선생이 하는 일은 구체적으로 무엇인가? 그는 어떤 방식으로 산파의 역할을 수행하는가? 그는 아무 일도 하지 않고 그냥 월급만 받는 사람인가? 다시 다키는 이렇게 말한다.

선생은 세 가지 방향에서 학생을 도와줄 수 있다. 첫째로 그는 지식의 잘못된 자만심에서 오는 자족감(the complacency of the false conceit of knowledge)을 학생으로부터 없애줄 수 있고, 둘째로 선생은 이미 지식의 획득이 바람직하다는 사실을 인정한 학생을 더욱 배우고 싶도록 종종 격려할 수 있으며, 셋째로 그는 일단 시작한 학생의 배움을 지도하고 독촉할 수 있다.

그 외에 선생이 할 수 있는 일은 하나도 없다. 언제나 학생에게 배움을 주는 '가르치는 방법'은 없다. 물론 배움에는 선생이 필요하며, 또한 그런 듯하다. 그러나 어느 선생도 배움의 충분 조건이 될 수 없

다. 특히 선생은 문제에 대한 올바른 답변이나 이른바 '진리'를 말함
으로써 학생을 알게 할 수 없다. 그 경우에 학생이 소유하게 되는 것
은 어떤 답변이 옳거나 틀리다는 선생의 말을 기억하는 것뿐이다. 그
러나 기억과 이해는 전혀 상이한 정신 작용이다.[19)]

둘째로 소크라테스적 방법의 후반부인 대화에 대하여 고찰해 보자.
소크라테스에게 있어서 진리는 일방 통행이 아니라 쌍방 통행이다.
예를 들어서 『메논』이라는 대화편에 나오는 어느 노예 소년은 처음에
어떤 수학 문제에 대한 답변을 알고 있다고 확신하다가 선생과의 대
화를 통해 여러 가지 난점을 발견하면서 자신의 무지를 인정한다. 이
와 같이 진리는 오직 대화를 통해 우리에게 나타난다. 대화에 참여하
는 질문자와 답변자는 아직 진리를 모른다. 그러나 진리는 거기에 있
다. 두 사람은 진리의 주위를 빙빙 돌면서 진리의 인도를 받는다. 야
스퍼스는 이렇게 말한다.

지금까지 대화는 아테네인들에게 있어서 일반적인 삶의 형태였다.
그러나 소크라테스는 그것을 하나의 철학적 방법으로 사용함으로써
종래와 다른 성격을 갖게 만들었다. 이제 대화는 단순한 물음과 답변
이 아니라 인간의 영혼을 흥분시키고 괴롭히는 힘을 갖게 되었다. 진
리란 언제나 타인과의 대화를 통해서만 나타나며, 그래서 대화는 진
리를 쟁취하는 유일한 필수조건이 되었다. 그리하여 소크라테스는
타인을 필요로 하고 그는 또 타인이 자기를 필요로 한다고 확신했다.
특히 그에게는 젊은 사람들이 필요했다. 그들을 진정 교육시키고 싶
었기 때문이다.
소크라테스에게 있어서 교육이란 아는 사람이 모르는 사람을 일방

적으로 가르치는 것이 아니다. 교육이란 서로 대화를 함으로써 그 대화 속에 나타나는 진리를 찾는 과정이다. 이런 의미에서 그는 청년들을 돕고 청년들은 그를 돕는다. 그는 그들에게 겉으로 자명한 것같이 보이는 것들 속에서 어려운 점을 발견하게 하고, 때로는 그들을 혼란스럽게 하고, 때로는 강제로 생각하게 함으로써 끊임없이 해답을 추구하고 곁눈질을 못하게 가르친다.[20]

　오늘날 우리는 대화의 중요성을 잘 알고 있다. 그러나 대화란 우리들이 일상적으로 생각하듯이 그리 쉬운 일이 아니다. 그래서 대화의 철학을 제창한 마르틴 부버는 우리들의 대부분의 대화는 실제로 대화가 아니라 독백의 연속일 뿐이라고 말하며, 우리들의 일상적 만남은 정상적 만남(meeting)이 아니라 어긋난 만남(mismeeting)일 뿐이라고 말한다. 컴퓨터와의 만남이 일방적인 정보 전달로 끝날 수 있는 이유도 여기에 있다. 그러면 대화의 난점은 어디에 있는가?

　첫째, 우선 대화에 참여하는 사람은 대화적 방법의 가치를 인정해야 한다. 하느님과의 직접적인 만남을 추구하는 신비주의자, 궁극적 실재에 대한 직접적 경험을 추구하는 개인주의자, 자신의 이익만 추구하는 이기주의자 등은 대화 자체에 대하여 의심을 가지고 있으며, 이런 사람들은 대화의 방법을 선호하지 않을 것이다.

　둘째, 대화적 방법에 어느 정도 기대를 가지고 있는 사람이라도 그 대화의 내용에 대하여 전혀 관심이 없다면, 진정한 대화는 성립할 수 없게 된다. 말을 강제로 시냇물로 끌고 갈 수는 있지만 강제로 물을 먹일 수는 없는 일이다. 대화자들은 그들이 현재 토론하고 있는 문제에 대한 진지한 관심을 가지고 있어야 하며, 또한 어떻게 해서든지 그 문제를 해결하려는 성실한 태도를 가지고 있어야 한다.

셋째, 또한 대화에 참여하는 사람들은 지적 수준이 비슷해야 한다. 내가 유치원생과 칸트의 『순수이성 비판』을 토론할 수는 없는 일이다.

넷째, 대화에 참여하는 사람은 어느 정도 대화의 기술을 마스터한 사람이어야 한다. 상대방의 말을 듣지 않고 자신의 의견만 제시하려는 사람은 "잘 듣는 것이 잘 말하는 것"이라거나 "말하기 전에 두 번 생각하라"는 격언을 배울 필요가 있다.

다섯째, 이상의 모든 문제가 해결되었다고 해도, 우리는 대화의 매개체인 언어의 불완전성을 완전히 극복할 수 없다. 언어는 — 그것이 이상 언어이거나 일상 언어이거나 관계없이 — 항상 불완전하게 마련이며, 그렇게 불완전한 언어를 사용할 수밖에 없는 대화는 항상 우리를 잘못 인도하기 쉽다.

특히 촌철살인의 짤막한 한 마디의 말(one-liner)을 선호하며, 아주 복잡한 내용도 간단하게 요약 정리된 것만 받아들이는 오늘날에 있어서, 대화는 그리 인기가 없다. 본질적으로 대화는 사변적이고 한가한 작업이며, 그래서 그것은 현실적 효용성을 가장 빠른 시간에 얻으려는 현대인에게는 맞지 않는 듯이 보인다. 그래도 우리는 대화를 시도해야 한다. 왜?

> 대화는 우리가 무엇을 생각하고 있느냐를 발견하는 자연적 길이며, 우리가 행동해야 할 원칙들을 발견하는 길이며, 이 원칙들의 함축 의미들을 발견하는 길이다. (중략)
> 물론 대화를 듣거나 읽는 사람은 대화에 나온 모든 점에 동의하지 않을 것이며, 여러 점에서 반대도 할 것이다. 그러나 대화에서 중요한 것은 설득이 아니다. 대화에 참여하는 사람들도 어떤 문제에 대하여

는 서로 동의하지 않을 것이기 때문이다. 그럼에도 대화에 참여하는 사람에게 가장 중요한 점은, 그가 거기에 동의하거나 동의하지 않거나에 관계없이, 그가 이미 진술된 반대 의견에 대한 답변과 반론을 스스로 형성하는 즐거움과 이익을 얻게 되고, 그 문제에 대한 자신의 생각을 발견하고 재발견한다는 것이다.[21]

'자신의 노력'과 '대화의 방법'의 관계에 얽힌 문제가 여기서 모두 해결된 것은 아니다. 우리는 그들의 구체적 역할을 현실적으로 배정해야 하며, 특히 한 쪽으로 치우치기 쉬운 곳에서 양자를 동시에 끌어안으려는 중용의 자세가 필요할 것이다. (다만 우리는 이 두 가지 중에서 어느 쪽도 포기할 수 없다는 사실을 강조하고 싶다.)

그러나 나는 다음 절에서 이 복잡한 문제를 독자의 판단에 맡기고 우리의 주제인 소크라테스의 종교적 의미를 고찰해 보겠다. 그러면 독자는 소크라테스를 종교인으로 만들려는 지금까지의 시도는 완전히 실패했으며, 그럼에도 그는 다른 이유로 분명한 종교인이라고 볼 수 있다는 사실을 알게 될 것이다.

5. 소크라테스는 기독교의 선구자인가

소크라테스는 공자, 석가, 예수와는 달리 종교를 창시하지 않았다. 그러므로 '소크라테스의 종교'는 존재하지 않는다. 다만 우리가 그의 사상이 갖고 있는 종교적 속성을 더욱 발전시키면 그것도 충분히 종교가 될 수 있다면, 우리는 그의 사상을 '소크라테스적 종교'라고 부를 수 있을 것이다. 이런 사실은 마치 분석철학에서 '비트겐슈타인의 종교(Wittgenstein's religion)'는 존재하지 않지만 그의 주된 사상을 종교적으로 해석하려는 '비트겐슈타인적 신앙제일주의(Wittgen-steinian fideism)'는 가능하다는 주장과 비슷하다.

그러나 소크라테스적 종교를 해명하려는 우리의 작업은 그리 만만치 않다. 우선 우리는 소크라테스의 삶과 사상이 어느 정도의 종교적 측면을 가지고 있다는 사실을 인정한다. 그러나 그 '어느 정도'가 정확히 어느 정도인지는 아무도 정확히 말할 수 없다.

분명히 소크라테스는 꿈 해몽, 점, 델포이 신전의 신탁, 영력(靈力, 다이모니온) 등의 지시를 굳게 믿고 있었다. 예를 들어서, 소크라테스는 신적 성격을 가지고 있는 영력은 믿을 만한 안내자로서 그를 피해와 거짓으로부터 떠나도록 경고해 준다고 믿었다. 그리고 이 영력이 주는 경고는 아주 현실적이고 특별하기 때문에 그는 영력의 신호를 유용하면서도 선한 것으로 간주했다. 그리고 그는 영력의 충고가 건전하다는 것을 어떤 의미에서는 알고 있다고 생각했다.

또한 소크라테스는 목숨을 희생하고라도 '철학함'의 임무를 계속해야 된다는 사실을 참인 것으로 확신했다. 그는 그의 철학적 사명이 "그보다 더 현명한 사람은 없다"는 델포이 신전의 신탁에 의해 엄청난 신적 및 도덕적 가치를 가지고 있다고 확신했다. 끝으로 소크라테스는 신이 그에게 명령한 경건한 행위를 자신이 잘 알고 있다고 확신했으며, 그래서 죽음까지도 이 사명을 포기하게 할 수 없다고 믿었다. 그는 철학을 가르쳐야 할 의무가 있다는 것을 잘 알고 있었으며, 그는 배심원들도 그가 신의 명령에 따라 철학을 가르칠 수밖에 없다는 사실을 잘 인식해야 된다고 믿었다.

그러면 우리는 이제 소크라테스가 주장했던 꿈 해몽, 점, 델포이 신전의 신탁, 영력의 지시뿐만 아니라 그가 아테네인들에게 철학을 가르쳐야 할 사명까지도 모두 종교적 신호로 받아들여야 하는가? 혹은 그들은 — 소크라테스 자신이 동시에 강력히 주장한 — 합리성에 반대되는 미신일 뿐인가? 도대체 소크라테스의 합리적, 회의론적 측면은 종교적 측면과 양립할 수 있는가? 즉 소크라테스가 가지고 있던 신념의 두 축인 '변증적 시험(elenctic testing)'과 '초합리적 의미(extrarational signification)'는 공존할 수 있는가? 이 마지막 질문에 대하여 맥퍼란(Mark L. McPherran)은 이렇게 답변한다.

> 소크라테스는 점의 효과를 무조건 무시하는 이지적 형태를 옹호하지 않는다. 그러나 그는 동시에 점 보는 관행을 액면 그대로 받아들이지 않는다. 오히려 그는 신은 신탁이나 점을 통해 인간에게 어떤 신호를 준다는 전통적 견해를 수용하면서도, 다른 한편으로는 엉터리 전통적 해석은 그 신호를 해석하고 테스트하는 엄격한 합리적 및 변증적 방식을 통과해야 한다고 주장한다.[22]

물론 이런 답변은 모든 종교가 종교성과 합리성을 동시에 가지고 있다는, 혹은 동시에 가질 수 있다는 전제를 가지고 있다. 즉 소크라테스의 역설은 초이성적인 측면을 인정하면서도 인간 이성을 무시하는 것이 아니라 오히려 그것을 더욱 자극시킨다는 전제를 가지고 있다.

그래서 소크라테스 철학의 권위자인 블라스토스(Gregory Vlastos)는 이렇게 말한다. "소크라테스는 전적으로 역설이다. 다른 철학자들은 역설에 대하여 말한다. 그러나 소크라테스는 그렇게 하지 않는다. 소크라테스의 역설은 소크라테스 자신이다. 그러나 그의 그리스적 역설은, 그 후에 나온 스칸디나비아 · 독일 · 프랑스의 역설과는 달리, 인간 이성을 패배시키지 않고 그것을 자극하려고 한다." 그러나 많은 종교인들은 종교의 본질을 초합리성 혹은 반합리성에서만 찾는다.

우선 역사적으로 고찰해 보자. 이상하게도 소크라테스의 제자들은 그가 죽은 다음에 소크라테스에 대한 각기 다른 이미지를 들고 나오면서 자신의 소크라테스가 진짜 소크라테스라고 주장했다. 그의 죽음을 계기로 해서 시작된 이런 '소크라테스적 전통'의 다양성은 오늘날까지 계속되고 있으며, 그래서 오늘날에도 소크라테스에 대하여는 여러 가지 각기 다른 견해가 있다.

그 중에도 우리는 소크라테스를 원조로 내걸면서 나타난 고대의 몇 개 학파를 알고 있다. "크세노폰 학파는 다만 소크라테스의 외면적인 것만을 기록하면서도 그들이 개발한 독특한 사고 형태를 가지고 있었다. 유크리트로 대표되는 메가라 학파는 논리학과 논쟁술을 개발하여 논리적 오류를 잘 지적했는데, 그 중에도 디오도루스 크로누스는 가능성의 개념에 포함된 역설을 지적했다. 또한 파이돈으로 대표되는 엘레아 학파는 변증법적 탐구를 계속했으며, 안티스테네스로 대표되는 시니어 학파는 교육과 문화의 중요성을 강조하면서 자족(自足)과 마음의 중요성을 강조했는데, 우리에게 잘 알려진 통 속의 디오게네스도 이 학파에서 나왔다. 그리고 시리아 학파는 오히려 자연적 윤리설과 쾌락설을 개발했다." 소크라테스의 이런 변신은 그 후에도 끊임없이 지속되었다.

기독교 교부들에게 있어서 소크라테스는 최초의 순교자였다. 기독교 순교자들과 같이 소크라테스는 그의 신념을 위해 죽었으며, 전래 종교에 대한 불경죄로 기소를 받았다. 어느 경우에 그는 그리스도와도 비교되었다. 소크라테스와 예수는 다같이 그리스 종교를 반대했기 때문이다. 그리하여 타티아노스는 "오직 하나의 소크라테스가 있다"고 말했으며, 오리게네스는 두 사람 사이에서 공통적인 근거를 찾아냈다. 특히 테오도로스는 소크라테스의 비지식(非知識)에 대한 통찰이 신앙의 길을 열어준다고 주장했다. "소크라테스가 말하는 자기 지식(self-knowledge)은 하느님에 대한 지식으로 인도하는 길이다. 그는 인간이 하느님에게 접근할 수 있는 길은 지상의 모든 정열을 초월한 순수한 정신이라는 사실을 이미 알고 있었다." (중략)

초대 기독교 시대에 소크라테스와 고대 철학은 삶의 일부였다. 그러나 중세에 들어와서 소크라테스의 이름은 빛을 잃었다. 그러나 여기저기에 산발적으로 언급된 이름 중에서는 예후다 할레비(Yehuda Halevi)를 들 수 있는데, 그는 소크라테스를 가장 완전한 인간의 지혜를 가진 대표자지만 하느님의 지혜는 가질 수 없는 사람으로 보았다.

르네상스에 들어와서 소크라테스는 고대 철학의 부흥과 더불어 다시 활기를 찾게 되었다. 에라스무스는 "성스러운 소크라테스여, 우리를 위해 빌어 주소서"라고 외쳤고, 몽테뉴는 소크라테스적 사고를 인간이 편안히 죽을 수 있는 길을 가르쳐주는 자연주의와 회의주의로 해석했다. 계몽 시대에 들어와서 소크라테스는 윤리의 자유를 외치는 독립적인 사상가가 되었다. 그리하여 멘델손은 그를 하느님의 존재와 영혼 불멸을 증명할 수 있는 길을 열어준 도덕인의 모범으로 보았다.[23]

그러나 소크라테스를 기독교의 선구자나 기독교적 순교자로 보려는 이런 시도는 별로 성공적이지 못했는데, 소크라테스를 이렇게 만든 과업에 쐐기를 박은 사람으로는 단연 키에르케고르를 들 수 있다. 소크라테스의 아이러니에 대한 논문으로 학위를 받았으며, 소크라테스의 사상을 가장 깊게 이해하고 또한 그의 교육 방법을 구체적으로 자신의 저작에서 실천했던 키에르케고르는 '삶의 세 단계'를 설명하면서 소크라테스를 '종교적 단계'가 아닌 '윤리적 단계'의 대표자로 묘사했다. 즉 소크라테스는 인간 중에서는 참으로 가장 훌륭한 교사지만 기독교의 정수까지는 이해하지 못했던 사상가라는 것이다.

우리는 모두 소크라테스적 가르침을 따라야 하지만 결국 우리는 그 단계를 '이것이냐? 저것이냐?'는 신앙의 도약으로 뛰어넘어야 한다는 것이다. 즉 인간이 인간의 노력으로 자신을 구원하려고 노력하는 한 우리는 절대로 구원을 얻을 수 없으며, 오직 우리의 모든 노력을 하느님께 내맡기는 절대적인 복종에 의해서만 인간의 구원은 성취될 수 있다는 것이다.[24] 이런 입장에서 볼 때 소크라테스는 아직도 종교인이 될 수 없다.

또한 소크라테스는 평생 영력의 소리를 믿고 살아 왔다고 고백한다. 그래서 무지의 자각과 신의 존재에 대한 믿음과 영력에 대한 확신을 소크라테스의 3대 삶의 본질로 규정한 야스퍼스는 이 영력을 기독교의 신과 동일시하면서 이렇게 말한다.

소크라테스는 이성이 구체적이며 독특한 상황에서 언제나 우리에게 해답을 줄 수 있다고는 믿지 않았다. 우리는 신의 도움을 받는다. 그러나 신은 인간이 잘 이해하지 못하면서도 무조건 복종해야 하는 한계성을 가지고 있다. 소크라테스는 이렇게 말한다. "어릴 때부터 위기의 순간을 맞을 때마다 내게 메시지를 전달해 준 영력(靈力)의 소리는 언제나 내가 하고자 하는 일을 금지시켰을 뿐이며, 내게 어떤 일을 하라고 직접 명령하지는 않았다." 예를 들어 이 영력의 소리는 그가 정치계로 나서려고 할 때 그를 제지시켰으며, 그를 배반했던 학생이 다시 찾아와 예전의 관계를 회복시키기를 원했을 때 어떤 경우에는 반대했고 어떤 경우에는 반대하지 않았다.

재판을 받는 동안 이 소리는 침묵을 지켰으며, 소크라테스는 이 사실을 고무적으로 받아들였다. "지금까지 이 신의 힘은 조그만 일까지도 간섭해 왔다. 이제 여러분이 알다시피 내게는 아마도 마지막이며 가장 악한 죽음이 올지도 모른다. 그러나 오늘 아침 내가 집을 떠날 때, 법정으로 걸어올 때, 그리고 내가 지금 이야기할 때, 나는 신의 소리를 듣지 못했다. 내가 하려는 일이 선하지 않고 나쁜 일이라면 반드시 반대의 소리가 들렸을 것이다. 나 이전에 누가 이와 같은 영력의 소리의 혜택을 받았는지는 잘 모르겠다."[25]

그러나 소크라테스가 믿고 살았다는 영력 혹은 신령을 기독교의 신과 동일시하는 것은 전혀 근거가 없는 듯이 보인다. 우선 영력은 소크라테스에게 구체적인 행동 방향을 제시하지 않는다. 다만 그가 잘못 행동할 때만 안 된다고 말할 뿐이다. 이런 의미에서 소크라테스의 영력은 모든 사람이 가지고 있는 '양심'과 비슷하다. 그러나 기독교의 신은 부정과 긍정을 동시에 행사한다. 악한 사람에게는 벌을 주고 선한 사람에게는 상을 준다. 그래서 철학자들도 소크라테스의 영력의 정확한 위치에 대하여는 별반 토론조차 하지 않고 있는 실정이다. 야스퍼스는 이렇게 말한다.

그 소리가 지식을 주지는 않는다. 명백한 행동 방향을 제시하지도 않는다. 단지 안 된다고 말할 뿐이다. 소크라테스는 이 소리를 이해하려고 노력하지 않고 무조건 따랐다. 그것은 객관적인 권위가 아니지만 말로 표현할 수 없을 정도의 권위를 가지고 있다. 그리고 그 소리는 남의 행동에는 적용되지 않고 소크라테스의 행동에만 적용된다.

그의 행동을 정당화시키기 위해 그 소리를 아무 때나 끌어낼 수도 없다. 그것을 하나의 힌트로 받아들일 뿐이다.[26]

분명히 소크라테스는 영력을 신의 신호로 받아들인다. 그러나 그 내용이 정확히 무엇인지는 결코 확실하지 않다. 그래서 야스퍼스는 일단 그것을 기독교의 계시와 동일시하면서 그들의 차이점을 서술하려고 하며, 맥퍼란은 영력이 보낸 신호의 종교적 측면과 이성적 측면을 동시에 인정하려고 한다.

이런 상황에서 우리가 영력의 힘을 통해 소크라테스적 종교를 인정해야 되느냐는 문제는 결코 쉬운 일이 아니다. 만약 우리가 — 그것의 정확한 속성이 무엇이든지 간에 — 영력의 존재 자체를 인정하는 것이 곧 그것의 종교성을 인정하는 것이라면, 분명히 소크라테스적 종교는 가능할 것이다. 그러나 만약 소크라테스의 영력이 종교적 의미를 함유하려면 그것의 속성이 기독교의 계시와 동일하거나 적어도 비슷해야 된다고 우리가 믿는다면, 우리가 추구하는 소크라테스적 종교의 실체는 영원히 찾을 수 없을 것이다.

이제 우리는 소크라테스를 기독교의 선구자로 보려는 견해는 기독교인들의 견강부회적인 발상이라고 결론 내려야 한다. 만약 이상의 이유가 전부라면, 소크라테스는 기독교뿐만 아니라 거의 모든 종교의 선구자로 인정될 수 있기 때문이다.

6. 소크라테스는 영혼 불멸을 믿었는가

소크라테스를 종교인으로 보는 가장 강력한 논증은 그가 분명히 큰 관심을 보였던 영혼의 존재에 대한 그의 담론, 그리고 그 영혼은 영원히 죽지 않는다는 영혼 불멸설, 끝으로 그런 영혼이 살 수 있는 내세에 대한 소크라테스의 신념에 있다는 주장이 있다. 이미 말했지만 소크라테스는 영혼의 향상을 그의 가장 중요한 가르침으로 제시했으며, 그가 죽는 마지막 순간까지 제자들과 토론했던 주제는 바로 영혼에 관한 것이기 때문이다. 그래서 데츠로는 "네 자신을 알라"는 경구는 단순히 지나치지 말라는 중용의 처세술이 아니라 "너의 영혼을 생각하라"는 뜻이며, 이런 사상은 이미 인도의 『우파니샤드』에도 나온다고 말한다.

논리적으로 볼 때, 소크라테스의 상기설(想起說)은 전생을 전제로 해서만 설명될 수 있다. 전생이 없었다면 망각할 진리도 없었을 것이며, 망각된 진리가 없다면 다시 회상할 진리도 없을 것이다. 물론 그 전생은 한 번일 수도 있고 수많은 전생일 수도 있다. 하여간 이런 전생을 배경으로 해서만 그의 회상설은 의미를 갖게 되며, 이런 뜻에서 우리는 소크라테스가 전생과 금생에서의 영혼의 실재를 굳게 믿고 있었다고 말할 수 있다.

그러면 소크라테스는 전생과 금생뿐만 아니라 내생도 믿고 있었는가? 이 질문에 대하여 많은 사람들은, 만약 전생이 있다면 당연히 후생도 있어야 한다고 믿는다. 그러나 거기에는 어떤 논리적 필연성도 없다. 한 번 혹은 수많은 삶이 금생으로 완전히 끝나지 말아야 할 이유는 전혀 없다. 물론 대부분의 보통사람들은 직선적인 시간관을 가지고 있기 때문에 전생, 금생, 후생을 연속적인 개념으로 생각한다. 그러나 다시 말하지만 우리가 — 내세가 확실히 증명되지 않는 한 — 꼭 그렇게 생각해야 될 필요는 없다.

그러면 소크라테스는 전생과 금생의 영혼의 존재를 굳게 믿으면서도 내세를 부인하고 내세의 영혼의 존재를 부인하는가? 그렇지는 않다. 그는 내세가 존재할 수도 있고 존재하지 않을 수도 있다는 불가지론의 입장을 취하면서, 어느 경우라도 다 좋다고 주장한다. 그가 선한 사람에게는 절대로 악한 일이 일어날 수 없다고 주장하는 이유도 여기에 있다. 즉 우리가 꼭 영혼 불멸을 믿어야 영혼의 향상을 도모할 수 있는 것은 아니며, 우리의 죽음과 더불어 모든 것이 끝난다고 해도 우리는 여전히 죽는 순간까지 영혼의 향상을 도모해야 하며, 또한 그렇게 할 수 있다는 것이다. 맥퍼란은 소크라테스의 이런 영혼관을 '제한된 불가지론(a qualified agnosticism)'으로 설명한다.

　　소크라테스에게 영혼이란 무엇인가? 이 질문은 굉장히 중요하지만 학자들 사이에 정확한 합의가 있는 것은 아니다. 그러나 대부분의 학자들은 소크라테스가 다음의 견해를 주장했거나 적어도 수용했다고 말한다. 즉 영혼은 사후에도 파괴되지 않으면서 다른 영역에 계속 존재한다는 견해다. 그러나 이런 주장을 뒷받침할 수 있는 증거는 없다. 그러므로 만약 우리가 그에게서 어떤 종말론적 입장을 찾으려면, 우리는 『변론』에 나타난 죽음에 대한 그의 논증 등을 모두 고려해야 하는데, 여기서 나온 가장 그럴듯한 의견은 제한된 불가지론이다.[27]

　그러면 맥퍼란이 주장하는 제한된 불가지론이란 무엇인가? 그에 의하면, 소크라테스는 전통 종교와 도덕을 그대로 받아들이려는 측면과 그것들을 합리적으로 개혁해야 된다는 측면을 동시에 가지고 있으며, 이런 이중성은 결국 회의론적 절제(skeptical restraint)와 종교적 참여(religious commitment)의 기묘한 혼합을 이룬다는 것이다. 즉 소크라테스는 합리성과 초합리성을 모두 가지고 있다는 것이다.
　여기서 나오는 결론은 무엇인가? 그것은 바로 우리가 소크라테스의 영혼 발전론을 받아들이기 위해 우리가 꼭 영혼 불멸설을 받아들여야 하는 것은 아니라는 사실이다. 우리의 영혼이 죽음과 더불어 완전히 무(無)의 심연으로 빠진다고 해도, 우리는 우리의 마지막 날을 영혼의 향상을 위해 소비해야 한다는 주장은 그대로 성립될 수 있다는 것이다. 블라스토스는 이렇게 말한다.

> 우리는 영혼 불멸설을 믿을 필요가 없다. 소크라테스 자신은 그것을 믿고 있는 듯하다. 그러나 그는 자신의 이런 신념에 대한 논증을 제시하지 않는다. 그는 『변론』에서 만약 영혼이 불멸한다면, 즉 영혼이 그의 모든 지적 능력을 하데스(Hades)로 끌고 가서 아무런 방해도 받지 않고 소크라테스적 논증을 계속할 수 있다면, 그것이야말로 얼마나 행복하겠느냐고 상상한다. 소크라테스는 이런 삶은 그에게 '말할 수 없는 행복'을 줄 것이라고 말한다. 그러면서도 그는 이것이 영혼 불멸을 믿어야 할 훌륭한 이유라거나 다른 이유가 있다고 말하지 않는다.
>
> 동시에 그는 또 다른 대안을 제거해야 된다고도 말하지 않는다. 죽음은 의식의 완전한 소멸일 수 있으며, 만약 그것이 사실이라면 어떤 일도 선한 사람을 두렵게 하거나 그에게 '영혼에 대한 관심'을 단념시킬 수 없다는 것이다.[28]

이런 주장은 우리가 소크라테스가 가르치려 했던 무지의 자각을 어떻게 해석하느냐는 문제와 밀접히 연관되어 있다. 즉 그것을 적극적으로 해석하느냐 혹은 소극적으로 해석하느냐는 문제다. 전자는 소크라테스의 무지의 지 자체가 하나의 지식이라고 주장하고, 후자는 그것이 지식으로 인도하는 필연적인 과정일 뿐이라고 본다. 나는 후자를 지지한다. 소크라테스 스스로가 본인을 모르는 사람이라고 천명하고 있기 때문이다.

여기서 우리는 자신이 진리의 '창시자'가 아니라 진리의 '전달자'일 뿐이라는 공자의 주장을 심각하게 받아들여야 한다.[29] 이와 마찬가지로 우리는 자신이 '아는 사람'이 아니라 '모르는 사람'이라는 소크라테스의 주장을 심각하게 받아들여야 한다. 물론 여기에는 "모르는 사람이 어떻게 다른 사람의 무지를 그렇게도 정확하게 지적할 수 있는가?"라는 질문이 제기된다. 그러나 소크라테스의 변론들을 자세히 관찰하면, 우리는 그가 상대방이 제시한 논증의 불충분성과 비일관성을 예리하게 지적하면서도 거기에 대한 정답을 한 번도 제시하지 않았다는 사실을 발견한다. 결국 그는 내세와 영혼 불멸의 문제를 그냥 열린 질문으로 제시하면서, 어느 경우를 당해도 인간이 마땅히 해야 할 과업을 가르치려고 노력했던 것이다. 야스퍼스는 이렇게 말한다.

소크라테스는 스스로 인정하듯이 지혜를 가지고 있지 않다. 그러므로 그가 단순히 질문만 한다고 비난하는 사람들은 옳다. "신은 나에게 산파가 되기를 강요하신다. 그러나 나에게 출산을 허용하지 않는다."

처음 그와 대화를 하는 사람들은 그저 더욱 무지하게 되는 것 같다. 그러나 이것은 그들이 거짓된 지식으로부터 해방되기 때문이다. 그러므로 "신이 그들에게 은혜스럽기만 하다면, 그들은 모두 놀랄 만한 발전을 이룩한다. 그러나 그들이 나로부터 아무것도 배우지 않았다는 것은 명백한 일이다. 그럼에도 그들의 진리 탄생은 나와 신에게 빚지고 있다."[30]

소크라테스가 엄청난 비난을 받게 된 이유도 여기에 있다. 젊은 시절에 궤변론과 자연철학에 탐닉했던 그는 끈질기게 질문을 던진다. 그래서 그의 질문을 받은 사람은 당황하게 마련이다. 그러면서도 그는 아무런 해답을 주지 않는다. 그가 제기하는 요구들은 혼란, 열등의식, 분노, 증오를 일으킨다. 그래서 히피아는 소크라테스에게 "당신은 언제나 사람들을 비웃고 시험하면서도 자신의 답변이나 의견을 한 번도 주지 않는다"라고 불평하기도 한다.[31] 하여간 소크라테스는 내세와 내세의 영혼 불멸의 문제에 대해서도 자신의 정확한 입장을 발표하지 않았다.

여기서 독자는 '영혼'이라는 개념 자체가 불멸의 뜻을 그 속에 포함하고 있으며, 소크라테스가 영혼의 문제를 토론했다는 것은 그가 영혼의 불멸을 이미 당연한 사실로 받아들이고 있는 것이라고 주장할 것이다. 그러나 이런 주장은 소크라테스가 지금까지 사용해 왔던 초세상적, 초월적, 내세적 의미를 가진 존재로서의 영혼보다는 새로운 의미의 '영혼'을 사용했다는 사실을 무시한 것이다. 한 마디로 소크라테스에게 있어서 영혼은 반드시 초월적이 아닐 수 있다. 블라스토스는 이렇게 말한다.

　　나는 서양 전통과 그와 못지않게 그리스 전통에서도 깊게 뿌리박고 있는 '영혼'이라는 단어에 대한 초세상적 연상 관념(the other-worldly associations)에 의해 착각당하지 말라는 경고를 첨부하고 싶다. 소크라테스가 '영혼'이라는 단어를 새롭게 사용한 부분이 있다면, 그것은 그 단어의 의미를 아주 좁혀서 사용한 것이다. 즉 그는 모든 초세상적 기원이나 운명을 가진 것은 — 만약 그런 것들이 존재한다면 — 확실하지 않으며, 모든 물리적 혹은 형이상학적 구조도 — 만약 그런 것들이 존재한다면 — 역시 확실하지 않은 어떤 것들에 한정해서 이 어휘를 사용한 것이다. 그래서 소크라테스에게 있어서 신학적 영혼과 반신학적 영혼의 문제, 혹은 신비적 영혼과 물리적 영혼의 문제 등은 아무런 의미가 없게 된다. 소크라테스의 복음은 도그마 없는 복음(gospel without dogma)이다.[32)]

만약 이런 주장이 옳다면, 소크라테스가 전생과 금생의 영혼의 존재를 확신했다고 말할 때, 우리는 그가 '영혼'을 꼭 초인간적, 초세상적, 초월적 의미로 사용한 것이 아니라는 점을 발견하게 된다. 영혼이란 그에게 인간이 마땅히 해야 할 도리, 모든 인간의 본질적 의무, 사람을 사람답게 만드는 어떤 것일 뿐이다.

이렇게 보면, 우리는 이제 소크라테스가 내세와 영혼 불멸을 확신하고 있었기 때문에 그를 종교인으로 보아야 한다는 주장은 별로 설득력이 없다고 말해야 한다. 분명히 그는 내세와 영혼 불멸을 반대하지 않았다. 그러나 그는 그것을 적극적으로 찬성하지도 않았다. 그것은 그가 죽는 순간까지도 열린 문제였다.

7. 소크라테스는 종교인이 아닌가

나는 지금까지 '소크라테스적 종교'의 가능성을 주장하는 몇 가지 논증의 근거와 그 근거의 불충분성을 지적했다. 첫째로 소크라테스의 삶과 죽음이 예수와 비슷하다는 일부 기독교인들의 주장은 지나친 자기 위주의 주장일 뿐이다. 대부분의 기독교인들은 — 키에르케고르가 생각했듯이 — 소크라테스를 '하느님의 아들'이 되지 못한 훌륭한 '사람의 아들'일 뿐이라고 믿고 있다. 둘째로 소크라테스가 영력의 신호를 철석같이 믿고 있었던 것은 사실이지만, 우리는 그 영력의 실체를 정확히 파악할 수 없다. 그러므로 예를 들어서 영력을 기독교의 계시와 동일시하려는 시도는 전혀 근거가 없다. 다시 말하지만, 부정의 목소리만 가지고 있는 영력은 일단 부정과 긍정의 목소리를 동시에 가지고 있는 기독교의 계시와는 동일시될 수 없다. 셋째로 내세와 영혼불멸에 대한 소크라테스의 입장도 그리 확정적이지 않다. 비록 자신은 영혼 불멸을 철석같이 믿으면서도, 그는 영혼의 문제를 끝까지 열린 문제로 제시했을 뿐이다.

그러면 우리는 이제 위의 세 가지 논증의 불충분성에 의해 소크라테스적 종교는 불가능하다고 결론 내려야 하는가? 그리고 우리는 그를 '종교인이 되지 못한 철학자'로만 취급해야 하는가? 나는 그렇게 생각하지 않는다. 오히려 나는 다른 이유에 의하여 소크라테스적 종교는 분명히 가능하다고 믿으며, 한 걸음 더 나아가서 우리는 소크라테스 자신을 완벽한 종교인으로 볼 수도 있다고 믿는다.

여기서 우리는 이렇게 생각하기 쉽다. 그렇다면 우리는 먼저 종교의 정의를 명확히 내리고, 그 기준에 따라 소크라테스가 진정 종교인인지 혹은 아닌지를 결정해야 한다고. 즉 우리는 "종교에 대한 명명백백한 정의를 먼저 내리고, X를 거기에 비추어 보면 그것의 종교 여부를 알 수 있을 것이라고 생각한다. 마치 진정한 사랑을 먼저 정의하고, 어떤 사람의 사랑 행위가 거기에 비추어 보면 그것이 진정한 사랑인지 혹은 거짓 사랑인지를 알 수 있을 것이라고 믿듯이. 이런 '정의에 의한 설명'은 문제를 해결할 수 있는 가장 빠르고 확실한 길같이 보인다."[33]

그러나 우리는 이런 쉬운 방법은 실제로 존재하지 않는다는 것을 잊지 말아야 한다. 도대체 누가 사랑, 평화, 종교와 같은 추상 명사를 모든 사람이 쉽게 이해하고 동의하도록 정의할 수 있겠는가. 그런 정의에 의한 설명은 — 라일의 표현을 빌리면 — '기계 속의 유령'을 찾는 일과 다름이 없다. 원시인은 어려운 수학 문제를 척척 풀어주는 계산기 속에 마치 천재적인 유령이 존재한다고 믿기 쉽다. 그러나 그런 유령은 존재하지 않는다.

그러므로 소크라테스나 공자나 어떤 사람이 과연 종교인인지를 결정하려면, 우리는 명사로서의 '종교' 보다는 형용사로서의 '종교적'이라는 쪽에 관심을 기울여야 한다. 즉 그의 사상과 삶이 어느 정도 종교적이냐에 따라서 우리는 느슨하게나마 그의 종교인 여부를 결정할 수 있을 것이다. 그러면 어떤 면에서 소크라테스를 종교인이라고 할 수 있는가?

누가 종교인인가? 물론 그는 종교적 진리를 추구하는 사람이다. 그렇다면 종교적 진리란 무엇인가? 나는 이미 제5강좌에서 진리의 네 가지 속성을 지시했다. 첫째로 종교적 진리는 그것을 소유한 사람에게 땅보다는 하늘, 일상보다는 초일상, 내재보다는 초월을 삶의 목표로 하도록 권고한다. 지구 중심적이기보다는 태양 중심적으로 만든다. 둘째로 종교적 진리는 그것을 소유한 사람에게 무한한 자유와 절대적 평안을 준다. 죽음까지도 그의 평안을 앗아갈 수 없다. 셋째로 종교적 진리는 실천된다. 이웃 사랑과 세계 사랑으로 외화(外化)되지 않은 진리는 아직 진리가 아니다. 넷째로 종교적 진리는 언제나 비폭력을 권장한다. 비록 내가 비폭력을 고수하다가 폭력에 의해 목숨을 버릴지라도.

이제 소크라테스의 삶을 이 네 가지 측면에서 고찰해 보자. 첫째로 그는 지구 중심적이 아니라 태양 중심적이었다. 그는 모든 아테네인에게 철학함의 진수를 보여주려고 했다. 그는 수사학을 가르치면서 돈을 받지 않았으며, 명예를 얻기 위해 고군분투하지 않았다. 그의 삶은 초일상성 그 자체였다. 둘째로 소크라테스는 죽음 직전까지도 온전한 평안을 누리고 있었다. 사람은 하루를 살아도 '영혼의 향상'을 위해 살아야 하고, 선한 사람에게는 어떤 경우에도 악한 일이 일어날 수 없다고 믿었기 때문이다. 셋째로 '철학함'으로 표현된 진리는 소크라테스의 삶 속에서 실천되고 있었다. 그가 죽는 순간까지 제자를 가르치려고 최선을 다한 이유도 여기에 있다. 넷째로 소크라테스는 폭력적인 재판의 결과에도 그대로 승복한 비폭력주의자였다. 누가 감히 이런 소크라테스를 종교인이 아니라고 주장할 수 있겠는가.

물론 일상적 지식과 종교적 진리의 구별이 언제나 확실한 것은 아니다. 그들은 서로 얽히고 설켜 있다. 그러나 그것이 어느 사람에게 죽음까지도 초월한 절대적 평안을 줄 수 있다면, 그리고 그것이 죽는 순간까지 실천되고 있다면, 우리는 일단 그가 단순한 지식이 아닌 어떤 종교적 진리를 가지고 있다고 ─ 더욱 정확히 말해서 그는 종교적이라고 ─ 보아야 할 것이다. 『파이돈』에 기록된 소크라테스의 최후의 장면을 읽어 보라. 이 얼마나 의연하고 평화로운 죽음인가. 우리가 이런 사람을 종교인으로 보지 않는다면, 도대체 누구를 종교인으로 볼 수 있을 것인가.

8. 맺음말

나는 이 글에서 소크라테스를 종교인으로 보려는 세 가지 전통적 논증을 반박하고, 전혀 다른 이유를 근거로 해서 그를 종교인으로 보아야 한다고 주장했다. 우리는 이 과정에서 어떤 사람의 사상이 종교적이거나 그의 사상에서 태어난 신념 체계가 종교가 되려면, 그것은 우선 기독교적이거나 기독교와 비슷해야 된다고 생각해 왔다. 예를 들어서 소크라테스의 삶과 죽음이 마치 예수와 비슷하다거나, 그가 평생 믿었던 영력의 소리는 하느님의 계시와 비슷하다거나, 소크라테스도 기독교인들과 마찬가지로 영혼 불멸을 믿었기 때문에 종교인이 될 수 있다고 보는 견해가 모두 여기에 속한다. 즉 어느 신념 체계의 종교성 여부는 바로 그것이 기독교와 어느 정도 유사한가라는 기준으로 판단할 수 있다고 가정한다. 그러나 이것은 엄연히 존재하는 지구상의 다종교 상황을 무시한 기독교인의 독단에 불과하다. 이런 입장은 결국 기독교 이외의 모든 종교는 종교가 아니거나 낮은 차원의 종교일 뿐이라는 결론을 함유하기 때문이다.

더 나아가서 소크라테스가 영혼 불멸을 확실히 믿고 있었으며, 그래서 그는 평안하게 죽을 수 있었다고 가정하자. 그러면 이 경우에 그가 믿었던 영혼 불멸설은 기독교의 내세관과 완전히 일치하는가? 비록 그렇게 믿는 기독교인들이 전혀 없는 것은 아니지만, 나는 이 질문에 대한 정확한 답변은 아무래도 부정적일 수밖에 없다고 생각한다.

일반적으로 내세에 대한 이론은 크게 세 가지로 나눌 수 있다. 첫째로 육체는 죽음과 함께 사라지지만 영혼은 영원히 존재한다는 플라톤의 영혼 불멸설(theory of the immortality of soul)이 있고, 둘째로 인간의 육체와 영혼은 완전히 죽었다가 다시 살아난다는 기독교의 부활설(theory of resurrection)이 있고, 인간의 카르마가 다시 다른 육체를 취하게 된다는 인도의 환생설(theory of reincarnation)이 있다. 이들은 전혀 상이한 이론들이다. 그러므로 소크라테스가 영혼 불멸을 믿었기 때문에 종교인이 될 수 있다고 주장하는 사람은 기독교의 내세관 자체를 오해한 사람이다. 논리적으로 영혼 불멸설과 부활설은 절대로 공존할 수 없으며, 실제로 기독교의 내세관은 영혼의 불멸설이 아니라 (육체나 영혼의) 부활설이기 때문이다.

소크라테스는 종교를 만들지 않았다. 그러나 그는 진정한 종교인이었다. 제도 종교를 초월한 종교인이었다.

[주]

1) 모리모토 데츠로, 양억관 역, 『소크라테스 최후의 13일』, 푸른숲, 1997, pp. 40-41.
2) Cf. 크세노폰(Xenophon, 기원전 430-350)은 소크라테스와의 직접 경험을 토대로 해서 소크라테스를 변호하는 *Memorabilia*를 집필했다. 그러나 "그가 그린 소크라테스는 플라톤이 그린 소크라테스에 비하여 활기가 적으며, 소크라테스의 역설을 변호하는 방식도 그리 인상적이지 않다. 이런 차이점은 플라톤과 그의 동료들 사이의 문학적 자질과 철학적 이해의 차이점을 나타내 준다. 그러나 우리가 크세노폰의 기록을 배척할 필요는 없다. 비록 많은 학자들이 그의 정직성을 공격하고 있지만, 크세노폰이 그린 소크라테스는 플라톤과 같은 '소크라테스적 학자들'이 얻어들은 표절에서가 아니라 자신과 그의 친구들의 직접 증언을 토대로 해서 작성한 것이기 때문이다."
"크세노폰이 그린 소크라테스는 그가 실패했다는 점에서 오히려 신빙성을 갖는다. 그는 소크라테스를 강력한 도덕적 성격을 가진 사람, 당시 사회에서 이타심과 자기 절제를 강조한 혁명적 도덕 원칙의 스승으로 보았지만, 소크라테스의 견해가 가지고 있는 철학적 의미를 절반밖에 이해하지 못했으며, 소크라테스를 완전히 이해하려면 우리는 플라톤을 참고해야 한다." G. B. Kerferd, "Xenophon," 『철학 백과사전』.
3) Karl Jaspers 외, 황필호 역, 『소크라테스, 공자, 석가, 예수, 모하메드』, 강남대, 2004, p. 23.
4) 金森誠也, 김하림 역, 『철학자의 사생활』, 열린책들, 1986, p. 63.
5) 모리모토 데츠로, 앞의 책, pp. 166-167.
6) T. Z. Lavine, 문현병 외 역, 『소크라테스에서 사르트르까지』, 동녘, 1993, p. 22.
7) Jaspers, 앞의 책, p. 43.
8) Lavine, 앞의 책, pp. 22-23.
9) 같은 책, p. 32. Cf. 이런 농담이 있다. 어느 궤변론자가 자기에게 1년만 수사학을 배우면 어떤 사람과 재판을 해도 이길 수 있도록 해주겠다고 약속하고 학생을 가르쳤다고 한다. 요즘 말로 '책임 보증 지도'가 되겠다. 그런데 1년 동안 배운 학생이 수업료를 내지 않으면서 이렇게 말했다. "나는 어차피 돈을 낼 필요가 없다. 만약 내가 재판에서 이긴다면, 나는 그 재판의 결과에 따라서 당연히 수업료를 지불하지 않을 것이다. 만약 내가 재판에서 진다면, 그것은 원래의 약속을 위반한 것이다. 당신에게 1년만 수사학을 배우면 누구와 재판을 해도 이긴다고 했는데, 현재 나는 이 재판에서 당신에게 패배했기 때문이다." 그러자 선생은 다시 이렇게 답변했다고 한다. "나는 어차피 수업료를 받게 될 것이다. 만약 내가 재판에서 이긴다면, 나는 그 재판의 결과에 따라서 당연히 수업료를 받을 것이다. 만약 내가 재판에서 진다면, 그것은 원래의 약속을 지킨 것이다. 나에게 1년만 수사학을 배우면 누구와 재판을 해도 이기게 될 것이라고 약속했는데, 결국 나와 같은 수사학의 대가가 그대에게 재판에서 졌다는 것은 그 약속의 이행이 되기 때문이다."
10) Gregory Vlastos, "The Paradox of Socrates," Gregory Vlastos, ed., *The*

Philosophy of Socrates, Anchor Books, 1971, p. 7.

11) 같은 글, p. 6.

12) Cf. 밀(J. S. Mill)은 이 명언으로부터 다음과 같은 명언을 남겼다. "만족한 돼지보다는 불만족한 인간이 되는 것이 좋다; 만족한 바보보다는 불만족한 소크라테스가 되는 것이 좋다(It is better to be a human being dissatisfied than a pig satisfied; better to be Socrates dissatisfied than a fool satisfied)."

13) Plato, *Apology*, 38.

14) 같은 책, 29e.

15) 같은 책, 29a.

16) Jaspers, 앞의 책, p. 47.

17) 같은 책, p. 33.

18) William A. Darkey, "Afterword," *Three Dialogues on Liberal Education*, St. John's College Press, 1979, p. 123. "The truth is in the student, not in the teacher."

19) 같은 글, pp. 124-125.

20) Jaspers, 앞의 책, p. 27.

21) Darkey, "Foreword," 앞의 책, p. x; p. xii.

22) Mark L. McPherran, *The Religion of Socrates*, Pennsylvania State University Press, 1996, p. 177.

23) 같은 책, pp. 59-61.

24) 키에르케고르의 사상에 대하여는 다음을 참조할 것. 황필호, 『문학철학 산책』, 집문당, 1996, pp. 255-310.

25) Jaspers, 앞의 책, pp. 39-40.

26) 같은 책, p. 40.

27) McPherran, 앞의 책, pp. 247-248.

28) Vlastos, 앞의 글.

29) 『논어』, 述而, 7:1.

30) Jaspers, 앞의 책, pp. 32-33.

31) 같은 책, p. 42에서 재인용.

32) Vlastos, 앞의 글, p. 5.

33) Cf. 황필호, 『한국巫敎의 특성과 문제점』, 집문당, 2002, pp. 81-82.

제8강좌

공자는 종교인인가

1. 머리말

오늘날 공자는 성인의 한 사람으로 인정받고 있다. 이것은 동양뿐만 아니라 서양에도 그대로 적용되며, 실제로 공자는 인류 역사에 커다란 영향을 주었다. 특히 공자의 사상을 가장 적절히 전달해 준다고 인정되는 『논어』가 쓰여진 한자 문명권에서의 그에 대한 존경은 거의 보편적이라고 할 수 있다. 그럼에도 우리는 공자와 『논어』의 중심 사상을 전혀 모르고 있다. 그저 우리 모두가 알고 있다고 생각하고 있다. 마치 우리들의 생존에 절대적으로 필요한 공기의 존재를 평소에는 까맣게 망각하고 있듯이. 하여간 우리는 공자에 대하여 크게 세 가지를 질문할 수 있다.

첫째, 공자는 어떤 근거로 인류 역사 이래 존재해 온 세계 3대 혹은 5대 성인의 한 사람이 될 수 있는가? 그는 예수처럼 드라마틱한 삶을 영위하지도 않았으며, 석가처럼 변화무상한 삶을 영위하지도 않았으며, 모하메드처럼 알라의 예언자라고 공표하지도 않았다. 그는 중국 전국시대의 조그만 노나라에서 태어나 전국 주유를 했으나 자신의 뜻을 이루지 못하고 세상을 떠난 극히 평범한 사람이다. 그런 사람이 어찌 만고의 성인이 될 수 있단 말인가.

둘째, 공자는 법치(法治)보다 덕치(德治)를 역설했다. 그러나 그것은 과연 복잡한 현대 사회에서도 실현될 수 있는 것인가? 아니, 그것은 공자 당시에는 실현된 것인가? 그것은 플라톤의 경우처럼 인간의 한갓된 바람일 뿐이지 않을까? 이것은 덕의 보편화 가능성(the universalizability of virtue)의 문제다.

셋째, 공자는 종교인인가, 그렇지 않으면 단지 훌륭한 보통사람이거나 도덕군자일 뿐인가? 이것은 유교의 종교 여부를 묻는 질문이다.

2. 첫째 질문: 공자는 성자인가

언뜻 보기에 공자는 절대로 보통사람 이상이 되지 못하는 듯하다. 그는 예수처럼 "나는 길이요 진리요 생명이라"고 말하지 않았으며, 석가처럼 "내가 모든 중생을 고해(苦海)로부터 해탈시켜 주리라"고 선언하지도 않았으며, 모하메드처럼 자신을 '마지막 선지자'라고 말하지 않았다. 그는 처음부터 끝까지 사람으로 남았으며, 신(神)이 되려고 노력하지 않았다. 정주환은 말한다.

> 『논어』가 모든 인류의 관심을 끄는 것은 하늘[神]의 관점에서 사람을 보려 하지 않고, 사람의 관점에서 하늘[神]을 보려고 하는 데 있으며, 자기를 과장하지 않은 친근한 인간으로서의 공자를 만나볼 수 있

기 때문이다. (중략)

그리하여 안회가 인(仁)을 물었을 때 공자는 "사람을 사랑하라"고 하였고, 지(知)를 물을 때 "사람을 알라"고 하였다. 또 "민생(民生)의 의의(意義)에 힘쓰고 귀신을 경원(敬遠)하면 지자(知者)라고 말할 수 있다"고 하였다.

헌금을 많이 내야 천국에 가고, 불공을 많이 드려야 극락에 갈 수 있다는 불교처럼 신을 섬기거나 신을 알려고 하지 않고, 먼저 사람을 사랑하고 사람을 알라고 했다. 다시 말하면, 사람을 모르는 사람이 어찌 신을 알 수 있겠느냐는 것이다. 중요한 것은, 실생활의 윤리적 의의를 알고 신을 경원할 수 있는 사람만이 비로소 지자가 될 수 있다는 것이다.[1]

더 나아가서 공자는 신이 되려고 노력하지 않았을 뿐만 아니라 초인(超人)이 되려고 노력하지도 않았다. 사람들이 그를 쉽게 고리타분한 봉건주의자, 무조건적 전통주의자, 단순한 과거숭배자라고 비판하는 이유도 여기에 있다. 실로 "공자는 초인적인 인간이 되고자 아니했다. 인간 위에 군림하려 들지 않았다. 언제나 평범한 인간이고자 했고, 평범한 철인(哲人)이고자 했다. 항상 떳떳한 마음을 지니고자 했고, 평범한 이웃으로 살고자 했다."[2] 그가 자신을 새로운 진리의 발견자가 아니라 옛것을 사랑하는 사람일 뿐이라고 말한 이유도 여기에 있다.[3] 이런 공자의 '평범 속에 나타난 비범(非凡)'을 배우려고 노력하면서 사는 정주환은 「하늘을 바라보며」에서 이렇게 말한다.

진리는 평범한 데 있고, 진실은 일상적인 삶에 있다. 모든 사물을 바짝 다그쳐서 바라보면 상대적이지만, 한 걸음 물러서서 관조하면 모두가 이웃이다. 흘러가는 구름 조각, 길가의 풀 한 포기까지도 모두 나와 깊은 관계가 있다. 그런데 세상 사람들은 별개의 것으로 생각하려 든다.

하늘은 말이 없다. 소리도 없다. 냄새도 없다. 그렇지만 사시(四時)는 움직이고 만물은 화육(化育)된다. 새는 공중을 날아도 흔적이 없고, 백로는 논 속을 유유히 거닐어도 물을 흐려 놓지 않는다. 그래도 그들이 하고자 하는 목적을 이룬다. 인간의 삶도 그래야 하지 않을까.[4]

실로 공자의 생애와 가르침은 극히 평범하다. 그는 예수와 같이 기적을 행하지 않았으며, 석가와 같이 고행을 하지도 않았다. 그런데 왜 그는 모든 인류의 스승으로 추앙받고 있는가? 공자의 위대함은 바로 이런 평범함에 있다. 그는 한 번도 자신이 완전한 지식을 가지고 있다고 주장하지 않았으며, 또한 그런 지식이 가능하다고 믿지도 않았다. 다만 그는 "아는 것을 안다고 하고, 모르는 것을 모른다고 하는 것이 바로 지식"이라고 말했다.[5] 실존주의자 야스퍼스가 공자의 위대함은 바로 '자신의 한계성에 대한 깨달음'에 있다고 갈파한 이유도 여기에 있다.[6]

현재 우리 사회는 두 가지 문제를 안고 있다. 모르는 사람은 목청을 높여 안다고 큰소리를 치며, 아는 사람은 오히려 '더러운 세상'에 오염되지 않으려고 안다고 말하지 않는다. 정말 아는 사람만 안다고 외치고, 모르는 사람은 겸손하게 모른다고 자인한다면, 그 사회는 바로 공자가 주장한 화이부동(和而不同)의 세계가 될 것이다.

공자는 절대로 모르는 것을 안다고 말하지 않았으며, 아는 것도 아주 신중히 상대방의 수준을 감안하여 소곤소곤 말했다. 즉 그는 끝까지 신의 언어보다는 인간의 언어를 고수한 것이다. 여기에 바로 공자의 위대함이 있다.

> 모든 사상가는 신이나 초인이 되고 싶어한다. 그러나 공자는 이런 유혹을 끝까지 물리치고 오직 진리를 찾아 먼 길을 떠나는 사람으로 만족했다. 이것은 정말 위대한 일이다. 우리는 모두 나르시스트적인 요소를 가지고 있어서 종종 스스로를 인간 이상으로 생각한다. 그런 이유로 우리는 언제나 초인적 사상가들에게 감명을 받는다. 그러나 우리는 어디까지나 연약한 보통사람일 뿐이다.
> 공자는 이 세상에 존재하는 90퍼센트의 보통사람들에게 꼭 맞는 가르침을 준 것이다. 그래서 우리는 공자를 '상식에 근거한 철학자' 혹은 '인간 중심의 철학자'라고 부른다.[7]

3. 둘째 질문: 덕치는 가능한가

공자는 뜬구름을 잡으려는 이상주의자가 아닌 현실주의자였다. 그래서 그는 시조 300수를 외우는 것이 중요하지 않고 모든 사람은 직접 정치에 뛰어드는 군자가 되어야 한다고 역설했다. 그러면 그는 구체적으로 어떤 정치를 권고하는가?

첫째, 공자는 무도치(無道治)를 반대하는데, 이런 사실은 계강자(季康子)에 대한 그의 답변에 잘 나타나 있다.

> 계강자가 공자에게 정사(政事)에 대하여 질문한다. "만약 무도(無道)한 사람을 죽여서 도(道)가 있는 곳으로 나아가게 하면 어떻겠습니까?" 공자가 답변한다. "그대가 정사를 하면서 어찌 살인을 쓰겠는

가. 그대가 선(善)하고자 하면 백성들이 선하게 될 것이다. 군자의 덕은 바람과 같고 소인의 덕은 풀과 같으니, 풀에 바람이 불면 풀은 반드시 눕게 마련이다."[8]

둘째, 공자는 무도치뿐만 아니라 그것보다 한 단계 높은 법치(法治)까지 반대하는데, 이런 사상도 『논어』에 명시되어 있다. "인도(引導)하기를 법으로 하고 가지런히 하기를 형벌로 하면, 백성들이 형벌은 면할 수 있으나 수치심은 없을 것이다. 인도하기를 덕으로 하고 가지런히 하기를 예(禮)로 하면, 백성들이 수치심이 있고, 또한 선(善)에 이르게 될 것이다."[9] 정주환은 이 구절을 인용한 다음에 이렇게 말한다.

한고조(漢高祖)는 공약 3장으로 통일 천하를 다스렸고, 영국에도 불문율의 시대가 있었다. 번거로운 법보다 양심이 중요하다. 법이 많다는 것은 그만큼 그 사회가 병들었다는 증거다.
악명 높은 스탈린은 많은 법을 가지고 있었지만, 결국 정권을 유지하지 못했다. 그는 그의 정권을 유지하기 위해 반대파라고 생각되면 무조건 처형했다. 일반인들은 말할 것도 없고 백부, 백모, 딸, 딸의 시부, 며느리까지 체포하고 처형했다. 그러나 그는 자기 딸에 의해 단죄된 처참한 최후를 맞았다. 이런 예를 보더라도 도덕 정치를 실현해야 한다. 그렇지 아니하면 무서운 화를 몰고 온다.[10]

우리는 여기서 법이 많다는 것은 그만큼 그 사회가 병들었다는 증거라는 사실, 즉 모든 것을 법으로 해결하겠다는 발상은 아직도 덕치(德治)가 아니라는 사실을 잊지 말아야 한다. "물론 법은 통치의 수단이다. 그러나 법은 근본적으로 유해한 것이므로 어느 정도의 효과를 가지고 올 뿐이다. 법보다 중요한 것은 모범이다. 법으로 다스리는 국민은 어떤 수단을 써서라도 처벌을 피하려고 하지만, 모범으로 다스리는 국민은 수치심과 향상의 개념을 갖는다."[11] 그래서 정주환은 덕을 극구 칭송한다.

덕(德)이란 글자는 뜻이 깊다. 두인(彳) 변과 큰 덕(悳)을 합친 문자로서 행동이 올바르며 인격과 뜻이 드높고 큼을 나타낸 글자다. 인생의 사전에 꼭 새겨두어야 할 문자가 있다면 바로 이 '덕'이란 글자다. 덕 있는 사람에게는 사랑이 있고 온유가 있다.
"덕은 외롭지 않다. 반드시 이웃이 있다."[12] 이 구절은 선의와 인도, 휴머니즘의 승리를 낙관하고 인자(仁者)의 공감을 신뢰하는 말이다. 사실 그렇다. 덕은 인간의 향기요 찬란한 태양이다. 도덕이 땅에 떨어지고 사회가 혼란에 빠져도 덕 있는 사람에게는 언제나 마음의 이웃이 있다. 덕은 반드시 동지가 있고, 반드시 공명자와 찬성자를 대동할 것이다. "대덕(大德)은 꼭 지위를 얻고, 꼭 녹을 얻고, 꼭 이름을 얻고, 꼭 수(壽)를 얻는다." "덕이 유포(流布)됨은 역마(驛馬)가 명령을 전하는 것보다 빠르다."[13]

우리는 인간이기 때문에 인간다워야 한다. 또 인간답게 살아야 한다. 어떻게 사는 게 인간답게 사는 길인가? 덕을 갖는 것이 인간답게 사는 길이다. 덕은 자신을 빛내고, 가정을 빛내고, 국가를 빛낸다.
그런데 딱하게도 덕을 지닌 자가 그리 많지 않은 것이 우리 사회다. 그래서 공자도 "참으로 딱하구나. 나는 지금까지 덕을 좋아하기를 여색(女色)을 좋아하듯이 하는 사람을 아직 보지 못했다"고 탄식한 것이다.[14] 여기서 이의호(已矣乎)라는 말은 절망적인 개탄의 말이다. 걷잡을 수 없이 넘쳐흐르는 음란한 사회 풍조를 가슴 아파한 것이다. 세상 사람들은 누구나 이성(異性)을 좋아한다. 이성이 있는 곳에는 즐거움이 있고 기쁨이 따른다. 이성을 좋아하는 것처럼 덕을 좋아한다면, 이 세상은 보다 더 아름다워졌을 것이다.[15]

그러나 정주환은 여기서 큰 실수를 범하고 있다. 그는 '개인의 덕'과 '사회의 덕'을 동일선상에서 취급하고 있다. 즉 그는 개인 윤리를 조금 확대시키면 사회 윤리가 된다고 믿고 있다. 그러나 그들은 각기 다른 기준을 바탕으로 삼고 있다. 예를 들어 우리나라에서 가장 훌륭한 농구선수 다섯 명으로 구성된 팀은 반드시 가장 훌륭한 팀이 되는가? 그럴 수도 있고 그렇지 않을 수도 있다. 모든 선수가 전부 전위나 후위라면, 또한 그들이 팀 플레이를 전혀 하지 않고 개인 플레이만 한다면, 그 팀은 절대로 가장 훌륭한 팀이 될 수 없다.

개인들이 덕 있는 사람이 되면 그런 사람들로 구성된 사회도 덕 있는 사회가 될 것이라는 희망은 너무나 나이브한 발상이다. 도덕철학자 롤즈(John Rawls)가 모든 사람이 선인(善人)이 되어도 여전히 법은 필요할 것이라고 주장한 이유도 여기에 있다.

개인 윤리와 사회 윤리의 질적인 차이를 보지 못한 대표적인 철학자로는 플라톤을 들 수 있다. 그는 인간 개인의 영혼이 지혜의 부분, 기개의 부분, 욕망의 부분으로 구성되어 있다는 영혼삼분설(靈魂三分說)을 주장하고, 이 세 부분이 조화를 이루고 있는 것이 개인의 행복이라고 말한다. 이와 마찬가지로 그는 사회도 지혜의 부분에 해당하는 철학자들, 기개의 부분에 해당하는 군인들, 그리고 욕망의 부분에 해당하는 농공상인들이 잘 조화를 이루면 태평천하가 된다고 주장한다. 그러나 칼 포퍼는 이미 『열린 사회와 그 적들』에서 플라톤의 이런 사상을 통박하고 있다. 개인의 덕이 자신, 가정, 사회를 빛낸다는 정주환의 말은 분명히 옳다. 그러나 그것은 아직도 개인적 덕일 뿐이다. 그것이 사회의 덕이 되려면 수많은 질적 변화 과정을 거쳐야 한다. 이 과정을 무시한 주장을 논리학에서는 '집합(集合)의 오류'라고 부른다.

그러나 정주환이 범한 더욱 큰 실수는 첫째로 덕치가 과연 공자와 맹자가 살았던 시대에 구현된 일이 있느냐는 역사적 질문과 둘째로 그것이 과연 복잡한 현대 사회에서도 실현될 수 있느냐는 현실적 질문을 생략하고, 당연히 그럴 것이라고 간주하고 있다는 사실이다. 우선 첫째 문제부터 생각해 보자.

정주환은 덕치가 실현된 한 실례로 전국시대 제(齊)나라에서 정승을 지낸 맹상군(孟嘗君)과 그의 식객 풍완(馮煖)의 처사를 든다. 즉 설(薛)의 백성에게 꾸어준 돈을 받아오라는 명령을 받은 풍완은 모든 채무자들에게 "여러분의 빚을 모두 탕감해 준다는 맹상군 님의 말씀을 전하러 왔으니 모두 기뻐해 주십시오"라고 말했고, 그 결과로 설의 백성들은 맹상군을 아주 덕 있는 사람으로 칭송했으며, 결국 그는 죽음의 길에서 그들의 도움까지 받았다는 것이다.

이승환도 인정(仁政)의 시혜로 백성의 지지를 얻어 세력을 획득한 몇 가지 실례를 든다. 춘추시대 제(齊)의 의공(毅公)이 자신의 재물을 가난한 사람들에게 주어 백성의 추대를 받아서 군주에 오른 일, 제의 진씨(陳氏)가 백성에게 곡식을 대여할 때는 공실(公室)에서 정한 양기(量器)보다 큰 가량(家量)으로 대여하고 환수할 때는 공양(公量)으로 거두어들여서 많은 국인(國人)들이 그에게 귀의한 일 등이다. 그러나 이승환은 이런 경우야말로 특별한 예외에 속한다고 말한다.

공자는 천하를 주유하면서 제후들에게 자신의 정치적 이상 채택을 권유했지만 그의 노력은 수포로 돌아갔으며, 공자는 결국 말년에 고향으로 돌아가 『시경』과 『춘추』의 편찬에 몰두할 수밖에 없었다. 공자로부터 백여 년 후의 사상가인 맹자 역시 공자와 마찬가지로 열국을 주유하며 전국(戰國)의 제후들에게 인정(仁政)에 바탕을 둔 왕도 정치를 권고했지만 그가 꿈꾸었던 왕도 정치의 이상은 끝내 실현되지 못했다. 비교적 강대국이었던 제(齊)와 양(梁)의 군주들은 맹자의 권고를 채택조차 하지 않았다.

물론 등(滕)의 문공(文公)처럼 몸소 3년 상을 실행하면서 인정을 시행하여 그를 소문으로 듣고 다른 나라로부터 모여드는 사람들도 있기는 했지만, 이는 극히 드문 경우다. 오히려 그런 군주마저도 결국엔 현실 정치의 '힘의 논리' 앞에 굴복할 수밖에 없었다는 사실은, 맹자의 생각이 당시의 현실에서 얼마나 외면당했는지를 잘 보여준다.

맹자는 "사람 죽이기를 좋아하지 않는 제후가 천하를 통일할 수 있다"고 말했지만 이런 예언은 적중하지 못했고, 그 대신 잔혹하고 포악한 나라(虐狼之國)로 악명이 높았던 진(秦)이 법가적(法家的) 이념에 기반한 무력(武力)으로 기원전 221년에 천하를 통일했다.[16]

또한 공자의 덕치 사상이 공간적으로 한자 문화권을 벗어난 모든 세상에서도 실현될 수 있느냐는 문제와 시간적으로 오늘날이나 앞으로도 실현될 수 있느냐는 문제는 더욱 중요한 질문이 아닐 수 없다. 요즘 유교 자본주의를 주장하는 사람들은 이런 덕의 보편화 가능성의 문제에 대하여 어느 정도 긍정적인 반응을 보인다. 그러나 대부분의 사상가들은 공자의 덕치 이념이 아직도 봉건적 위계 질서, 즉 수직적 인간 관계에 근거하고 있기 때문에 평등 사회를 지향하는 오늘날에는 실현될 수 없다고 생각하는 듯하다. 서지문은 이렇게 말한다.

> 오늘날 덕치주의의 부활은 가능하지도 않고 시혜자와 수혜자의 수
> 직적 상하 관계를 전제하는 것이기에 가능하다 해도 바람직하지도
> 않지만, 대한민국에서 역대 군사 정권은 말할 것도 없고, 문민 정부와
> 국민 정부도 국민에 의해 선출되었다는 정통성을 믿고 오히려 더 국
> 민을 무시하는 정치를 했다. 국민에게 거짓말하는 것을 정치의 필요
> 악으로 보는 정도가 아니라 그것을 정치의 기본기(基本技)로 간주한
> 다는 인상을 주고, 무리한 정책을 밀어붙이기 식으로 시행하고, 인천
> 공항의 개항 강행처럼 많은 국민이 염려하고 불안해하고 반대하는
> 시책은, 마치 국민과 자존심 경쟁이라도 하듯이, 누가 고삐를 쥐고 있
> 는지를 보여주어야겠다는 듯이 강행한다.[17]

공자의 덕치 사상이 치자 중심적이라는 점에 대하여는 의심의 여지
가 없다. 그래서 공자는 계강자에게 "정사란 바로 잡는 것이다. 그대
가 솔선수범하여 바르게 한다면, 누가 감히 바르지 않겠는가?"라고
말하고,[18] "자신이 바르면 명령하지 않아도 행해지고, 자신이 바르지
못하면 비록 명령해도 따르지 않는다"고 말한다.[19]
그러나 우리는 여기서 공자의 덕치 사상이 치자 중심적이라는 한 가
지 이유로 그것을 무조건 배척하지는 말아야 한다. 평등 사회를 추구
하는 현대의 정치 체제에서도 대통령이나 국무총리는 보통사람들보
다는 더욱 큰 영향력을 발휘하고 있으며, 또한 아무런 지도자가 없는
평등 사회란 앞으로도 존재할 수 없기 때문이다. 이렇게 보면, 우리는
공자의 덕치 사상을 전체적으로 옹호하거나 배척하는 입장에서 벗어
나서 그것을 선별적으로 수용해야 할 것이다. 윤사순은 이런 입장을

'유학의 부분적 무용성(無用性)을 지양하고 가용성(可用性)을 더욱 강화하는 변용의 방식'이라고 말한다.

> 삼강(三綱)은 상하 수직적이고 종속적인 질서의 성격이 짙어서 민주적 평등 이념에 맞지 않는다는 점에서 거의 무용하게 되었다. 그러나 오륜(五倫)이나 대부분의 예는 쌍무 호혜의 성격으로 시행될 수 있다. 이를테면 부자유친은 옛부터 부모의 사랑(父慈)과 자녀의 효도(子孝)의 시행을 원칙으로 하였다. 우리가 이런 쌍무 호혜의 성격을 살린다면, 오륜과 같은 대부분의 유교 윤리를 무용하다고 판단할 수 없을 것이다.
> 이제 부자유친의 친(親)은 더 이상 자녀의 형식적 효로만 시행하지 말고 어버이의 사랑과 자녀의 진정한 보은적 효심이 실제 행위로 실천되어야 하고, 군신유의의 의(義)는 과거의 무조건적인 충성처럼 시행되지 말고 애국 및 애민으로 실천되어야 하고, 부부유별의 별(別)은 더 이상 부인의 종부(從夫)나 정절로만 시행될 것이 아니라 부부 상호간의 공경으로 시행되도록 개선되고 변용되어야 한다.[20]

아마도 완전한 덕치는 인간의 영원한 이상이지만 실현 가능성은 거의 희박하며, 그럼에도 우리는 계속 이 이상을 강조할 수밖에 없다고 말해야 하지 않을까.

4. 셋째 질문: 공자는 종교인인가

나는 제7강좌에서 비록 소크라테스가 소크라테스교를 창시하지는 않았지만 소크라테스 자신은 종교인 혹은 종교적 인물이라고 규정했다. 꼭 어떤 종교를 창시해야 종교인이 되는 것은 아니며, 오직 그 사람의 사상과 삶과 죽음의 형태에 따라서 그는 종교인이 될 수도 있고 비종교인이 될 수도 있기 때문이다. 물론 어떤 학자는 소크라테스의 사상을 단순한 '소크라테스의 철학'으로 보지 않고 '소크라테스의 복음'으로 보아야 한다고 주장한다. 그러나 그가 구체적인 조직을 가진 종교를 창시하지 않았다는 것은 자명한 일이다.

공자의 경우는 문제가 이보다 복잡하다. 분명히 그의 사상에서 출발한 유학 혹은 유교라는 조직체가 현실적으로 존재해 왔으며 또한 지금도 존재하고 있다. 그러나 유교가 과연 종교인가 하는 문제는 아직도 완전히 해결되지 않고 있다. 우리는 유교와 무교(巫敎)를 비교함으로써 유교의 이런 복잡한 위치를 쉽게 알 수 있다. 나는 「샤마니즘은 종교인가」에서 이렇게 말했다.

우선 무교에 대한 대부분의 비판들은 학문적으로 전혀 검증되지 않은 것들이라는 사실은 차치하고라도, 무교를 엄연한 종교로 생활화하고 있는 사람들의 입장에서 보면 웃기는 일이 아닐 수 없다. 우선 샤마니즘은 역사상 가장 오래된 신앙 체계며, 지리적으로도 서쪽으로는 스칸디나비아 반도의 접경 지역부터 동쪽으로는 베링 해협에 이르는 넓은 지역에 분포되어 있으며, 현재도 수많은 사람들의 삶을 지배하는 여러 종교 중에서도 '가장 강력한 종교'다. 도대체 누가 이 엄연한 현실을 부정할 수 있겠는가.

이렇게 보면, "샤마니즘은 종교인가?"라는 질문은 처음부터 제기할 필요도 없는 것이다. 그것은 마치 아내나 남편에게 "남편 혹은 아내는 사람인가?"를 질문하는 경우와 다름이 없다. 그럼에도 우리 사회에서는 이 문제가 현실적으로 많은 사람들에게 중요한 문제로 인

식되고 있다.[21]

이와 마찬가지로, 현재 유교는 중국, 한국, 싱가포르를 비롯한 수많은 사람에게 분명히 종교의 역할을 담당하고 있으며, 세계 5대 종교를 연구하려는 사람은 으레 유교를 하나의 종교로 인정하고 배운다. 그러므로 무교의 경우와 마찬가지로 "유교는 종교인가?"라는 질문도 '웃기는 일'이 아닐 수 없다.[22]

그런데 문제를 더욱 복잡하게 하는 것은, 유교는 밖에 있는 사람들이 유교를 종교로 인정하지 않을 뿐만 아니라 유교를 삶의 지표로 삼고 있거나 그것을 전공하는 사람들, 즉 유교 안에 있는 사람들의 대부분이 유교를 종교로 인정하지 않으려고 한다는 것이다. 무교인들은 모두 무교를 당당한 종교로 인정하지만 다른 사람들은 그것을 종교로 인정하지 않거나 아예 미신으로 치부한다. 그러나 유교인들은 유교를 종교로 인정하지 않으며, 그저 윤리 체계나 철학 체계로 인정하고 있는 실정이다.

그러면 공자의 유교는 종교인가? 그렇지 않으면 단지 종교적 윤리 체계인가? 내가 이미 제 7 강좌에서 말했듯이, 우리는 우선 이 질문을 종교에 대한 정의를 찾는 작업으로 이해하지 말아야 한다. 그것은 '기계 속의 유령'을 찾으려는 행위와 다름이 없다. 그래서 나는 여기서 현상학적 접근 방법을 시도해 보겠다.

우리들이 일단 종교로 인정하고 있는 신념 체계들은 여러 가지 문제들에 대한 나름대로의 해결책을 제시해 준다. 그들은 대개 인간의 삶의 목적, 세계와 우주의 기원, 삶과 죽음의 문제, 신의 존재의 문제 등에 대한 답변을 제시하고 있다. 물론 그들의 답변이 과연 옳은 것이냐는 것은 또 다른 논의를 필요로 한다. 다만 모든 종교는 인간의 목적,

세계의 기원과 구성의 문제, 내세의 문제, 신이나 귀신의 문제 등에 대하여 설명하려고 노력한다.

그러면 공자의 유교는 모든 종교인들이 관심을 가지고 있는 이런 문제들 중에서 어떤 것에 관심을 가지고 있는가? 유교는 삶과 죽음의 문제, 귀신의 문제, 그리고 하늘이나 천명(天命)에 대한 관심을 가지고 있다. 그리고 유교는 이런 관심을 통해 삶의 목적에 대한 나름대로의 답변을 시도한다. 그래서 나는 우선 유교를 종교로 볼 수 있게 만드는 죽음과 귀신의 문제, 모든 사람이 무조건 복종해야 한다는 천명의 문제를 차례로 토론하겠다.

(여기서 나는 이 강좌의 제목이 "유교는 종교인가?"가 아니라 "공자는 종교인인가?"라는 사실을 독자에게 다시 환기시키고 싶다. 나는 공자의 사상과 그의 사상을 바탕으로 해서 발전된 공자 이후의 사상을 구별한다. 예를 들어서 주희를 통해 관념화된 현재의 유교, 우리가 주위에서 흔히 발견하는 유교는 분명히 종교가 아닌 하나의 윤리 체계로 보인다. 그러나 나는 공자의 원래 사상은 후대 유학자들의 사상과는 전혀 다르다고 믿는다. 마치 플라톤의 사상과 신플라톤학파의 사상 사이에는 어떤 연결성이 있으면서도 상당히 상이한 경우와 다름이 없듯이. 내가 이 글에서 유교의 문제를 가능한 한 공자의 사상에 국한시켜 토론하는 이유가 여기에 있다.)

① 죽음과 귀신에 대한 공자의 가르침

공자는 죽음과 귀신에 대하여 무슨 말을 하는가? 그는 귀신에 대하여 묻는 제자에게 "사람을 잘 섬기지 못하면서 어찌 귀신을 섬길 수 있겠는가?"라고 반문하며, 죽음에 대하여 묻는 제자에게 "삶을 알지 못하면서 어찌 죽음을 알겠느냐?"고 반문한다.[23] 또한 그는 "사람이 지켜야 할 도리를 힘쓰고, 귀신을 공경하되 멀리 하면, 이것을 가히 지혜라고 할 것이다"라고 말한다.[24]

공자의 이런 발언은 굉장히 혼란스럽다. 도대체 귀신을 공경하되 멀리 하라(敬鬼神而遠之)는 말은 무슨 뜻인가? 그것은 귀신이 존재한다는 뜻인가? 혹은 실제로 귀신은 존재하지 않지만, 우리는 마치 귀신이 존재하는 것처럼(as if) 살아야 한다는 뜻인가? 아니, 공자는 내세와 귀신에 대한 정확한 답변을 모르면서 — 자신이 모르는 사람이라는 사실을 솔직하게 고백한 소크라테스와는 달리 — 그것을 은폐하려고 한 것은 아닌가?

하여간 공자의 이런 언명은 그 후에 불가지론이라는 비판을 받았으며, 이런 비판은 현재도 계속되고 있다. 아마도 공자의 이런 언명에 대한 가장 정확한 해석은 일단 그를 내세보다는 현세, 귀신보다는 인간, 신본주의보다는 인본주의를 강조하는 것으로 보는 것이리라.

소크라테스 이전의 철학자들은 자연과 우주를 구성하고 있는 가장 중요한 원질(原質)인 아르케를 찾으려고 노력했다. 그러나 소크라테스는 자신이 젊은 시절에 탐닉했던 이런 '자연철학'을 버리고 새로운 '인간철학'을 제창했으며, 그는 자신의 이 새로운 사명을 "네 자신을 알라"는 경구로 표현했다. 물론 자연이나 우주에 대한 탐구가 전혀 필요 없다는 뜻은 아니다. 그것은 굉장히 중요한 질문이다. 그러나 소크라테스는 자연보다 인간이 더욱 중요하다고 믿었던 것이다. 많은 사람들이 소크라테스의 옛날 자연철학과 새로운 인간철학을 명확히 구별할 수 없었던 이유도 여기에 있다. 그들은 그야말로 '궤변론으로 궤변론을 극복한 소크라테스'를 이해할 수 없었던 것이다.

이와 비슷하게 공자 이전의 사람들은 조상이나 귀신에게 제사만 잘 지내면 행복하게 살 수 있다고 믿고 있었다. 이런 귀신에 대한 관심을 인간으로 끌어내린 사람이 바로 공자다. 소크라테스와 마찬가지로, 공자는 귀신에 대한 존경심이 중요하지 않다는 것이 아니다. 다만 사람이 사람답게 살려면 귀신에 대한 관심보다는 인간에 대한 관심이 우선해야 된다는 것이다.

공자의 이런 인본주의는 공자가 새롭게 시작한 것이 아니라 이미 기원전 12세기경 주(周)의 무왕(武王)이 은(殷)을 정복하면서 나타났다고 말할 수 있다. 그때까지 인간에 대한 귀신의 영향력은 거의 절대적이었다. 귀신의 허락을 받지 않고는 아무 일도 할 수 없었다. 그러나 주대에 들어와서 통치자들은 귀신도 아무나 도와주는 것이 아니라 오직 덕 있는 사람만 도와준다는 인본 사상을 확립시켰다. 『춘추』는 이렇게 말한다.

> 궁지기(宮之奇)는 "나는 귀신이 무조건 인간을 사랑하는 것이 아니라 오직 덕 있는 사람만 사랑한다고 들었다"고 답변한다. 그리고 『주서』는 "당당한 하늘은 모든 사람에게 애정을 갖고 있지 않으며, 오직 덕 있는 사람만 도와준다"고 말하며, 더 나아가서 "귀신에게 제사하는 데 쓰는 수수가 귀신을 유혹하는 향기를 가지고 있는 것은 아니다"라고 말한다.[25]

또한 『예서』는 이렇게 말한다.

> 하대의 사람들은 귀신을 존경하고 섬겼으나 주대의 사람들은 의식을 존경하고 남에게 은혜 베푸는 것을 중요하게 여겼다. 그들은 귀신을 섬기고 존경하면서도 일정한 거리를 두었다. 그들은 인간에게 충

성하고 인간과 가까이 있었다.[26]

귀신에 대한 이런 태도의 변화는 다시 조상에 대한 태도의 변화를 몰고 왔다. 은나라 사람들은 조상님을 상제와 동일시하거나 인간의 모든 요청을 들어주는 상제의 중매자로 인식하고 있었다. 그러나 주나라에 들어와서 조상의 영향력은 그들이 남긴 도덕적인 삶에 의하여 결정되게 되었다. 즉 은나라 사람들은 『시경』의 "조상들에게 신경 쓰지 말고 오직 그대의 덕을 쌓으라"는 말을 실천하려고 하였다.

공자는 이런 중국의 인본주의 전통을 이어받아 그것을 더욱 발전시켰으며, 그래서 분명히 우리는 그를 인본주의자로 부를 수 있으며, 실제로 우리가 공자를 중국 역사상 가장 큰 영향력을 미친 교육자로 인정하는 이유도 여기에 있다. 공자는 귀신 사랑보다는 사람 사랑을 강조했다.

그러나 공자는 사후의 세계와 귀신의 존재를 딱 부러지게 부인하지 않는다. 오직 귀신을 공경하되 거리를 두라고 말한다. 여기에 바로 공자 해석의 어려운 점이 있다. 전체적으로 볼 때 그는 분명히 세속적, 경험적, 합리적, 공리적 인본주의를 제창한다. 그러면서도 그의 사상에는 비세속적, 비경험적, 반합리적, 비공리적이라고 부를 수 있는 측면이 있다. 공자가 아침에 득도(得道)하면 저녁에 죽어도 좋다고 말한 이유도 여기에 있다.

예를 들어서 공자는 "인(仁)이 멀리 있는가? 내가 원하기만 하면 바로 여기에 있다"고 말하며,[27] "사람이 하루만 극기복례(克己復禮)하면 천하가 인(仁)으로 돌아올 것"이라고 말한다.[28] 또한 그는 백성을 잘 다스렸던 순왕(舜王)이 한 일은 오직 "그의 몸을 공경스럽게 하고, 그

의 얼굴을 남쪽으로 바르게 향한 것뿐"이라고 말한다.[29] 핑가레트
(Herbert Fingarette)는 공자의 이런 비공리적 측면을 '주술적
(magical)'이라고 표현한다.[30]

결론은 무엇인가? 공자는 죽음과 내세에 대한 어떤 확실한 해결책
도 제시하지 않는다. 귀신의 유용성(?)은 인정하면서도 거기에 대한
구체적 토론을 한 일도 없다. 다만 그는 이런 인본주의적 입장을 고수
하면서도 귀신으로 대표되는 초인본주의적 측면을 완전히 무시하지
않는다.

하여간 공자는 모든 종교가 심각하게 다루고 있는 죽음과 내세에 대
한 어떤 확실한 답변을 제공하지 않으며, 특히 유신론적 종교들이 이
구동성으로 주장하는 신이나 귀신의 존재와 역할에 대해서도 확실한
답변을 제공하지 않는다. 그러면 이런 입장에서 출발한 공자는 종교
인이 될 수 있는가? 적어도 죽음과 귀신에 대한 토론만 가지고는 그렇
게 볼 수 없는 듯하다. 그러면 이제 공자는 절대로 종교인이 될 수 없
는가? 다음에 나는 공자를 종교인으로 볼 수 있는 또 하나의 요소인
하늘과 천명의 개념을 토론하겠다.

② 하늘과 천명에 대한 공자의 가르침

공자는 하늘(天)에 대하여 무슨 말을 하는가? 그는 "하늘이 무슨 말
을 하는가? 사시(四時)가 운행하고 백물(百物)이 생성하는데, 하늘이
무슨 말을 하는가?"라고 말하고,[31] 또 다른 곳에서는 역설적이게도
"공자는 이(利)와 명(命)과 인(仁)에 대하여 별로 말하지 않았다"고 전
해지고 있다.[32] 항상 의로움을 강조했던 그가 이익을 강조하지 않은
것은 쉽게 이해할 수 있다. 그러나 그는 왜 유교 사상의 본질이라고

할 수 있는 인(仁)과 당시 중국인들에게 큰 의미를 가지고 있던 천명(天命)에 대하여 별로 언급하지 않았는가? 이렇게 보면, 우리는 일단 그가 하늘을 인간의 생사화복을 주관하는 어떤 초자연적 힘이나 인격적 존재로 보지 않았다고 결론 내릴 수 있다.

공자가 죽음과 귀신뿐만 아니라 하늘을 인본주의적으로 해석한다는 사실은 『논어』에는 '명'이라는 단어가 19번 나오는데, 그 중에서 아홉 번은 개인이나 국가의 운명이라는 뜻으로 사용되었고, 일곱 번은 군주나 상사의 명령으로 사용되었고, 나머지 세 번만 천명이라는 추상명사로 사용되었다는 사실로 쉽게 알 수 있다. 여기서 우리는 몇 가지 새로운 사실을 발견한다.

> 우선 '명'은 천명의 뜻보다는 일반적인 인간의 운명이나 군주의 명령으로 더욱 많이 사용되고 있으며, 비록 그것이 천명으로 사용되는 경우에도 그 배후에는 하늘이 인간에게 준 사명이라는 뜻이 담겨 있다. 다시 말해서 거기에는 어쩔 수 없이 인간이 받아들여야 할 수동적 측면과 인간이 마땅히 해야 할 긍정적 측면을 동시에 가지고 있다.
>
> 물론 공자의 이런 사상은 그 후 묵가로부터 숙명론이란 비판을 받는다. 그러나 공자의 이런 신념은, 인간을 무한한 가능성의 존재로만 파악한 서양 계몽주의 사상가들과는 달리, 오히려 인간의 가능성과 한계성을 동시에 인정한 진정한 인본주의의 표본이라고 볼 수도 있다.[33]

원래 은대(기원전 1751-1112)에는 상제(上帝)라는 일종의 인격적 신에 대한 신앙이 유행하고 있었다. 그는 인간에게 축복이나 재앙을 주고, 전쟁으로부터 보호해 주고, 개인의 사업을 관장하고, 공직자를 임명하거나 해임할 수 있는 위대한 의인화된 신격(神格)이었으며, 이런 신격에 대한 신앙은 주대(기원전 1111-249)에 들어와서도 얼마 동안 지속되었다. 그러나 이런 신앙은 점차 하늘의 개념으로 대체되었고, 여기서 말하는 하늘은 전지전능한 초월자가 아니라 '어떤 영력(靈力)의 변덕에도 의존하지 않으며, 오직 자신의 선행(善行)에만 의존하는 자존(自存)하는 도덕 법칙으로서의 천명'을 의미했다.[34] 김승혜는 이렇게 말한다.

> 덕을 잃으면 백성을 다스리는 천(天)의 명(命)을 잃게 된다는 것을 역사의 법칙으로 제시한 주공(周公)은 은(殷)의 유민들을 대상으로 한 칙서 『다방(多方)』에서 다음과 같이 말한다. "천이 하(夏)를 버린 것이 아니고, 천이 은을 버린 것이 아니다. 그들의 임금이 신하들과 더불어 방자하게 행동함으로써 천의 명을 실천하는 데 소홀히 하여 죄를 얻은 것이다."
>
> 이처럼 왕이 덕을 잃고 정치를 잘못하여 백성들의 원망을 사게 되면, 그 죄가 하늘에까지 이르게 된다는 논리는 주(周)의 제후들이나 은(殷)의 유민들에게 하는 훈계에서 한결같이 나오는 주공의 정치관이다.[35]

이렇게 보면, 하늘이란 개념도 죽음이나 귀신의 개념과 마찬가지로 공자가 새롭게 창안한 개념이 아니라 전통적으로 내려왔던 개념이며, 공자는 그것을 당연한 것으로 받아들였던 것 같다. 즉 그는 하늘을 어떤 인격적 절대자보다는 모든 사람이 따라가야 할 '모델'로 제시한 것이다. 더욱 정확히 말하면, 그는 '하늘의 길'보다는 '사람의 길'을 강조한 인본주의자였다.

어느 학자는 이렇게 말한다. "기독교와 같은 위대한 유일신 종교에서 발전된 하느님이라는 개념은 중국 문화에서 출발할 수 있는 기회조차 갖지 못했다. 대부분의 유교학자는 '하늘'을 인격적 신으로 간주해야 되느냐는 문제를 심각하게 생각조차 하지 않았다. 전례 논쟁(典禮論爭) 시기에 하늘을 서양의 하느님과 동등한 것으로 해석했던 주장이 결국 배척될 수밖에 없었던 이유도 여기에 있다."[36]

그러면 유교는 종교인가? 유신론자들은 유교가 인본주의를 고수하는 한 절대로 종교가 될 수 없다고 주장하는데, 우리는 이런 실례를 유교를 '다신적(多神的), 다악마적(多惡魔的) 애니미즘'으로 규정한 『종교윤리 백과사전』을 들 수 있다.

> 유교에는 순수한 종교적 성격이 없다. 아마도 공자는 당시 횡행하던 종교적 타락과 남용에 대하여 조그만 동정심도 갖고 있지 않았을 것이다. 확실히 그는 우상 파괴의 심정으로 그들을 공격하는 것을 그의 사명으로 간주하지 않았으며, 종교의 문제에 대하여는 엄격한 침묵을 취했다.
>
> 그는 전통적인 의례의 준수를 권장하면서도 영적인 현상에 대한 세밀한 탐구를 달갑게 여기지 않았다. 물론 그는 귀신에 대한 제사의 주관적 가치를 인정했다. 그러면서도 그는 상제(上帝)에 대한 희생제의 의미는 잘 모르겠다고 고백했다.
>
> 그는 당시의 하늘이나 귀신에 대한 지식에 어떤 점을 첨가하여 설명하지 않았으며, 내세에 대해서도 아무 말을 하지 않았다. 그에게 있어서는 '현재의 슬픔'이 가장 중요한 것이었으며, 사람들이 자신의 임무를 수행하도록 가르칠 수 있는 유일한 무대는 저승이 아니라 이승이라고 믿었다.[37]

그러나 공자의 천관에 대한 문제가 여기서 전부 해결된 것은 아니다. 마치 그가 사후의 세계나 귀신의 존재를 딱 부러지게 부인하지 않았듯이, 공자는 분명히 전체적으로 보면 하늘을 인본주의적으로 해석하면서도 인격적 존재로서의 하늘을 완전히 부정하지 않고 있는데, 우리는 이런 사실을 『논어』에서 쉽게 발견할 수 있다.

"내가 맹세코 잘못된 짓을 했다면, 하늘이 나를 버릴 것이라, 하늘이 나를 버릴 것이라."[38]

"하늘이 나에게 덕(德)을 주었으니, 환퇴(桓魋)가 나에게 어찌 하겠는가?"[39]

"하늘이 문(文, 도가 겉으로 드러난 예악과 제도)을 없애려 했다면, 후에 죽은 사람(즉 공자 자신)이 문에 참여하지 못했을 것이다. 그러나 하늘이 문을 없애려 하지 않았으니 광(匡)에 있는 사람들이 나를 어찌 하겠는가?"[40]

안연이 죽자 공자가 말했다. "아, 하늘이 나를 망하게 하였구나, 하늘이 나를 망하게 하였구나!"[41]

"나는 하늘을 원망하지 않으며, 사람을 탓하지 않는다. 나는 오직 아래로 [인간을] 배우고, 위로는 [천리에] 통달하려고 하니, 나를 알아주는 이는 하늘일 것이다."[42]

"하늘에 죄를 지으면 빌 곳이 없다."[43]

이렇게 보면, 우리는 공자가 언급한 하늘은 다분히 인본주의적이지만 인격적 존재로서의 하늘의 존재를 완전히 부인하지는 않았다고 말할 수 있다. 즉 그는 땅을 강조하면서도 하늘을 전적으로 배제하지 않았으며, 오히려 하늘과 땅의 연속성을 강조했다고 볼 수 있다. 휴스턴 스미스는 이렇게 말한다.

> 공자는 하늘과 땅은 상제(上帝)가 다스리는 신적(神的)인 짝이며, 그래서 그들은 절반은 물리적이면서도 절반은 초물리적이라는 당시의 세계관을 부인하지 않았다. 그래서 그는 초자연적인 것들에 대하여는 대단히 신중하면서도 전혀 언급하지 않은 것은 아니다.
>
> 그는 우주의 어느 곳에는 정녕 정의의 힘이 있다고 믿었다. 그리고 정의의 전파는 우주적 요청이며, 이런 뜻에서 군자가 가장 두려워해야 할 것은 천명(天命)이라고 믿었다.[44]

 그러면 우리는 이제 유교를 종교라고 결론내릴 수 있는가? 즉 공자는 죽음, 내세, 귀신에 대하여는 명확하게 발설하지 않았으나 분명히 하늘을 일종의 인격적 존재로 묘사하기도 했기 때문에 — 공자 이후의 유교는 제외하더라도 — '공자의 유교'는 종교라고 말할 수 있는가? 이 질문은 유교에 어느 정도 호감을 가지고 있는 서양 종교인에게는 참으로 답변하기 어려운 질문이 아닐 수 없다. 그들은 유교를 그냥 유신론이라고 답변할 수 없고, 그렇다고 해서 그냥 무신론이라고 답변할 수도 없다. 그래서 미국의 종교학자 휴스턴 스미스는 유교를 '절제된 그러나 긍정적 유신론(a restrained but affirmative theism)'이라는 타협안을 제시한다.

> 우리는 공자가 하늘에 대한 관심을 땅에 대한 관심으로 변경시켰다는 사실 때문에 그가 균형을 잃었다고 보지는 말아야 한다. 그는 인간을 하늘로부터 완전히 분리시킨 것이 아니다. 그는 당시의 세계관, 즉 상제의 지배를 받고 있는 육체적이면서도 육체 이상의 속성을 가

진 하늘과 땅이라는 신적인 한 쌍(the divine pair)의 존재를 한 번도 반대하지 않았다. 그는 초자연적 존재에 대하여 많이 언급하지 않았지만 전혀 말하지 않은 것은 아니다.

공자는 우주의 어느 곳에 선의 편을 드는 힘이 있다고 믿었으며, 이런 선력(善力)의 전파는 우주적 명령이기 때문에 '하늘의 뜻'이야말로 군자가 가장 두려워할 명령이라고 믿었다.[45]

그러나 스미스의 이런 동정적(?)인 노력도 결국 유신론적 종교만이 진정한 종교가 될 수 있다는 전제를 가지고 있다. 다시 말하지만, 이런 발상은 유신론적 종교인들의 독단일 뿐이다. 내가 유교를 유신론(theism)이나 무신론(atheism)이 아닌 비신론(non-theism)으로 규정한 이유도 여기서 있다.[46] 여기서 유신론이란 물론 인격적 신의 존재를 긍정하는 입장이며, 무신론은 그것을 부정하는 입장이다. 그러나 비신론은 그런 신의 존재 여부가 전혀 중요한 문제로 등장할 필요가 없다는 입장이다. 마치 원시불교인들이 유신론이나 무신론을 주장하지 않으면서 오직 고통으로부터의 해탈에만 관심을 기울이는 비신론자들이듯이.

(참고로, 유교가 종교는 아니지만 종교적 윤리 체계를 가지고 있다고 주장하는 우리나라 유학자들의 주장도 실제로는 유교가 기독교적 유신론이어야 종교가 될 수 있다는 전제를 암암리에 받아들이고 있는 것이다.)

일반적으로 하늘에 대한 유교인들의 태도는 크게 세 가지로 나눌 수 있다.

첫째, 하늘은 인간의 길을 표현하는 상징일 뿐이라는 견해가 있다. 여기서 하늘은 인간이 마땅히 실천해야 할 덕목을 설명하는 기능적 역할을 한다.

둘째, 하늘은 분명히 '인간을 사랑하며, 인간의 생명을 풍성하게 하는 복을 주기도 하고, 인간의 악을 미워하며 분노하여 재앙을 내리기도 하는 존재'지만, 그러나 하늘은 '어떤 괴팍한 성격의 변덕스러운 존재'가 아니라 '변함없는 이치와 같은 것'이라는 견해가 있다. 즉 하늘은 — 기독교적으로 표현하면 — 비인격적 궁극자라는 것이다.

셋째, 하늘은 기독교의 하느님과 같은 인격적 궁극자라는 견해가 있다.

유교인들 중에서 세 번째 입장을 '공식적'으로 지지하는 사람들은 별로 많지 않다. 그러나 유교가 인본주의 이상이라고 주장하는 수많은 사람들이 '실제적'으로는 이런 논리를 전개한다. 예를 들어서, 전체적으로는 분명히 두 번째 입장을 지지하는 것으로 보이는 금장태도 하늘의 인격성을 『서경』과 『시경』을 들어 장황하게 설명한다.

하늘은 인간과 자연의 세계를 초월하여 있는 것이며, 동시에 인간 생명과 내면성의 근원이고, 자연의 질서와 법칙을 주재하는 존재다. "하늘이 뭇 백성을 내심에, 사물이 있으면 법칙이 있다"(『시경』, 大雅. 烝民)에서 볼 수 있는 것처럼, 인간의 생명은 하늘로부터 오는 것으로, 즉 하늘이 인간에게 생명을 부여하는 것으로 자각하는 것은 유교의 가장 근원적인 체험이며 핵심적 사상이라고 할 수 있겠다.

때로 유교의 하늘 개념을 기독교의 신 개념과 대비시켜서, 전자가 비인격적인 성격을 가졌다 하여 신이 아니라거나 자연적인 것으로 단정하며, 나아가서 유교를 무신론이나 자연종교로 규정하는 경우가 있다. 물론 유교의 하늘은 창조 신화의 주인공이나 구속(救贖)의 주체자로 표현되지 않는다. 그러나 유교의 의식 속에서 하늘의 인격적 속성을 완전히 배제하는 것은 아니다. 특히 은대(殷代)에 이르기까지, 하늘은 주로 상제(上帝)의 개념으로 표상되었고, 상제는 주재자로서 천상에서 제왕(諸王)을 통어할 뿐만 아니라, 인간의 길흉화복을 지배하는 강한 인격성으로 인식되었다.

"황천상제(皇天上帝)께서 그의 원자(元子)를 바꾸었다"(『서경』, 召誥)거나 "상제께서 백성들을 살펴보니 덕(德)의 향기로운 냄새는 없고, 형벌에서 나는 비린 냄새 뿐이다"(『서경』, 呂刑)에서 보이는 상제, 또 "밝고 밝은 상천(上天)이 이 세상에 비추어 임하시다"(『시경』, 小雅 . 小明)에서 보이는 하늘, 그들은 모두 주재자며 의지와 감정을 가진 인격성을 내포한 것이라 할 수 있다.[47]

물론 금장태는 이 문장의 바로 다음에 "그러나 유교의 본령은 인격적 주재자를 궁극적 존재로 인정하는 데 있는 것이 아니다"라고 말하며, 주대(周代)에 들어와서는 하늘에 대한 합리적 · 추상적 개념이 발생했다고 설명한 뒤, 하늘이 인간과 사물에 작용하는 명(命)의 개념을 설명한다. 그러나 그는 다시 천명을 인격적인 듯이 설명한다.

『중용』에서 "하늘이 명(命)한 것을 성(性)이라 한다"고 할 때의 명은, 하늘이 인간의 본성에 작용한다는 동작의 의미를 넘어서, 하늘이 인간의 내면으로 현현(顯現)하는 근원적 사실로서 존재론적 의미가 있다. 따라서 명은 초월성과 내재성, 즉 존재(Sein)와 현존재(Dasein)를 통일하는 근원성이다.

명은 하늘의 근원으로 그 속에는 우연성이나 자의(恣意)가 없으며, 인간에 침투하여 성(性) 곧 인간의 본성을 이루며, 사물에 편재하여 법칙과 이치가 되는 것이다. 이것이 곧 "성을 따르는 것을 '도'라고 한

다"의 도(道)요, "성(誠)은 하늘의 도"(『중용』)의 성(誠)인 것이다.[48]

유교인들 중에서 하늘은 인간의 상징일 뿐이라고 '공식적'으로 주장하는 사람들도 별로 많지 않다. 그러나 '실제적'으로 이렇게 주장하는 사람들은 꽤 많은데, 그런 현대 철학자로는 모종삼(牟宗三)을 들 수 있다. 그는 중국철학의 특성을 설명하면서 이렇게 말한다.

중국인은 우선 생명(生命)을 제일 중시하고, 그의 머리는 안쪽으로 돌리고, 그의 두 눈은 밖으로 향하지 않는다. 만약 우리가 자연을 대상으로 삼는다면, 우리는 밖을 보아야 한다. 설사 자연이 아니라도, 히브리의 종교처럼 하느님이 있다면, 우리는 밖을 보고 위를 보아야 한다.

중국인도 하늘을 보았다. 그러나 "하늘은 백성이 보는 것을 보고, 백성이 듣는 것을 듣는다(天視自我民視 天聽自我民聽)"고 생각했다. 이것은 사람이 하느님을 보는 것이 아니라 하느님이 내려와 백성을 보아야 한다는 뜻이다.[49]

중국 문화와 동양 문화는 모두 주체(主體)로부터 출발하여 주체를 열어놓았지만, 결코 하늘을 필요없다고 한 것이 아니다. 우리는 하늘을 버릴 수 없다. 그러나 주체와 하늘은 하나로 통할 수 있다. 이것이 동양 문화의 가장 특수하고 특별한 부분이다. 동양 문화와 서양 문화가 다른 가장 중요한 요점은 바로 여기에 있다.[50]

이제 우리는 하늘에 대한 유교인들의 입장을 다음과 같이 성격 지울 수 있다.

첫째, 우리가 만약 내가 앞에서 지적한 유교의 하늘에 대한 세 가지 견해를 각각 인본주의적 입장, 비신론적 입장, 유신론적 입장이라고 부를 수 있다면, 비신론적 유교는 언제나 인본주의적 입장이나 유신론적 입장으로 빠지기 쉽다. 즉 인본주의를 강조하다 보면 유교의 종교성을 부인하는 쪽으로 빠지기 쉽고, 유교의 종교성을 강조하다 보면 유신론으로 빠지기 쉽다.

둘째, 특히 우리나라에서는 유교의 인본주의를 공식적으로 지지하는 유교인들도 대개 실제적으로는 비신론과 유신론을 의외로 많이 강조하며, 유신론을 공식적으로 지지하는 유교인들도 대개 유교의 인본주의와 비신론을 동시에 주장한다. 그러나 이런 주장들은 논리의 모순일 뿐이며, 그래서 그들은 우리에게 혼란을 일으키게 한다.

차라리 공자를 순수한 합리주의자, 공리주의자, 인본주의자로 해석하는 대부분 서양학자들의 견해와 유교를 완벽한 신본주의로 해석하는 견해는 ─ 그들의 옳고 그름에 관계없이 ─ 논리적 일관성이 있다. 그러나 유교에 대하여 인본주의와 유신론을 동시에 주장하는 것은 논리적 모순이다.

셋째, 그러므로 우리는 유교의 정확한 위치를 인본주의와 유신론이라는 극단을 피하고 비신론의 입장에서 찾아야 할 것이다. 여기서 비신론은 무신론이나 유신론과 반드시 모순되는 것은 아니다. 다만 신의 존재가 가장 중요한 문제가 아니라는 입장이다. 또한 비신론은 인본주의와도 완벽하게 조화될 수 있다. (다음에 나는 유교라는 신념 체계를 유신론이라는 좁은 울타리에 한정시키지 않은 넓은 차원에서 고찰함으로써 유교의 종교성을 역설하려고 하는데, 여기에 소개하는 대부분의 논의는 이미 졸저『중국종교철학 산책』에서 시도된 것이다.)

③ 유교는 초일상성의 종교

우리가 어느 신념 체계를 종교라고 부를 수 있는 본질적 기준은 무엇인가? 제 5 강좌의 내용을 다시 요약해 보자.

첫째, 모든 종교는 우리들의 육체적, 현실적, 일상적 삶보다 더욱 귀중한 어떤 초육체적, 초현실적, 초일상적 삶을 추구해야 한다고 가르친다. 진정한 삶은 단순히 밥 먹고 똥 싸는 것 이상이라는 것이다. 천당이나 극락도 이런 초일상성의 표현일 뿐이다.[51] 물론 이 초일상성이 반드시 반육체적, 반현실적, 반일상적으로 표현되는 것은 아니다. 유교나 도교의 경우에서처럼 그것은 적극적인 현실 긍정 혹은 자연 긍정으로 표현될 수도 있다. 그러나 그것은 일단 우리들의 일상적인 삶을 초월(transcendence)하는 삶을 추천한다. 우리는 이 원칙을 'T'라고 부르자.

둘째, 어느 것이 종교라고 불릴 수 있는 또 다른 본질적 요소로는, 흔히 그것이 우리가 살고 있는 세계나 우주의 기원, 구성요소, 운용 원리를 설명할 수 있어야 한다고 말한다. 고대 서양철학자들이 이 우주를 구성하는 아르케(原質)를 추구하고, 동양철학자들이 지수화풍(地水火風) 혹은 색수상행식(色受想行識)을 탐구한 이유가 여기에 있다.

물론 이 세계를 설명하는 방식은 종교에 따라 서로 상이하다. 그러나 어느 것이 종교가 되려면 일단 이 세계에 대한 나름대로의 설명을 가지고 있어야 하는 듯하다. 인간답게 살려는 사람은 당연히 그가 살고 있는 세계와 자연의 변화성과 지속성에 대하여 관심을 가질 수밖에 없을 것이기 때문이다. 우리는 세계(world)를 설명하는 이 원칙을 'W'라고 부르자.

셋째, 종교의 또 다른 본질로는 죽음과 내세에 대한 나름의 해결책을 제시해야 하는 듯하다. 왜 하루살이는 하루를 넘기지 못하고, 사람은 100년을 살기가 어려운가? 사람은 죽은 다음에 어떻게 되는가? 영혼 불멸설, 심신인간(心身人間)의 부활설, 환생설 중에서 어느 쪽을 믿어야 하는가? 이런 질문에 대한 답변은 당연히 종교의 몫인 듯하다. 우리는 죽음(death)을 설명하는 이 원칙을 'D'라고 부르자.

넷째, 유신론자들은 궁극적 대상으로서의 신(神)의 존재를 가정해야 종교가 될 수 있다고 주장한다. 그리고 이런 주장에 의하면, 신의 존재를 믿지 않는 모든 종교는 — 정확히 말하면 — 종교가 아니라고 주장한다. 우리는 신(God)의 존재를 주장하는 이 원칙을 일단 'G'라고 부르자.

지금까지의 논의를 도식화하면, 종교의 본질적 기준은 다음과 같다.

① T : 초일상성
② W : 세계에 대한 설명
③ D : 죽음과 내세에 대한 해결책
④ G : 신의 존재

물론 종교의 본질적 조건으로는 이상의 네 가지 이외에도 많을 것이다. 이를테면 평화 사상, 성스러움 사상, 공동체 사상 등을 들 수 있다. 그러나 우리는 일단 우리들의 논의를 간소화하기 위해 이상의 네 가지 기준을 각기 다른 종교들에게 — 너무 단순화시키는 오류를 무릅쓰고 — 적용시켜 보겠다. 그러면 우리는 어느 종교는 이상의 조건 중에서 한 가지만 가진 것도 있고 어느 종교는 네 가지 조건을 모두 가지고 있다는 사실을 발견할 것이다.

분명히 유교는 우리에게 일종의 초일상적인 삶을 권유한다. 그러나 유교는 이 세상의 기원과 구성 요소와 운용 원칙에 대하여는 특별한 설명을 하지 않으며, 죽음과 내세에 대한 명확한 해결책도 제시하지 않고, 기독교적 신의 존재를 인정하지도 않는다.

이에 비해 힌두교는 한 마디로 성격지을 수 없는 특성을 지니고 있다. 유신론적 힌두교인들과 무신론적 힌두교인들은 지금도 심각한 투쟁을 벌이고 있다. 그러나 일부의 무신론적 힌두교는 초일상적인 삶뿐만 아니라 브라만이 천지를 창조했다고 주장함으로써 세계에 대한 나름대로의 설명을 제시한다. 그러나 죽음과 내세에 대한 정교한 이론이 없으며, 기독교적 신에 대한 신앙도 없다.

여기서 우리는 정확히 힌두교의 어느 교파가 이런 주장을 하느냐는 문제에 관심을 둘 필요는 없다. 다만 초일상적인 삶과 세계의 기원에 대한 설명을 제시하면서도 내세의 문제와 신의 문제에는 별로 관심이 없는 종교가 존재할 수 있다는 사실만 기억하면 된다.

아마도 이 범주에 속하는 종교로는 힌두교보다 서양 계몽시대에 유행했던 이신론(理神論)의 부재신(不在神) 개념이 더욱 적합할지도 모른다. 이 개념에 의하면, 신은 태초에 천지를 창조했으나 그 이후에는 이 세계의 운행을 세계 자체의 법칙에 따라 움직이도록 하고, 자신은 인간으로부터 멀리 떠났다는 것이다. 여기서 이신론자들은 세계의 기원을 신에 의하여 설명하면서도 그 세계 속에 살고 있는 인간의 운명은 인간 스스로가 결정한다고 믿는다.

한편 불교는 초일상성과 세계에 대한 설명뿐만 아니라 죽음과 내세에 대한 확고한 이론을 가지고 있다. 그러나 기독교적 신을 믿지 않는다. 여기에 비하여 기독교는 이상의 네 가지 요소를 전부 가지고 있다거나 적어도 그렇게 인정하고 있다.

지금까지의 논의를 도식화하면 다음과 같다.

유 교	T			
힌두교	T	W		
불 교	T	W	D	
기독교	T	W	D	G

이 도표를 거꾸로 뒤집으면 다음과 같다.

①	기독교	T	W	D	G
②	불 교	T	W	D	
③	힌두교	T	W		
④	유 교	T			

여기서 ④번에 선 사람에게는 T만 있으면 모두 종교가 되며, 그래서 그는 유교뿐만 아니라 힌두교, 불교, 기독교도 모두 종교로 인정한다. 그러나 ③번에 선 사람은 T와 W를 주장함으로써 유교는 종교가 아니며 오직 힌두교, 불교, 기독교만 종교로 인정한다. 그리고 ②번에 선 사람은 T와 W와 D를 주장함으로써 유교와 힌두교는 종교가 아니지만 불교와 기독교는 종교라고 인정하며, ①번에 선 사람은 T와 W와 D와 G를 전부 주장함으로써 기독교만 종교로 인정한다.

여기서 나는 몇 가지 주의 사항을 지적하겠다.

첫째, 당연한 말이겠지만, 모든 유교인, 모든 힌두교인, 모든 불교인, 모든 기독교인이 이상과 같다는 뜻은 아니다. 이미 말했듯이, 힌두교인 중에도 기독교적인 신 혹은 그와 비슷한 존재를 주장하는 사람들도 있고, 기독교인 중에서도 전통적인 신 개념을 부인하는 사신신학(死神神學)을 주장하는 사람들도 있다. 다만 그들의 주된 교리가 이렇게 주장한다는 뜻이다.

둘째, 나는 어느 종교의 주장이 과연 옳은 것이냐는 문제는 여기서 언급하지 않는다. 예를 들어서 W에 대한 설명은 힌두교의 설명이 가장 옳고 불교나 기독교의 설명은 옳지 않을 수 있고, D에 대한 설명은 불교의 설명이 참이고 기독교의 설명이 거짓일 수도 있고 또 그 반대일 수도 있다. 여기서는 다만 T, W, D, G에 대한 교리적 설명의 유무만을 지적하는 것이다.

셋째, 우리는 G라는 기준을 더욱 정교하게 제시할 수 있을 것이다. 그러나 그것은 실제적으로 유신론적 종교에서만 주장하는 기준이며, 이런 뜻에서 그것이 과연 모든 종교의 원칙적인 기준이 될 수 있느냐는 점에 대해서는 의심의 여지가 있다.

만약 우리가 이 유신론적 기준을 인정한다면, 다른 종교들도 자신만이 가지고 있는 특성을 모든 종교의 기준으로 제시할 수도 있기 때문이다. 예를 들면, 이슬람교는 인류 역사가 존재한 이래 끊임없이 존재해 온 전쟁에 대한 나름대로의 해결책, 이를테면 성전(聖戰)의 해결책을 제공하는 것이 종교의 몫이라고 주장할 수도 있을 것이다. 그리고 우리가 이 기준을 받아들인다면, 우리는 이슬람교 이외의 모든 종교는 종교가 아니라고 주장할 수 있지 않은가.

이제 우리는 ①, ②, ③, ④번 중에서 어떤 것을 선택할 것인가? 여기서 어떤 사람은 다다익선(多多益善)의 원칙을 내세워서 T만 언급하는 종교보다는 T와 W를 언급하는 종교, T와 W를 언급하는 종교보다는 T와 W와 D를 언급하는 종교, T와 W와 D를 언급하는 종교보다는 T와 W와 D와 G를 모두 언급하는 종교가 더욱 진짜 종교라고 믿는다.

흔히 기독교인들이 인격신의 관념을 갖고 있는 기독교만이 진정한 종교라고 주장해 온 이유가 여기에 있다. 하여간 이 기준에 의하면, 기독교가 가장 훌륭한 종교가 된다.

그러나 이런 주장은 옳지 않다. 우선 이 주장은 T, W, D, G에 대한 모든 종교의 이론이 옳다는 전제를 가지고 있으며, 서로 상충되는 진리 주장을 할 수밖에 없는 종교복수주의 원칙에 전적으로 위배된다. '많은 것'이 좋은 것이 아니라 '옳은 것' 혹은 '참된 것'이 좋은 것이다. 이런 뜻에서, "많으면 많을수록 좋다"는 원칙은 마치 하나의 신을 믿는 유일신론보다 수많은 신을 믿는 다신론이 더욱 좋다고 결론을 내리는 사람과 다름이 없다.

어느 것을 선택할 것인가? 나는 ④번을 선택해야 된다고 믿는다. 그러나 솔직히 말해서, 나는 나의 주장에 대한 적극적인 이유를 제시할 수 없다. 내가 아무리 T의 중요성을 강조해도, 다른 사람들은 언제나 그것만으로는 종교가 될 수 없다고 주장할 수 있기 때문이다. 그러므로 ①, ②, ③, ④는 전적으로 개인의 선택일 뿐이다. 다만 나는, T만 주장하는 유교가 현상적으로 이미 어엿한 종교로 인정받고 있다는 사실이 나의 주장에 대한 소극적인 변호가 될 수 있다는 점을 추가로 지적하고 싶다.

5. 유교의 초일상성의 내용

나는 유교를 '일단' 종교로 인정해야 한다고 말하면서, 그 이유로 유교는 T로 표현된 초일상성을 가지고 있기 때문이라고 말했다. 그러나 나는 그 초일상성이 구체적으로 무엇인지를 토론하지 않았다. 나는 이제 그 내용을 토론하겠다.

원칙적으로 종교의 본질로 제시된 T, W, D, G는 모두 각 종교에 따라서 각기 다른 형식으로 표현된다. 예를 들어서, 초일상성은 불교에서 일단 세상을 부정하는 듯한 제행무상(諸行無常)으로 표현되지만 유교나 도교에서는 적극적인 현실 긍정으로 표현된다. 임어당이 중국 철학을 설명하면서 "현재를 즐기지 않는 것은 현재를 낭비하는 것"이라고까지 말한 이유도 여기에 있다.[52]

또한 동일한 본질적 속성도 한 종교 안에서 여러 형태로 표현된다. 예를 들어서, G로 표현된 신의 존재라는 속성은 기독교에서 신관(神觀)뿐만 아니라 인간관(人間觀)에도 나타나며, 또한 그것은 은혜관(恩惠觀)과 의인관(義人觀)에서도 표현된다.

그러면 우리가 유교를 종교라고 부를 수 있는 본질적인 요소로서의 T라는 초일상성은 어떤 형식으로 표현되는가? 그리고 유교에 있어서 초일상성과 일상성의 관계는 무엇인가? 결론부터 말하면 이렇다. 첫째, 유교의 초일상성을 가장 확실하게 나타내는 것은 조상 숭배와 조상 제사다. 둘째, 이렇게 나타난 초일상성은 일상성 밖에 있거나, 일상성을 부정하거나, 일상성과 모순되지 않는다. 오히려 그것은 일상성 안에 있으며, 일상성을 적극적으로 인정하고, 일상성 속에서 적절히 표현될 수 있다.

확실히 유교의 조상 숭배 사상과 조상 제사 사상은 이 세상의 어느 종교도 갖고 있지 않은 독특한 사상이다. 주로 미국에 신도를 가지고 있는 몰몬교에서도 조상을 섬기는 사상이 있지만 그 내용과 강도에 있어서 유교를 따를 수 없다. 또한 유교의 이 사상은 유교를 봉건적인 종교로 매도하는 구실을 제공하기도 한다.

도대체 왜 조상 숭배와 조상 제사가 그렇게 중요한가? 나는 여기서 금장태의 이론을 간단히 설명하겠다. 우선 유교는 세계를 하늘(天),

땅(地), 사람(人)의 세 영역으로 나눈다. 하늘은 우리가 눈으로 볼 수 있는 푸른 하늘일 수도 있고, 눈으로는 볼 수 없으나 이 세상을 지배하는 주재자일 수도 있다. 유교에서는 전자를 창창유형지천(蒼蒼有形之天)이라고 하고, 후자를 영명주재지천(靈明主宰之天)이라고 하는데, 하늘의 진정한 의미는 후자에 있다. 즉 하늘은 명(命)을 내리고 그 명을 인간이 받아들임으로써 인간과 만난다. "하늘은 보아도 보이지 않고 들어도 들리지 않는 감각을 초월한 존재지만, 인간이 하늘의 명령을 받지 않은 자가 없고 그 명령을 알아야 군자라 할 수 있다."[53]

그런데 이른바 하늘, 땅, 사람이라는 삼재(三才)를 '신적 존재의 영역'으로 표현하면 하늘의 신(天神), 땅의 신(地神), 사람의 신(人神, 혹은 人鬼)이 된다. 즉 "비를 맡은 신이나 바람을 맡은 신 등은 하늘의 신이고, 산을 맡은 신이나 강을 맡은 신은 땅의 신이며, 문화를 일으킨 성인의 신이나 자신의 혈연적 조상신은 사람의 신이다."[54]

그러면 왜 조상신의 존재는 살아 있는 사람들에게 그렇게 중요한가? 이 세상에는 위에서 지적한 신 이외에도 수많은 신이 존재한다. 그러나 그 중에서 가장 높은 신은 상제(上帝)인데, 인간은 여러 낮은 위치의 신들뿐만 아니라 가장 높은 위치의 상제와도 교류할 수 있다. 그런데 우리는 대개 조상신을 '통하여' 이들 신과의 더욱 효과적인 관계를 맺을 수 있다.

또한 인간보다 더욱 깊은 사려와 후손에 대한 특별한 애정을 가진 조상신은 다른 신들에게 후손의 요구를 '대신' 전해 줄 수도 있다. 물론 조상신은 천신이나 지신과 같이 영원히 존재하는 것은 아니지만. 우리가 조상신을 극진히 모셔야 하는 이유가 여기에 있다. 그래서 조상 제사는 단순히 조상의 업적을 기리는 기념 행사가 아니라 숭배 행사며, 조상은 제사를 받으면서 후손을 축복할 수도 있다.[55]

우리는 금장태의 이런 설명에 대하여 여러 가지 의문을 제기할 수 있다. 만약 인간이 상제와 직접 교류할 수도 있고 조상신을 통해 상제와 교류할 수 있다면, 우리는 언제 전자를 행하고 언제 후자를 행해야 하는가? 그리고 조상신이 후손을 대신하여 다른 신들에게 후손의 소원을 전해 줄 수 있다는 사실을 우리는 어떻게 알 수 있단 말인가? 또한 조상신의 존재 기간이 천자, 제후, 대부, 사림, 서인이라는 신분에 따라 각각 7대, 5대, 3대, 2대, 1대로 달리 나타났다가 후대에 4대 봉사로 관행이 바뀐 이유는 무엇인가? 아니, 도대체 조상이 제사를 통해 후손을 축복할 수 있다는 것은 사실인가? 다시 말해서, 조상 숭배와 조상 제사는 종교적 의미보다 도덕적 의미와 사회적 의미로 시작되고 유지되는 것은 아닐까?

나는 이런 질문에 대한 명확한 답변을 가지고 있지 않다. 다만 유교의 초일상성은 구체적으로 부모가 살아 있을 때는 정성으로 모시고 죽은 다음에도 ─ 어느 기간 동안 ─ 역시 정성으로 모셔야 한다는 일상성을 그 안에 포함하고 있다는 사실을 다시 한 번 강조하며, 이것이 바로 종교로서의 유교의 독특한 모습이라는 사실을 다시 언급하고 싶다.

6. 캔트웰 스미스의 발언

나는 지금까지 유교는 종교라고 주장했다. 그러나 일부의 독자는 이렇게 질문할 것이다. 그래서 어쨌단 말인가? 도대체 그것이 종교라거나 종교가 아니라는 주장이 무슨 소용이 있는가? 유교를 종교로 믿는 사람은 그대로 종교로 믿을 것이며, 종교가 아닌 윤리로 믿는 사람은 그대로 윤리라고 믿을 것이며, 종교나 윤리도 아닌 이념이라고 믿는 사람은 그대로 이념이라고 믿을 것이 아닌가? 그리고 이렇게 생각하는 독자는 으레 — 이제는 이미 고전적 명제가 되어 있는 — 캔트웰 스미스의 말을 인용한다. "우리는 다시 한 번 '유교는 종교인가?'라는 질문은 서양인은 절대로 답변할 수 없으며, 중국인은 제기할 수 없는 질문이라는 사실을 알게 된다."[56]

캔트웰 스미스가 이렇게 말한 이유는 무엇인가? 우선 그는 인간의 종교적 삶을 기독교, 유대교, 이슬람교, 힌두교, 불교, 시크교, 조로아스터교, 유교, 도교, 신도교 등의 '수많은 신학적 및 역사적 복합체'로 보는 견해를 버리라고 말한다. 이념적 공동체와 반대되는 종교라는 개념은 서양이 지난 200년 동안 비서양 세계에 수출한 최근의 발명품(a modern invention)이며, 이 발명품이 모든 종교인들에게 다른 종교에는 없는 하나의 배타적 구원관을 선택해야 된다고 믿게 만들었기 때문이다. 존 힉은 캔트웰 스미스의 이런 주장을 비트겐슈타인의 가족유사성의 개념으로 지지한다.

예를 들어서, 비트겐슈타인은 '놀이'라는 단어를 사용하는데, 그 단어는 우리들에게 놀이의 본질이나 놀이와 놀이가 아닌 것들을 구별하는 특성을 찾도록 유혹한다. 그러나 이것은 잘못이다. 우리가 발견하는 것은 어떤 놀이는 볼을 가지고 하며, 다른 놀이는 카드를 가지고 하고, 또 다른 놀이는 언어를 가지고 한다. 또한 놀이의 목적도 어떤 것은 경쟁이며 다른 것은 혼자 즐기는 것이며 또 다른 것은 이익을 위해 한다는 등의 서로 겹치기도 하고 겹치지 않기도 한 수많은 속성들뿐이며, 거기에는 어떤 하나의 공통된 본질이 존재하지 않는다는 사실이다. 여기서 비트겐슈타인은 각기 다른 종류의 놀이들이 마치 가족의 구성원들과 같이 연관되어 있다고 제시한다. 중요한 것은 결정적인 형태가 아니라 가족유사성일 뿐이라는 것이다.

우리는 이 비유를 사용해서 종교들 중에도 가족유사성이 있을 뿐이라고 간주할 수 있다. 그래서 우리는 예를 들어서 유교와 소승불교는 종교의 가장 중요한 요소들을 가지고 있지 않지만 종교의 일원으로 간주할 수 있으며, 마르크시즘은 종교로부터 더욱 떨어져 있으면서도 약간의 가족유사성이 있다고 간주할 수 있다. 다른 점에서는 전혀 다르겠지만. 여기서 우리는 종교라는 개념을 비트겐슈타인의 가족유사성의 개념으로 생산적으로 취급할 수 있다.[57]

그러면 우리는 이제 "유교는 종교인가?"라는 질문을 제기할 필요가 없게 되었는가? 즉 중국인은 유교를 '종교'라고 부르지는 않으면서도 유교를 엄연한 종교로 생활화하고 있기 때문에 앞의 질문을 제기하지 않을 것이며, 서양인의 입장에서는 유교가 분명히 T라는 종교적 요소를 가지고 있지만 W, D, G의 요소를 가지고 있지 않기 때문에 정확히 종교라고 말할 수도 없고 종교가 아니라고 말할 수도 없는 것인가? 절대 그렇지는 않다. 나는 그 이유로 두 가지만 지적하겠다.

첫째, 캔트웰 스미스가 중국인은 "유교는 종교인가?"라는 질문을 제기할 수 없으며 서양인은 그 질문에 답변할 수 없다고 말할 때, 그는 특별히 유교에만 해당되는 어떤 독특한 사상이나 경향을 주장하는 것이 아니었다. 이미 말했듯이, 그는 이슬람을 제외한 모든 종교 전통에서 사회적 및 신학적 실체와 반대되는 종교라는 실체는 존재하지 않으며, 본질적으로 정의할 수 있는 종교도 존재하지 않는다고 말하고 있는 것이다.

물론 그의 이 주장은 옳을 수도 있고 틀릴 수도 있다. 중요한 점은, 그가 이것을 유교뿐만 아니라 모든 종교에 그대로 해당된다고 주장한다는 것이다. 그러므로 우리가 그의 명제를 마치 유교의 독특성을 설명해 주는 어떤 명제로 받아들인다면, 그것은 맥락(context)을 떠나서 본문(text)을 읽는 것이다. 그가 그의 저서에서 세밀한 역사적 혹은 종교학적 고찰을 통해 종교의 가족유사성을 밝히려고 노력하는 이유도 여기에 있다.[58]

　둘째, 우리는 비트겐슈타인의 가족유사성의 개념을 통해 여러 가지를 배울 수 있다. 이념, 윤리, 종교의 정확한 구별은 존재하지 않으며, 그들 사이에는 '겹치기도 하고 겹치지 않기도 한 수많은 속성'이 있다는 것을 알게 된다. 그러나 종교를 심각하게 생각하는 사람은 여기서 멈출 수 없다. 우리는 비록 희미하게나마 종교와 미신, 진짜 종교와 가짜 종교 등을 구별할 수 있어야 한다고 느낀다. 물론 그것에 대한 명석판명한 답변은 없을 것이다. 그러나 우리는 여기에 만족하지 않는다.

　간단히 말해서, 비트겐슈타인의 가족유사성의 개념이 택할 수 있는 길은 크게 두 가지가 된다. 첫째는 그것을 부정적으로 받아들여서 앞으로는 진지한 철학이나 심각한 종교가 필요없게 될 것이라는 — 혹은 이미 그렇게 되었다는 — 로티(Richard Rorty) 쪽으로 나아가는 것이며, 둘째는 종교 지식은 종교 공동체에 직접 참여해야 이해할 수 있다는 비트겐슈타인적 신앙형태주의로 나아가는 것이다. 아마도 우리는 후자 쪽에서 해결책 혹은 해소책을 발견해야 할 것이다.[59]

　끝으로 나는 "X는 종교인가?"라는 질문은 현실적인 유용성이 있다는 점을 간단히 지적하고 싶다. 예를 들어서 T만 있으면 종교가 된다는 나의 입장, 즉 ④의 입장은 ①이나 ②나 ③보다 훨씬 관용적인 태도를 갖게 할 것이며, 그래서 이 입장은 종교간의 진정한 대화를 더욱 가능하게 할 것이다.[60]

7. 맺음말

　나는 지금까지 공자에 대한 세 가지 질문을 토론했다. 우리는 여기서 이 세 질문이 서로 긴밀히 연관되어 있다는 사실을 쉽게 알 수 있다. 우선 공자가 과연 모든 인류의 영원한 스승이냐는 질문은 당연히 그의 중심 사상인 덕치의 실현 가능성 여부에 달려 있다. 만약 그의 덕치가 전혀 현실성이 없는 단순한 개인적 소원에 불과한 것이라면 우리는 그를 성인으로 간주할 수 없을 것이다.

　일찍이 플라톤도 『공화국』에서 덕치의 가능성을 굉장히 강조했다. 그러나 이런 사상을 직접 실현할 수 없는 현실 정치에서 쓰디쓴 맛을 본 플라톤은 말년에 『법률』이라는 대화편을 쓰지 않을 수 없었다. 여기서 그는 덕치가 가장 이상적이지만, 만약 그것이 불가능한 경우에는 차선책인 법치를 채택할 수밖에 없다고 한 발자국 양보했던 것이다. 이런 배경에서 볼 때 공자의 덕치 가능성 여부는 큰 의미를 갖는다.

　우리가 공자를 성자로 볼 수 있는 또 다른 길은 아예 그를 유교라는 종교의 창시자로 보는 길이며, 그래서 유교의 종교성 문제는 굉장히 중요한 의미를 갖는다. 현재 대부분의 유교인들과 기독교들은 유교를 전혀 종교로 인정하지 않는다. 그러나 나는 유교가 엄연한 종교라고 믿는다. 절대적인 신의 존재를 전제로 해야 종교가 될 수 있다는 주장은 기독교 혹은 서양종교의 독단에 불과하다. 유교는 종교다.

[주]

1) 정주환, 『별처럼 꽃처럼』, 수필과비평사, 2001, pp. 171-172.

2) 같은 책, p. 171.

3) 『논어』, 述而, 7:1 (子曰 述而不作 信而好古).

4) 정주환, 앞의 책, pp. 15-16.

5) 『논어』, 爲政, 2:17 (子曰 由 誨女知之乎 知之爲知之 不知爲不知 是知也).

6) Karl Jaspers, 황필호 역, 『소크라테스, 공자, 석가, 예수, 모하메드』, 강남대, 2001, p. 106. Cf. 이런 사실은 72세로 죽은 공자에 대한 애공(哀公)의 조사(弔辭)에도 잘 나타나 있다. "하늘이 착하지 못해서 밝은 사람은 남겨두지 않고 나같이 못난 사람으로 하여금 임금의 자리에 있게 해서 외로운 걱정만 안겨 주니 슬프도다! 공자께서는 자기의 법을 세상에 펴보지도 못하시고 이 세상을 하직하셨도다!" 정주환, 『다시 보는 논어』, 금산출판사, 2000, p. 304.

7) 황필호, 『중국종교철학 산책』, 청년사, 2001, p. 179.

8) 『논어』, 안연, 12:19 (季康子問政於孔子曰 如殺無道 以就有道 何如. 孔子對曰 子爲政 焉用殺. 子欲善 而民善矣, 君子之德風 小人之德草 草上之風 必偃).

9) 『논어』, 爲政, 2:3 (子曰 道之以政 齊之以刑 民免無恥, 道之以德 齊之以禮 有恥且格).

10) 정주환, 『다시 보는 논어』, 앞의 책, p. 21.

11) Jaspers, 앞의 책, p. 90. "Laws are a means of government. But only to a limited degree do they bring results. And intrinsically they are harmful. Example is better than law. For where the laws governs, people are shameless in evading punishment. But where example governs, people have a sense of shame and improvement."

12) 『논어』, 里仁, 4:25 (子曰 德不孤 必有隣).

13) 정주환, 『다시 보는 논어』, 앞의 책, pp. 55-56.

14) 『논어』, 衛靈公, 15:12 (子曰 已矣乎 吾未見好德如好色者也).

15) 정주환, 『다시 보는 논어』, 앞의 책, p. 59.

16) 이승환, 「정치와 윤리의 일체화」, 중국철학회 편, 『역사 속의 중국철학』, 예문서원, 1999, p. 29.

17) 서지문, 「예(禮)에 대해 어찌 할 것인가」, 『철학과 현실』, 제49호, 2001년 여름호, p. 158.

18) 『논어』, 안연, 12:17(季康子問政於孔子 孔子對曰 政者正也 子師以正 孰敢不正).

19) 『논어』, 子路, 13:6(子曰 其身正 不令而行 其身不正 ?令不行).

20) 윤사순, 「유교 윤리의 가용화(可用化)」, 출처 불명, pp. 1-2.

21) 황필호, 『한국 巫敎의 특성과 문제점』, 집문당, 2002, p. 78.

22) 황필호, 『중국종교철학 산책』, 앞의 책, p. 446.

23) 『논어』, 선진, 11:11 (子曰 未能事人 焉能事鬼 未知生 焉知死).

24) 『논어』, 옹야, 6:20 (子曰 務民之義 敬鬼神而遠之 可謂知矣).

25) Wing-tsit Chan, *A Sourcebook of Chinese Philosophy*, Princeton University Press, 1963, pp. 11-12에서 재인용.

26) 같은 책, p. 4에서 재인용.

27) 『논어』, 술이, 7:29 (子曰 仁遠乎哉 我欲仁 斯仁至矣).

28) 『논어』, 안연, 12:1 (子曰 克己復禮爲仁 一日克己復禮 天下歸仁焉 爲仁由已而由人乎哉).

29) 『논어』, 위령공, 15:4 (子曰 無爲而治者 其舜也與 夫何爲哉 恭己正南而已矣).

30) Cf. 황필호, 『중국종교철학 산책』, 앞의 책, pp. 125-161.

31) 『논어』, 양화, 17:19 (子曰 天何言哉 百物生爲 天何言哉).

32) 『논어』, 자한, 9:1 (子 罕言 利與命與仁).

33) 황필호, 『중국종교철학 산책』, 앞의 책, pp. 452-453.

34) 같은 책, p. 449.

35) 김승혜, 『원시유교』, 민음사, 1990, pp. 51-52.

36) Shu-hsien Liu, "Commentary: Theism from a Chinese Perspective," *Philosophy East and West*, 28, no. 4, 1968, p. 413.

37) W. Gilbert Walshe, "Confucius," 『종교윤리 백과사전』.

38) 『논어』, 선진, 6:26 (夫子失曰 子所否者 天厭之 天厭之).

39) 『논어』, 술이, 7:22 (子曰 天生德於予 桓魋其如予何).

40) 『논어』, 자한, 9:5 (天之將喪斯之也 後死者不得與斯文也 天之未喪斯文也 匡人 其如子何).

41) 『논어』, 선진, 11:8 (顔淵死 子曰 噫 天喪予 天喪予).

42) 『논어』, 헌문, 14:37 (子曰 不怨天不尤人 下學而上達 知我者 其天乎).

43) 『논어』, 팔일, 3:13 (獲罪於天 無所禱也).

44) Huston Smith, *Religions of Man*, Harper & Brothers, 1958, p. 191.

45) 같은 책, pp. 190-191.

46) 황필호, 『중국종교철학 산책』, 앞의 책, P. 325.

47) 금장태, 『한국유교의 재조명』, 전망사, 1982, PP. 100-101.

48) 같은 책, P. 101.

49) 모종삼, 정인재 역, 『중국철학 특강』(원명은 中國學十九講), 형성출판사, 1985, p. 26. (나는 원문을 약간 수정해서 인용한다.)

50) 같은 책, p. 89.

51) 이 책, 제5강좌.

52) 황필호 편, 『비교철학 입문』, 철학과현실사, 1989, p. 133, 각주.

53) 금장태, 『한국유교의 이해』, 민족문화사, 1989, p. 34.

54) 같은 책, p. 39.

55) 같은 책, pp. 43-46.

56) Wilfred Cantwell Smith, *The Meaning and End of Religion*, Harper & Row, 1978, p. 69.

57) John Hick, "Foreword," 같은 책, p. xiv.

58) 황필호, 『중국종교철학 산책』, 앞의 책, p. 492.

59) 같은 책, p. 493.

60) 그러나 우리가 T만 가진 유교도 엄연한 종교라고 주장한다고 해서, 모든 문제가 끝나는 것은 아니다. 인간의 행복 증진을 위해 출발했다고 주장하는 모든 이념, 사이비 종교, 유사 종교 등도 한결같이 T의 요소를 가지고 있는 듯이 보이기 때문이다. 그래서 만약 우리가 T만 가지고 있는 유교도 엄연한 종교라고 주장하려면, 우리는 그 T가 단순한 이념적, 윤리적 내용 이상을 가지고 있다는 사실을 증명해야 할 것이다. 나는 아직도 종교란 필연적으로 윤리나 이념을 포함하고 있지만 동시에 그것 이상이라고 믿고 있기 때문이다. 그래서 우리는 종교와 이념의 관계뿐만 아니라 종교와 윤리의 관계를 언급하지 않을 수 없을 것이다. 그러나 이런 작업은 다음 기회로 미룬다.

석가의 깨달음이란 무엇인가

1. 머리말

　소크라테스나 공자의 경우와는 달리, 석가를 종교인으로 보는 데는 아무도 이의를 제기하지 않는다. 일반적으로 그는 우주의 모든 진리를 발견한 각자(覺者)로 인정받고 있기 때문이다. 그러나 그의 깨달음이 과연 무엇이냐는 문제에 대하여는 학자들의 의견이 분분하다. 어떤 사람은 그가 중도(中道)를 통해 생사에 대한 완벽한 진리를 설파했다고 말하고, 다른 사람은 그가 모든 사람이 스스로 노력해서 얻을 수 있는 해탈의 길을 제시했다고 말하고, 또 다른 사람은 니르바나(열반)와 삼사라(속세)가 곧 하나임을 깨닫는 것이 그의 가르침의 중점이라고 말한다. 이렇게 보면, 깨달음의 내용도 그것을 기술하는 사람에 따라서 약간씩 다른 듯이 보인다.

　그런데 문제를 더욱 복잡하게 하는 것은, 비록 석가가 깨달은 사람의 전범(典範)임에는 틀림없으나, 우리가 꼭 석가를 통해서만 깨달음을 얻는 것은 아니라고 한다. 그리고 이런 주장은 예를 들면 예수를 통해서만 구원을 얻을 수 있다는 기독교의 주장과는 정면 상반되는 주장이다. 그래서 예수는 "나는 길이요 진리요 생명"이라고 말하지만, 석가는 다만 그가 가르친 내용을 따르라고 충고할 뿐이다.

더 나아가서, 불교는 적어도 원칙적으로는 석가 이전에도 깨달은 사람들이 있었고 앞으로도 깨달은 사람들이 출현할 것이라고 말한다. 그래서 어느 학자는 우리들이 흔히 사용하는 '불타' 혹은 '붓다'라는 표현은 '석가' 혹은 '석가모니'로 고쳐 불러야 한다고 말한다.

> 사람들은 부처님을 '깨달은 사람'이라는 뜻으로 '불타' 혹은 '붓다'라고 부른다. 그러나 불타는 과거, 현재, 미래에 걸친 다른 불국토(佛國土)에도 있기 때문에, 그들과 구별하기 위해서는 '석가족(釋迦族)의 성자'라는 뜻으로 '석가모니', '석존' 혹은 '석가'라고 불러야 한다. 실제로 학문적으로 가장 오래된 자료에도 '석가족의 불세존' 혹은 — 아소카왕의 석주(石柱)의 경우에는 — '석가모니'라고 기록되어 있다. '고오타마'는 석가의 성(姓)인데, 불교 이외의 사람들이 사용하던 호칭이므로 불교인들이 사용하기에는 부적합하다.[1]

이렇게 보면, 우리는 석가의 깨달음과 우리의 깨달음을 일단 분리해서 고찰해야 할 것이다. 그들의 깨달음이 반드시 서로 상이해서가 아니라, 다시 말하지만 분명히 불교는 석가를 통하지 않고도 — 다른 스승을 통하거나 스스로의 노력에 의해 — 깨달음을 얻을 수 있다고 주장하기 때문이다. 그래서 나는 이 글에서 먼저 석가의 깨달음을 토론하고, 그 다음에 모든 사람에게 해당하는 깨달음을 토론하겠다. 즉 나는 2절에서 우선 석가가 깨달음을 얻게 된 경위를 주로 그의 생애를 따라 관찰하고, 3절에서는 구체적으로 그의 깨달음의 내용을 토론하고, 4절에서는 깨달음의 방식에 대한 돈오(頓悟)와 점수(漸修)의 논쟁을 간단히 토론하고, 5절에서는 불교를 무신론으로 보는 기독교인들의 견해가 잘못된 것이라고 주장하겠다. 여기서 2-3절은 석가의 깨달음에 대한 토론이며, 4-5절은 우리들 일반의 깨달음에 대한 토론이된다.

2. 석가는 어떻게 깨달은 것인가

석가는 오랜 명상 끝에 보리수 아래서 깨달음을 얻는다. 원래 보리수는 '아시밧타' 혹은 '팝팔라'라고 불리던 나무인데, 석가의 깨달음과 인연을 맺어 오늘날까지 보리수라고 불리게 된다. 그는 깨달음을 얻기 전에 — 당시 인도 수행자들의 관례에 따라 — 이 보리수 둘레를 세 번 돌면서 맹세했다고 한다. "여기 이 자리에서 내 몸은 메말라도 좋다. 가죽과 뼈와 살이 없어져도 좋다. 어느 세상에서도 얻기 어려운 깨달음에 이르기 전에는 죽어도 이 자리에서 일어나지 않겠다!"[2)

그러나 이런 설명은 그가 깨달았다는 중도(中道)를 정확히 설명하지 못하며, 우리가 이 개념을 이해하려면 아무래도 석가의 출가와 고행을 먼저 서술해야 할 것이다.

일반적으로 우리는 석가의 출가를 사문유관(四門遊觀)으로 설명한다. 카필라국(Kapilavatthu, 迦比羅城) 숫도다나왕(Suddhodana, 淨飯王)과 마야(Maya, 摩耶) 부인의 태자로 태어나 호의호식하면서 살던 석가는 어느 날 동문(東門) 밖으로 산책을 나갔다가 백발에 허리가 굽은 노인을 보면서 사람은 누구나 추하게 늙는다는 사실을 실감했으며, 남문(南門) 밖에서는 병에 시달리는 사람을 보면서 사람은 누구나 병들게 된다는 사실을 실감했으며, 서문(西門) 밖에서는 상여 행렬을 보면서 사람은 누구나 언젠가는 죽는다는 사실을 실감하게 되었다. 그 후 그에게는 웃음이 사라지고, 마음은 몹시 괴로웠다. 노병사(老病死)의 고통이었다.

> 인생은 태어났다가 늙고 병들고 죽는 것.
> 어머니는 이미 세상을 떠났고, 아버지와 나도 언젠가는 죽는다.
> 아, 인생은 허무하고 괴로운 것이다.
> 아무리 몸부림쳐도 벗어날 수 없는 죽음의 수렁이 우리 앞을 막아
> 서 있다.[3]

어느 날 그는 북문(北門) 밖으로 나갔다가 노병사의 속박에서 완전히 벗어나 진정한 자유인이 되기 위해 출가했다는 수행자를 만났다. 이것은 그에게 큰 희망이었다. 결국 그는 왕통을 잇게 하려고 갖은 노력을 다한 부왕과 사랑하는 아내 야소다라(Yasodhara, 耶輸陀羅), 그리고 그가 끔찍이도 사랑하던 아들 라훌라(Rahula, 羅睺羅)를 버리고 출가를 하는데, 그때 야소다라는 이렇게 울부짖었다고 한다.

> 저는 지금껏 정성을 다해 당신을 섬겨 왔습니다. 그런데 어째서 저를 버리고 혼자 가셨습니까. 옛부터 도를 닦기 위해 임금이 왕위를 버리고 산속에 들어갔다는 얘기는 많이 들어 왔습니다. 그러나 그럴 때도 그는 아내와 자식을 데리고 갔다고 합니다. 부부가 함께 머리를 깎고 출가하여 고행했습니다. 그래서 부부는 함께 신(神)들에게 제사를 지내고 공덕을 쌓아 사후에는 함께 천상(天上)에 태어났다고 합니다.

그런데 당신은 저를 버리고 혼자만 천상에 태어나 천녀(天女)와 즐거움을 나누겠다는 것입니까. 이렇게 당신에게 버림받은 제 마음이 찢어지지 않는 것은 저의 마음이 돌이나 쇠로 되어 있기 때문인가요.

오늘부터 태자를 다시 뵈올 때까지 저는 침상에 눕지 않겠습니다. 향(香)이 있는 탕에서 목욕하지 않겠습니다. 몸을 치장하거나 비비거나 얼굴을 화장하지 않을 것이며, 새 옷을 입지 않겠습니다. 보석이나 꽃으로 장식하지 않으며, 향수를 뿌리지 않겠습니다. 맛있는 음식을 입에 대지 않으며, 술을 끊겠습니다. 머리 손질도 하지 않겠습니다. 이 몸은 비록 집에 살고 있을지라도 항상 산에 있는 셈치고 고행의 생활을 하겠습니다.[4)]

수행자가 된 석가는 당시의 유명한 도인들을 찾아 가르침을 청했다. 그가 처음 만난 사람은 고행주의자인 바가바(Bhagava, 跋伽婆)였는데, 그는 천상(天上)에 태어나기 위해 고행을 한다는 것이었다. 그러나 석가는 그것을 못마땅하게 생각했다. 천상에 태어나려면 내가 먼저 죽어야 한다. 그러나 나는 바로 지금 여기서 최상의 행복을 얻고 싶다. 또한 천상에 태어난다고 해도, 그 하늘에서의 수명이 다하면 나도 죽을 것이다. 그러나 나는 바로 죽음을 극복하기 위해 출가한 것이다. 그 다음에 그는 범천(梵天)과 일월(日月)과 수화(水火)를 섬기는 배화주의자(拜火主義者)를 만났으나 그를 따르지 않았다.

그 후 그는 당시 가장 명성이 높던 알라라 칼라마(Alara Kalama)와 웃다카 라마풋다(Uddaka Ramaputta)를 만났는데, 그들은 선정(禪定)이라는 정신 통일의 방법을 따르는 수행자들이었다. 석가는 이들 밑에서 정신을 완전히 적정(寂靜)의 경지까지 끌어올리는 해탈의 경지를 맛보게 되었다. 자아를 완전히 망각하는 행복한 순간을 맛보게 되었다. 그러나 한 가지 문제가 있었다. 이런 선정의 시간이 끝나면 그는 언제나 다시 평상시로 돌아오게 되며, 그래서 그는 선정을 끊임없이 되풀이해야 된다는 사실이었다. 무한한 탈출과 무한한 귀환, 이것이 선정의 마지막 모습이며, 이런 뜻에서 이 길은 무고안온(無苦安穩)의 해탈이 될 수 없었다.[5] 끝으로 석가는 가야(Gaya, 伽耶)의 네란자라(Neranjara, 尼連禪河) 근처의 숲을 찾아가 스스로 육체에 대한 고행을 실천했다. 나중에 이곳은 '고행림(苦行林)'이라고 불리게 되었다.

우선 똑바로 결가부좌(結跏趺坐)하여 몸과 입과 마음이 조금도 움직이지 않도록 한다. 그리고 마음을 한 곳에 집중하여 호흡을 억제한다. 열기가 몸 안에 가득 차고 겨드랑이 밑에서 땀이 흐르고, 이마에서도 빗방울 같은 땀방울이 떨어진다. 호흡을 막으면 양쪽 귀에 커다란 음향이 일어나 풀무와 같은 소리가 난다. 귀와 코와 입으로 모든 호흡을 막아 버리면 몸 안의 바람이 머리 꼭대기에서 충돌하여 큰 소리를 내며 예리한 칼로 베는 것 같은 아픔을 머리 속에 느낀다. 호흡을 아주 멎게 해 버리면 몸 속의 바람이 양 겨드랑이 사이를 사납게 불어 닥치며 커다란 소리가 들려 당장 몸이 산산이 흩어질 것 같다. 또 그 바람이 격심해져 몸 안이 불길에 싸인 것같이 된다.

이와 같은 고행을 계속하는 동시에 단식법도 행한다. 점점 식사의 분량을 줄여 하루에 보리 한 알로 되었을 때, 몸은 여월대로 여위어 문자 그대로 배와 등뼈가 찰싹 달라붙은 것 같다. 다시 보리 한 알에서 삼(麻)씨 한 알로 줄이면 말라빠진데다가 피부 빛깔도 다 바래어 먹빛이나 죽은 잿빛 같아 이때는 살았다는 느낌도 없다. 이 고행 기간 동안 여름엔 더운 대로 겨울엔 추운 대로 조금도 마음을 쓰지 않는다.

모기나 등에가 무는 대로 내버려두고 쫓아 버리려고도 하지 않는다. 어쩌다 지나가는 개구쟁이들이 코나 입 혹은 귀에다 풀 같은 것을 꽂으며 놀려도 움쩍도 하지 않는다.[6]

석가는 이 방법에 의해 해탈의 경지를 맛보게 되었다. 그러나 그는 육체를 완전히 포기할 수 없었다. 결국 그는 살아 있는 한 — 육체를 가지고 있는 한 — 절대로 완전한 지복(至福)의 상태에 도달할 수 없다는 사실을 깨닫게 되었다. 즉 고행도 선정과 동일한 딜레마에 빠지게 됨을 알게 되었다. 헤르만 헤세는 『싯다르타』라는 소설에서 이렇게 영원히 반복되는 과정을 다음과 같이 묘사했다.

싯달타는 사문(沙門)들로부터 많은 것을 배웠다. 그는 자아를 망각하는 여러 가지 방법을 배웠으며, 그 자신도 자발적인 고통과 배고픔과 목마름과 피로를 통해 자아를 부정하는 길로 여행할 수 있었다. 그는 명상을 통해서, 모든 마음의 이미지의 비움을 통해 자아를 부정하는 길로 여행할 수 있었다. 그는 이런 각기 다른 길을 배웠다.

그러나 비록 싯달타는 천 번 이상 무존재로 존재하고 동물이나 돌속에 거주해도, 현실로의 귀환은 불가피한 것이었다. 그리고 돌아온 그는, 햇빛 아래나 달빛 아래서, 그늘이나 비오는 하늘 아래서, 다시 자신을 발견할 수밖에 없었으며, 그는 다시 자아나 싯달타가 되어서 성가신 생사의 윤회 바퀴의 고통을 느끼는 것이었다.[7]

여기서 우리는 몇 가지 중요한 사실을 발견하게 된다.

첫째, 석가는 어느 정도의 행복을 추구하지 않는다. 그는 노병사의 문제를 완전히 해결할 수 있는 무한한 자유, 영원한 행복, 절대적 기뿜을 추구한다.[8] 야스퍼스가 석가가 제시한 삶은 "너무나 철저해서 죽음조차 부정하는 삶"이라고 말한 이유도 여기에 있다.[9]

둘째, 석가는 죽은 다음의 열반(최상의 행복)을 추구하지 않는다. 그는 현실 속에서 영원한 행복을 찾는다. 그가 선정주의와 고행주의를 포기한 이유도 여기에 있다.

셋째, 우리는 흔히 중도, 중용, 중관 등을 어느 쪽으로도 치우치지 않은 상태로 생각한다. 극우와 극좌를 피한 자리, 여당과 야당을 동시에 견제하는 자리, 자본주의와 사회주의 경제 체제를 요령있게 혼합시키는 입장 등으로 생각한다. 그러나 우리는 석가의 깨달음 과정에서 한 가지 중요한 교훈을 얻게 된다. 즉 진정한 중용은 — 필요할 때면 — 반드시 극단으로 나아가고, 그 일이 끝난 다음에는 다시 제자리로 돌아오는 것이다. 극단으로 갈 수 없다면, 우리는 처음부터 중용이라는 말을 사용할 필요도 없는 것이다. 그것은 오직 비겁자의 선택일 뿐이다.

석가에게 있어서 중도는 차지도 않고 덥지도 않은 미지근한 상태가 아니었다. 그는 극단적인 쾌락과 극단적인 금욕을 직접 실천해 보았다. 그 결과로 나온 것이 바로 중용이며 중도인 것이다. 태자 시절의 쾌락적 삶과 고행승 시절의 금욕적 삶이 없었다면, 어떻게 중도가 나올 수 있었겠는가.

그 후 석가의 이런 중도 사상은 초기 경전에 설해진 가장 심오한 법문이라고 할 수 있는 십이연기설(十二緣起說)로 정착되고, 이 연기설은 무아론(無我論)과 무기론(無記論)에 잘 나타나 있다.

첫째로 십이연기설이란 ① 실재가 아닌 것을 실재로 믿는 무명(無明)이 있는데, ② 무명이 있으면 행(行)이 생기고, ③ 행이 있으면 식(識)이 생기고, ④ 식이 있으면 명색(名色)이 생기고, ⑤ 명색이 있으면 육처(六處)가 생기고, ⑥ 육처가 있으면 촉(觸)이 생기고, ⑦ 촉이 있으면 수(受)가 생기고, ⑧ 수가 있으면 애(愛)가 생기고, ⑨ 애가 있으면 취(取)가 생기고, ⑩ 취가 있으면 유(有)가 생기고, ⑪ 유가 있으면 생(生)이 생기고, ⑫ 생이 있으면 노사우비뇌고(老死憂悲惱苦)가 생긴다는 교설이다.

여기서 '있으면'이란 '연기(緣起)한다'는 뜻인데, 연기란 '연(緣)하여(pratiya) 결합해서(sam) 일어난다(utpada)'는 것이다. 즉 각개의 지분(支分)은 자기 앞의 지분에 연하여 일어나서 하나의 커다란 온(蘊)으로 결합된다는 뜻이다. 간단히 말해서, 명(明)이 없는 사람에게는 죽음의 괴로움이 있을 수밖에 없다는 뜻인데, 일반적으로 불교에서는 무명에서 생사의 괴로움으로 떨어지는 과정을 유전문(流轉門)이라고 부르고, 무명의 멸(滅)에서 생사의 괴로움의 멸로 나아가는 과정을 환멸문(還滅門)이라고 부른다.[10]

둘째로 무아론이란 문자 그대로 영원한 '나'는 존재하지 않으며, 우리는 가아(假我)를 진아(眞我)로 착각하고 있다는 뜻이다. 그러나 이런 주장에는 한 가지 의문이 생긴다. "만약 일체법(一切法)이 무아라면, 이 중에 어떤 나가 있어서 이렇게 알고 본다고 말하는가?" 그러므로 불교의 무아설은 자아의 실재성(實在性)을 부인하면서도 망념(妄念)에 입각한 자아까지도 부정하는 것은 아니며, 이런 뜻에서 불교의 무아설은 유(有)와 무(無)의 두 끝을 떠난 — 더욱 정확히 말하면, 이두 끝을 동시에 잡고 있는 — 교설이라고 말할 수 있으며, 이런 주장은 바로 십이연기설에 그 근거를 두고 있다.

셋째로 무기론이란 비현실적인 형이상학의 문제에는 정확한 답변이 있을 수 없다는 교설인데, 이 무기설은 구체적으로 ① 세계는 상(常)인가, 무상(無常)인가, 상이며 무상인가, 상도 아니고 무상도 아닌가, ② 세계는 유한(有限)인가, 무한(無限)인가, 유한이며 무한인가, 유한도 아니고 무한도 아닌가, ③ 정신과 육체는 하나인가, 둘인가, 하나이며 둘인가, 하나도 아니고 둘도 아닌가, ④ 여래(如來)는 사후에 유(有)인가, 무(無)인가, 유이며 무인가, 유도 아니고 무도 아닌가라는 16가지 문제에 대하여 석가는 침묵을 지켰다는 것인데, 이런 주장도 결국 십이연기설에 그 근거를 두고 있다.[11]

3. 석가는 무엇을 깨달은 것인가

석가는 무엇을 깨달은 것인가? 그가 깨달은 내용은 구체적으로 무엇인가? 여기에 대한 답변은 그리 쉽지 않다. 그러나 학자들은 대개 사성제설(四聖諦說)로 답변을 시도한다. 사성제란 일체가 고통이라는 고성제(苦聖諦), 고통의 원인을 밝혀주는 집성제(集聖諦), 고통을 없애줄 수 있다는 멸성제(滅聖諦), 고통을 없애주는 길을 제시한 도성제(道聖諦)다.

첫째, 고(苦)란 일체 만물이 고통에 시달리고 있다는 것이다. 어떤 고통인가? 생로병사(生老病死)의 사고(四苦)에 시달리고, 여기에다가 미운 것과 만나는 원증회고(怨憎會苦), 사랑하는 것과 헤어지는 애별리고(愛別離苦), 구하는 것을 얻지 못하는 구부득고(求不得苦), 오음이 너무 성해서 얻는 오음성고(五陰盛苦)를 합친 팔고(八苦)에 시달리고, 더욱 확대하면 108개의 고통에 시달리고 있다.

둘째, 집(集)이란 '모으다(collect)'라는 뜻이 아니라 '결합하여 상승(上昇)한다'는 뜻인데, 일반적으로 불교에서는 집성제를 일체를 구성하는 기본체인 지수화풍(地水火風)이라는 사대(四大)가 합해진 색온(色蘊)의 오온설(五蘊說)로 설명한다.

셋째, 멸(滅)이란 일체의 고통이 무명에서 나온 것이므로 무명을 멸진(滅盡)시키면 고통으로부터 벗어날 수 있다는 것이다.

넷째, 도(道)란 멸에 이르는 길을 제시하고 있는데, 일반적으로 불교에서는 그것을 정견(正見), 정사유(正思惟), 정어(正語), 정업(正業), 정명(正命), 정정진(正精進), 정념(正念), 정정(正定)의 팔정도(八正道)로 설명한다.

여기서 우리는 몇 가지 중요한 사실을 발견한다.

첫째, 모든 종교는 형이상학적 이론보다는 실천을 중요시하며, 이론적 토론보다는 경건한 의례를 중요시한다. 여기에는 어떤 예외도 있을 수 없다. 우리는 이런 사실을 불교의 '독화살의 비유(毒矢比喩)'에서 잘 알 수 있다. 독화살을 맞은 어떤 사람이 도대체 누가 이 화살을 쏘았으며, 또 그 독의 성분을 정확히 알기 전에는 절대로 치료를 받을 수 없다고 고집을 부린다고 하자. 물론 그는 굉장히 학구적인 사람이지만, 결국 그는 그의 질문에 대한 모든 답변을 얻기 전에 죽을 것이다. 다시 말하지만, 중요한 것은 이론이 아니라 실천이다.

그러나 불교의 사성제론을 보면 그것이 굉장히 논리적이라는 사실을 쉽게 알 수 있다. 고성제는 치료 대상에 대한 정확한 진단이고, 집성제는 그런 현상에 대한 원인 규명이고, 멸성제는 그 원인을 제거할 수 있다는 선언이고, 도성제는 구체적으로 고통을 제거하는 방법을 제시한다. 이 얼마나 논리적이고 이론적인가.

물론 예를 들면 기독교에도 엄연한 논리가 있다. 그러나 마지막 단계에 가서는 모든 논리를 팽개치고 신에 대한 무조건적인 복종을 통해서만 구원을 얻을 수 있다고 주장한다. 기독교에서는 이런 주장을 '역설의 논리'라고 부르는데, 이것은 쉽게 말해 논리가 없다는 뜻이다. 이렇게 보면, 전반적으로 불교도 이론보다는 실천을 중요시하지만, 다른 종교들과 상대적으로 비교해 보면, 불교야말로 이 세상에서 '가장 논리적인 종교' 혹은 '이론과 실천을 가장 잘 조화시킨 종교'라고 말할 수 있다.

둘째, 상대적으로 불교가 논리적이라는 주장은 불교가 신비적인 기적, 술수, 요술 등을 배척한다는 함축 의미를 가지고 있다. 그래서 석가와 예수의 상상적인 대화에서 석가는 이렇게 말한다.

나는 내 제자들에게 기적을 행하지 못하게 하고, 나 자신도 기적을 행하지 않았습니다. 기적에 대한 욕망은 욕심과 허영에서 나오는 것입니다. 많은 사람들이 육체적 및 정신적 속임수로 돈을 벌지요. 그러나 그렇게 함으로써 그들은 그들이 더욱 풍요롭게 될 수 있는 그들의 기회를 스스로 없앨 뿐입니다. (중략)

당신의[예수의] 방법은 실패할 수밖에 없을 것 같습니다. 당신은 오병이어(五餠二魚)의 기적으로 빵을 부풀게 했기 때문에 군중은 당신을 왕으로 추대했고, 당신은 다시 언덕으로 숨어버렸습니다. 이 사건 하나만으로도 당신의 방법이 틀렸다는 것을 충분히 입증합니다. 당신의 가르침이 그렇게 구체적인데, 어떻게 그들이 당신을 곡해하지 않을 수 있겠습니까?

결국 당신은 그들의 욕망을 정화시키는 대신에 오히려 불질러 놓습니다. 부드러우면서도 확고하게 세속적인 기대를 떨쳐버리라고 가르치는 대신에 오히려 격려합니다. 하룻밤 모든 고민을 잊어버리고 배부르게 먹다가 깨어난 사람이 영원히 이렇게 살 수 없다는 것을 발견해서 무슨 소용이 있겠습니까? 당신은 잠시 동안이나마 그들의 욕망을 채워줌으로써 그들에게 진정 봉사했다고 생각합니까?[12]

일반적으로 동양종교보다는 서양종교가 신비적 기적을 더욱 강조하지만 서양종교인 이슬람교는 기적의 존재 자체를 부인한다. 그러나 비논리적, 신비적, 주술적 기적을 가장 반대한 종교로는 단연 불교를 들 수 있다. 물론 여기서 말하는 불교는 후대의 불교가 아니라 석가의 사상을 그대로 지키려고 노력한 원시 불교를 말한다. 그래서 거지 성자인 페터 노이라트는 이렇게 말한다.

> 석가는 모든 것이 환상에 불과하다고 했네. 나는 신비 체험이나 명상에 대해서는 흥미가 없네. 거기에 의미를 부여하는 것도, 그런 기술을 의도적으로 추구하는 것도, 아무런 가치가 없는 일이네. 중요한 것은 석가의 가르침을 그대로 실천하는 것이지. 그러므로 모든 신비 체험은 단지 상징이고, 궁극적으로는 환상에 불과하네.[13]

이제 나는 석가의 깨달음을 육하원칙(六何原則)으로 설명해 보겠다.

첫째, 누가 깨달음을 얻었는가? 물론 석가라는 자연인이다. 그러나 여기서 중요한 것은, 석가 이후에도 수많은 사람들이 깨달음을 얻었으며, 불교 교리에 의하면 석가 이전에도 수많은 깨달은 불타들이 존재했으며, 우리도 동일하게 깨달음을 얻을 수 있다는 것이다. 여기에 바로 불교의 보편성이 있다.

둘째, 석가는 언제 깨달음을 얻었는가? 그는 사선정(四禪定)을 체험한 다음에 깨달음을 얻었다. "제1선정에서는 욕망과 악을 떠나 마음속에 잡념을 품은 채 초월(超越)의 기쁨을 맛본다. 제2선정에서는 마음의 잡념을 가라앉히고 내면적인 고요에 의해 마음의 통일을 이룬다. 그래서 잡념이 없어지고 삼매(三昧, 정신 통일)로부터 생기는 기쁨에 젖는다. 제3선정에서는 앞에서 체험한 기쁨까지도 초월하고,

예전부터 성자(聖者)가 말했듯이 정념정지(正念正知)하여 몸에 즐거움을 느낀다. 이렇게 해서 최후에는 즐거움도 없고 괴로움도 없고, 근심도 없고 기쁨도 없어지고, 고(苦)와 낙(樂)도 없이 평안한 느낌만이 남는 청정한 제4선정에 도달한다."[14] 깨달음을 얻은 날 석가도 이런 단계를 거치면서 초저녁(初夜), 한밤중(夜), 새벽(後夜)를 지나는데, 그는 그 중 새벽 먼동이 틀 무렵 깨달음을 얻었다.

셋째, 석가는 어디서 깨달음을 얻었는가? 이미 말했듯이, 그는 보리수 밑에서 깨달음을 얻었다. 생각해 보면, 석가는 숲에서 태어나 숲에서 죽었다고 말할 수 있다.

"그가 태어난 곳은 룸비니 동산의 사과나무 숲이었으며, 열두 살 때 농경제(農耕祭)에 참석한 후 깊은 명상에 들었던 곳도 장부타비에 나무 아래였다. 또 생로병사의 네 가지 괴로움을 관찰한 곳은 망갈라 공원이었고, 출가 후에 처음 수행했던 곳은 우루벨라 숲이었으며, 마침내 깨달음을 얻은 곳은 네란자라 강변의 보리수 아래였으며, 처음 가르침을 전한 곳은 미가다비 숲이었다. 이후 석가는 제자들과 함께 벨루하나, 제타바나 비하라, 니그로다 바하라와 같은 곳에서 지냈는데, 그곳들은 모두 숲이나 공원이었다. 그가 머물던 숲이나 공원에는 대나무나 벵갈 보리수가 무성하게 자라고 있었다. 그리고 그는 쿠시나가라의 깊은 숲 속에서 열반했다."[15] 석가는 자연의 친구였다.

넷째, 석가는 무엇을 깨달았는가? 나는 이 질문에 대한 답변을 이미 사성제론에서 토론했는데, 여기서 석가는 '진리는 하나'라고 전제하는 듯하다. 물론 진리의 내용은 시간, 장소, 사람에 따라서 달리 나타난다. 그러나 본질적으로 그것은 하나라고 석가는 말한다. 전재성은 이렇게 말한다.

촛불은 스스로 빛을 내어 어둠 속에 묻혀 있던 사물을 드러낸다. 이 때 모습을 드러내는 사물들은 촛불의 빛이 만들어낸 마야(환상)다. 따라서 스스로의 존재를 깨달으면, 자신이 만들어낸 마야로부터 자유로울 수 있다. 마야는 실재와 유사한 모습으로 나타난다.

그러나 본질적으로 진리는 하나며, 각자는 진리를 스스로 알 수 있을 뿐이다. 물론 진리는 성자들에 의해 다양하게 표현되었다. 그러나 이런 표현은 달을 가리키는 손가락일 뿐, 궁극적으로는 같은 달을 가리키고 있다.[16]

다섯째, 석가는 어떻게 깨달음을 얻었는가? 즉 깨달음은 어떻게 오는가? 나는 이 문제를 다음 절에서 토론하겠다.

여섯째, 왜 석가는 깨달음을 중생에게 설하게 되었는가? 실제로 석가는 깨달음을 얻은 다음 7일 동안 자신의 깨달음의 즐거움을 만끽하면서 중생에게는 그 내용을 설하지 않기로 결심했다고 한다. 어차피 그들은 그의 깨달음의 내용을 전혀 이해할 수 없을 테니까. 야스퍼스는 이렇게 말한다.

어떻게 속인들이 이렇게 엄청난 진리를 이해할 수 있을까? 쓸데없는 헛수고는 할 필요가 없다. 세상은 어차피 파멸과 재생의 과정을 밟을 것이며, 무지한 생물들은 영원히 윤회의 쳇바퀴를 돌 것이다. 현재의 삶이 과거의 삶의 결과이듯이 현재의 모든 행위는 내세의 삶을 결정하는 업(카르마)이다. 그러므로 세상은 영원히 변하지 않을 것이며, 깨달음은 진실된 지자(知者)에게만 허용될 것이다.

석가는 윤회의 쳇바퀴에서 벗어나 열반으로 들어갈 수 있는 참된 지식을 고독 속에서 얻었다. 그는 그의 깨달음을 확실히 알기 때문에 이렇게 외쳤다. "어떤 인간도 내 친구는 아니다. 나는 나의 진리를 남에게 알리지 않겠다. 사랑과 미움 속에서 살아가는 사람들에게 나의 교리는 영원히 숨겨질 것이다."[17]

그러나 석가는 결국 중생에 대한 자비심을 발휘하여 그가 깨달은 내용을 세상에 선포하기 시작했다. 그는 혼자만 깨달음을 얻을 수 있는 자족심(自足心)을 오랫동안 가지고 있을 수 없었으며, 결국 오랜 심적 투쟁 끝에 그는 그의 교리를 전파하기로 결심했다. 물론 처음에는 큰 기대를 걸지도 않았으며, 나중에 수많은 군중이 그를 따라왔을 때 그는 진리의 교리가 오랫동안 지속하지 못할 것이라고 예언했다. 그러면서도 그는 계속하여 가르쳤다. "어두운 세상에서 나는 끝없이 북을 치리라!"[18]

4. 깨달음은 어떻게 오는가

석가의 깨달음은 물론 석가라는 개인의 깨달음이다. 그러나 이 깨달음은 석가 이외의 모든 사람도 성취할 수 있는 깨달음이다. 그렇다면 우리에게 이 깨달음은 어떻게 오는가? 여기에는 크게 돈오(頓悟)와 점수(漸修), 더욱 정확히 말하면 돈오돈수와 돈오점수의 이론이 있다. 현재 우리나라에는 돈점에 대한 수많은 논의에도 불구하고, '단박에 깨친다' 혹은 '몰록 깨친다'는 돈오와 '천천히 깨친다' 혹은 '점진적으로 깨친다'는 점수의 정확한 차이가 무엇이냐는 문제에 대한 답변은 그리 확실하지 않다.

윤원철은 포르(Bernard Faure)를 인용하면서 돈오를 '빠른(fast)', '절대적(absolute)', '직접적(immediate)'의 세 단어로 설명한다. 그 중에도 깨달음의 뜻을 한꺼번에 함축하는 '직접적'은 영어의 '간접적 (mediate)'의 반대어로서 소의(所依)의 부정인 무소의와 매개(媒介)의 부정인 즉각을 뜻하며, 그래서 돈오는 매개를 통한 점진적 과정의 부정인 '빠른(단박에)'과 '절대적'이라는 뜻을 담고 있다는 것이다. 또한 그는 '빠른'이라는 단어도 '신속'으로 이해하지 말고 '초시간적 순간'으로 이해해야 된다고 말한다.[19] 그러나 여기서 깨달음의 모든 문제가 해결된 것은 아니다. 도대체 깨달음은 어떻게 오는 것인가? 이제 돈오 (頓悟)와 점수(漸修)의 차이를 일상 언어로 표현해 보자.

첫째, 점수는 깨달음 이전의 과정을 인정하지만 돈오는 그것을 인정하지 않는다.

둘째, 점수는 깨달음 자체도 천천히 온다고 믿지만 돈오는 단박에 온다고 믿는다.

셋째, 점수는 깨달음 이후에도 지속적으로 수양해야 한다고 믿지만 돈오는 그것을 인정하지 않는다.

만약 우리가 돈점의 차이를 첫 번째 의미로 받아들인다면, 엄격한 의미에서의 돈오란 존재할 수 없다. 아무런 사전 준비도 없는 상태에서의 깨달음이란 있을 수 없기 때문이다. 어느 해방신학자가 하느님의 절대적인 계시까지도 그 계시를 이해할 수 있는 '인간의 능력'을 전제한다고 주장한 이유도 여기에 있을 것이다. 그러므로 우리가 돈점의 차이를 말할 때는 대개 두 번째 의미로 사용하는 듯하다. 그러나 깨달음이란 어떤 언설(言說)로도 정확히 표현될 수 없다. 그래서 나는 세 번째 의미가 더욱 중요하다고 생각한다. 즉 일단 깨달음을 얻으면, 그 다음에는 오직 그 깨달음에 대한 해설과 전파만 있을 수 있는가?

그렇지 않으면, 깨달음은 그 다음에도 수많은 다른 깨달음들로 연결되어야 하는가? 즉 돈오돈수인가 혹은 돈오점수인가? 이 질문에 대하여, 성철은 깨달음[頓悟]과 앎[解悟]을 구별하면서 단연코 돈오점수를 배척하고 돈오돈수를 주장하는데, 목정배는 그의 사상을 이렇게 설명한다.

　　해오(解悟)는 추중망상(麤重忘想)을 벗어나지 못한 허환망경(虛幻忘境)이므로 객진번뇌가 항상 일어난다. 따라서 깨달은 뒤에도 번뇌망상을 제거하는 것이 점수다. 이와 반대로, 선문(禪門)에서는 추중망상은 말할 것도 없고 제팔(第八)의 미세한 알음알이[知解]마저 영단(永斷)한 공경무심(空境無心)의 대휴헐처(大休歇處)가 돈오며 견성이므로, 망멸증진(忘滅證眞)한 무심, 무념, 무위, 무사의 금강대정(金剛大定)을 보림하는 것이 장양성태(長養聖胎)다. 이렇게 깨달음과 앎에는 커다란 차이가 있으므로, 그들은 다같이 견성이라는 말로는 표현될 수 없다.[20]

　　인간이 절대적 완성자가 되면, 한 번 얻어 깨달은 것으로 영원히 깨닫게 되는 것은 바로 스스로의 무한 동력(無限動力)으로 항상 일용할 동력을 부리는 것이다. 이렇게 발현되는 무한 동력은 아무리 오래 쓴다고 해도 무제한의 동력인 것이다.

　　이처럼 우리들의 심성을 참다운 견성으로 발현하게 한다면, 그것은 무한 동력을 활용하는 것과 같다. 한정된 동력을 쓰고 나면 다시 충전하거나 다른 연료로 바꾸어야 하는데, 한 번의 깨침으로 무한 동력을 운용할 수 있다는 사실은 인간 생활의 위대한 전기가 될 것이다. 이러한 깨침이 자아에 정좌(定坐)하면, 그 자아는 무한한 청정성에서 생명(生命)할 것이다. 원돈(圓頓)이 선(禪)으로 성취되면 두 번 다시 퇴몰(退沒)하지 않는 불생, 무생의 경지에 참입하여 일체를 전용(全用)할 것이다.[21]

성철의 이런 주장이 옳다면, 우리는 당연히 점수보다는 돈오를, 돈오점수보다는 돈오돈수를 받아들여야 할 것이다. 그리고 더욱 엄밀히 말하면, 완전한 깨달음 다음에는 돈수조차 필요없게 될 것이다.[22] 그러나 법정(法頂)은 반대 의견을 제시한다.

> 종교의 근본은 공허한 말끝에 있지 않고 투철한 체험과 실지 행(行)에 있음을 우리는 분명히 알아야 한다. 불타 석가모니의 경우, 보리수 아래서의 깨달음은 돈오고, 45년간의 교화 활동으로 무수한 중생을 제도한 일은 점수에 해당된다. 이것이 또한 불교의 두 날개인 지혜와 자비의 길이다. (중략)
> 여기서 우리는 돈오점수를 자신의 형성과 중생의 구제로 풀이할 수 있다. 그리고 바로 알아야 바로 행할 수 있고, 그런 완성이야말로 온전한 해탈이요 열반이라고 할 수 있다. 중생계(衆生界)가 끝이 없는데, 자기 혼자서 돈오돈수로 그친다면, 그것은 올바른 수행도 아니고, 지혜와 자비를 생명으로 삼는 대승 보살이 아니다.[23]

이 질문을 기독교적으로 표현하면 이렇다. 하느님의 계시를 받은 사람, 혹은 사도 바울과 같이 특수 체험을 통해 개종까지 한 사람은 이제 그 이상의 노력이 필요없는 것인가? 그렇지 않으면, 그도 앞으로 지속적으로 노력해야 하는가? (이 질문은 다시 아담과 이브로 나타난 하느님의 창조사업은 완성된 것인가, 혹은 지금도 계속되는 것인가라는 문제와 연관된다.)

아마도 기독교 역사에서 가장 극적인 개종 사건의 주인공으로는 아우구스티누스가 될 것이며, 성서에 나오는 가장 극적인 개종 사건의 주인공으로는 단연 「로마서」 7장에 나오는 사도 바울을 들 수 있다. 물론 이들의 신비 체험에 대하여는 여러 가지 해석이 있을 수 있으나, 아우구스티누스와 사도 바울이 극적인 체험 이후에도 지속적으로 노력하고 기도하고 갈구하면서 종교인의 삶을 영위했다는 사실에는 의심의 여지가 없다. 그 이유는 무엇인가?

> 개종이란 기계적인 사건이 아니라 실존적인 사건이다. 그것은 어느 개인이 처해 있던 특수한 시간과 장소에서 갑자기 일어나는 사건이라기보다는 '지속적인 과정의 사건'으로 보아야 할 것이다.
> 예수의 수제자로 이미 인정받은 베드로는 결정적인 위기의 순간에 스승을 배반했다. 이것은 바로 그의 — 그리고 모든 종교인의 — '재개종의 필요성(the need to be re-converted)'을 여실히 증명한다. 마치 종교 개혁이 역사상 한 번으로 끝나지 말고 앞으로도 지속적으로 계속되어야 하듯이.[24]

이렇게 보면, 베드로나 사도 바울이나 아우구스티누스는 돈오보다는 점수를 지지하는 듯하다. 아무리 성령의 은혜를 받은 사람이라도 본질적으로는 하느님의 피조물인 불완전한 존재일 수밖에 없기 때문이다. 키에르케고르가 모든 기독교인은 완성된 상태가 아니라 완성된 상태로 전진하려는 과정의 존재라고 주장하는 이유도 여기에 있다. 하여간 아우구스티누스와 사도 바울로 대표되는 기독교의 개종 사건은 성철보다는 법정을 지지하는 듯이 보인다. 물론 이런 사실이 선불교에서 돈오에 대한 점수의 우위성을 확실히 결정하는 것은 아니겠지만.

그런데 윤원철은 무소의와 소의, 즉 선(禪)과 교(敎)의 대립이 다시 선가 안에서 돈과 점의 대립으로 나타났다고 말한다. 돈점의 대립은 사실상 선교의 대립의 '연장'이며, 여기서 나타난 대립은 결코 불행한 우연이 아니라 필연이었다는 것이다. 그 이유는 무엇인가?

한 마디로 아무리 훌륭한 선사라도 이 땅에 두 발을 딛고 사는 사람이며, 이런 뜻에서 그도 견문각지(見聞覺知)를 완전히 부인할 수는 없다. 단지 그것이 견성성불을 위한 소의(所依)가 될 수 없다고 주장하는 것이다. 즉 모든 분별지가 필요 없다는 뜻이 아니라 거기에 집착하거나 오염되지 말라는 것이다.

분명히 선종은 "모든 중생을 떨쳐버리라!"고 주장한다. "그러나 온갖 잡다한 생존의 요건들을 실제로 대면하며 처리해야 하는 삶의 현장에서는 초시공적(超時空的)인 원리 차원의 믿음만이 아니라 구체적인 행동 방침이 필요하다. 신장(信章)만이 아니라 수장(修章)이 필요하다. 분별의 장(場) 속에서의 적극적인 처방이 필요하다. 아무리 그것이 전략적, 교육적일 뿐이라고 해도, 어차피 분별에도 의미를 부여하고 의지하는, 이를테면 방편(方便)에 관한 고려가 중요할 수밖에 없는 것이다."[25]

그래서 선교의 갈등은 지루한 투쟁에서 승리한 선문(禪門) 안에서 그대로 다시 돈점의 갈등으로 연장될 수밖에 없었으며, 이런 갈등은 인간이 불완전한 인간으로 존재하는 한에서 필연적인 것이다. 첫째로 중생은 아직 문지방을 건너지 못한 사람들이며, 둘째로 비록 구름 뒤의 태양을 본 사람이라도 그의 경험을 중생에게 전달할 때는 다시 구름에 덮인 지해(知解)의 통로를 선택할 수밖에 없기 때문이다.

나는 윤원철의 이런 주장을 탁견이라고 생각한다. 분명히 선교 갈등의 원인은 분별지의 유용성을 인정하느냐 혹은 인정하지 않느냐는 것이며, 이 갈등은 역사적으로 교(敎)를 완전히 제압한 선(禪) 안에서 다시 돈오와 점수의 갈등으로 재연되었다. 이런 뜻에서, 우리는 돈점의 대립은 사실상 선교 대립의 연장이라고 말할 수 있다.

그러나 나는 여기서 선교의 관계와 돈점의 관계가 정확히 동일하지는 않을 수도 있다는 점을 말하고 싶다. 전자의 경우에는 분명히 분별지를 인정하느냐에 따라서 서로 갈라지지만, 후자의 경우에는 돈과 점이 다같이 분별지를 받아들이지 않으면서도 갈라질 수 있다. 예를 들어서 '나무아미타불'을 수없이 반복하는 불교인, 혹은 묵언(默言)이나 만행(漫行)을 하면서 전국을 떠돌아다니는 승려는 분명히 돈이 아니라 점에 속할 것이다. 그렇다고 해서 그들이 어떤 분별지를 얻으려고 노력하는 것은 아니다. 이렇게 보면, 분별지는 선과 교를 가르는 요인이 되지만, 돈점의 경우에는 단지 시간적인 차이점이나 수행 방법의 차이점만이 그들을 가르는 결정적인 요소가 될 수도 있다.

깨달음은 어떻게 오는가? 돈오를 주장하는 수도자는 ― 콘즈의 표현을 빌리면 ― "엄격한 생활과 명상이 해탈을 가져올 것이라고 기대하는 것은 마치 벽돌을 갈아서 거울을 만들려는 것과 같다"고 믿는다.[26] 그러나 앞의 수도자들은 염불, 묵언, 만행 등의 '엄격한 생활과 명상'을 통해 해탈을 얻으려고 노력한다. 이렇게 보면, 선교 갈등의 원인은 깨달음 자체에 대한 본질적인 이유에 있지만, 돈점 갈등의 원인은 단지 깨달음을 얻는 시기나 수행 방법의 차이에 있다고 말할 수도 있다.

오늘날 돈점 논쟁에 대한 논문과 전문 서적은 우리나라에도 굉장히 많다. 그들 대부분은 주로 어느 한 쪽이 옳다고 주장하고 있다. 또한 돈과 점뿐만 아니라 선과 교가 서로 만나야 한다는 주장도 굉장히 많지만, 실제로 만나고 있다거나 만날 수 있다는 주장은 별로 많지 않다.

이 질문에 대한 윤원철의 답변은 무엇인가? 그는 "영성과 이지(理智)의 변증법적 구도를 통한 종교의 생명력은 그대로 유지되고, 새록새록 생산될 것인가?"라고 물으면서, 이 질문은 영성주의와 교학주의(敎學主義) 중에서 어느 한 쪽의 논변이나 운동으로 답변될 일이 아니라고 말한다. 그래서 그는 선의 역사를 꼭 '실패의 역사'로만 볼 수 없다고 말한다. 그렇다면 선과 교, 돈과 점은 서로 만날 수 있단 말인가? 그리고 그것이 가능하다면, 어떻게 가능하단 말인가? 그의 논변을 따라가던 우리는 다시 미궁에 빠진다.

여기서 논리의 허구성을 폭로하는 수많은 공안(公案)을 가지고 있는 선사들은 선의 본질을 논리적으로 이해하려는 필자의 태도 자체가 잘못된 것이라고 말할 것이다. 그러나 역설, 초논리, 반논리도 어디까지나 논리를 배경으로 해서만 이해될 수 있으며, 초시간적인 깨달음도 시간 속의 사건과 대비해서만 이해될 수 있는 것이다.

오스틴(J. L. Austin)은 언어의 이런 이중성을 '바지 언어(trouser-words)'라고 표현한다. 마치 바짓가랑이가 양쪽이듯이, 어떤 것이 진짜라는 주장은 그것이 가짜가 아니라는 어떤 특수한 경우에 비추어서(in the light of)만 의미를 갖게 된다는 것이다. 예를 들어서, X가 진짜 오리라는 주장은 그것이 그림 오리, 플라스틱 오리, 엉터리 오리, 가짜 오리가 아니라는 뜻이다.[27] 이와 마찬가지로, 언어의 비논리성도 논리성을 전제로 해서만 이해될 수 있으며, "의미론적 입장에서 볼 때 모든 종교 경험도 그것과 반대되는 비종교적 경험에 비추어서만 의미를 가질 수 있다."[28] 최근에 선불교가 언어의 논리성과 그 논리성의 한계를 동시에 지적한 비트겐슈타인의 사상과 연관되어 활발하게 토론되고 있는 이유도 여기에 있다.

하여간 선교의 올바른 관계와 돈점의 올바른 관계를 정립하려는 시도는 쓸데없는 허론(虛論)이 아닌데, 김호성은 이런 작업은 절대로 '깨달음의 대결'이 아니라고 말하면서 그 이유를 '진리의 차원'과 '사람의 차원'으로 구분하여 설명한다. "진리의 차원은 말을 떠나 있으므로 돈도 점도 모두 사족(蛇足)이라고 아니할 수 없다. 그러나 사람의 차원에서 돈이냐 점이냐 하는 문제는 대단히 중요한 실존적 문제가 아닐 수 없다."[29] 즉 이 문제는 실제로 종교인의 신앙 생활에 결정적인 영향을 줄 수 있는 실천적 문제이기도 한 것이다. 박성배는 이렇게 말한다.

> 문제는 약과 병과 환자의 삼각 관계에 있다. 문자, 언어, 교리, 지해가 있기 때문에 '문자 → 지해'라는 병이 생겼고, '문자 → 지해'라는 병이 있기 때문에 '반문자 → 반지해'라는 약이 나왔다. 그런데 이제 '반문자 → 반지해'라는 약이 오히려 병이 되었다. 엉터리 의사들이 약을 잘못 쓴 것이다.
>
> 그러므로 '반문자 → 반지해' 운동은 어디까지나 제대로 된 불교의 출현을 고대하는 양심 세력들의 개혁 운동이었지, 불교의 '문자 → 지해'를 모두 없애고 버리자는 '멸문자(滅文字) → 멸지해(滅知解)' 운동은 아니었다.[30]

원래 돈오점수설을 주장한 보조국사(普照國師)에 의하면, 돈과 점은 순전히 상근승기(上根勝機)를 가진 사람과 하근열기(下根劣機)를 가진 사람의 차이일 뿐이다. 고형곤(高亨坤)은 『수심결(修心訣)』(法語集,

69쪽)을 인용하면서 보조의 사상을 이렇게 설명한다.

대상 사물에 대한 집착이 담박(淡薄)하고 순역경(順逆境)에 대한 호염(好厭)의 정이 없어서 선(善)에 선을 여의고 악(惡)에 악을 여의며, 이쇠훼예칭기고락(利衰毀譽稱譏苦樂)에 움직이지 않고, 고락(苦樂)을 받고 버림에 자유자재하는 천품(天稟)을 가진 사람은 작위(作爲)함이 없이 천진하여 동정(動靜) 그대로 자연에 합치하는 고로, 본래부터 자성(自性)에 구족한 정혜(定慧)에 따라서 그때 그때 행동함으로써 족한 것이요, 사물에의 유감을 배제하기 위하여 마음의 산란(散亂)을 물리칠 필요도 없고 또 망회혼미(忘懷昏迷)에 침체(沈滯)하지 않기 위하여 마음을 성성(惺惺)하게 가지려고 애쓸 필요도 없다. 그러니 그가 어찌 수상문대치(隨相門對治)가 필요하겠는가?
그러나 비록 번뇌망상이 본래부터 없는 것이요, 본래부터 보광명지(普光明智)가 자심(自心)에 구족(具足)하여 불(佛)과 조금도 다르지 않다는 신해(信解)를 내 마음 속에서 돈증(頓證)했다 하더라도, 업장(業障)이 무거운 열기(劣機)의 사람은 대상을 반연(攀緣)하고 대경(對境)을 호염하는 치기(稚氣)가 좀처럼 가시지 않는 고로, 순역(順逆)에 따라 진희시비(瞋喜是非)가 치연(熾然)하게 기멸(起滅)하여 객진번뇌(客塵煩惱)가 전과 다를 것이 없다.[31]

여기서 전자에 속하는 사람은 일단 깨달은 다음에 마음을 성성하게 가지려고 애쓸 필요도 없겠지만, 후자에 속하는 사람은 깨달은 다음에도 계속 정진해야 하는데, 보조국사는 후자를 다음과 같은 비유로 설명한다. 결빙(結氷)된 연못이 사실은 물이라는 것은 확실하지만, 그 얼음이 녹으려면 결국 햇빛의 도움을 받아야 한다. 이렇게 보조국사는 돈오와 점수를 단지 수행자의 근기로 설명한다. 그러나 오늘날 이 논쟁에 참여하고 있는 대부분의 학자들은 그것을 개인의 근기 문제로 보지 않고 깨달음과 닦음의 관계의 문제로 보고 있다.

돈오돈수와 돈오점수, 어느 쪽이 옳은가? 이 질문에 대하여 박성배는 이 양자를 조화시켜서 "보조국사의 돈오점수설을 '돈오돈수적 점수설'로 발전시키는 것이 바람직하다"고 답변하는데, 그의 논리는 다음과 같이 요약될 수 있다.

첫째, '깨침'이라는 어휘는 어떤 사건을 지시하기도 하고 그런 경험의 궁극적인 내용을 지시하기도 한다. 전자의 경우에 우리는 누가 언제 어디서 어떤 깨침을 얻었느냐 등을 질문하지만, 후자의 경우에 우리는 그런 특수한 질문보다는 깨침의 본질이 무엇이냐를 묻는다. 이 양자를 화엄 철학에서는 각각 사적(事的) 면과 이적(理的) 면이라고 부르고, 서양철학에서는 그들을 각각 인식론적 측면과 존재론적 측면이라고 부른다.

물론 깨침이란 본래 전체적인 '생명 현상'이기 때문에 이 구별을 명확하게 하기란 거의 불가능하다. 그리고 깨침을 이렇게 이(理)와 사(事), 체(體)와 용(用), 보편과 특수, 존재론과 인식론 등으로 분석하면, 그렇게 분석하는 순간에 '깨침만이 갖는 고유한 생명'은 죽고 만다.[32]

둘째, 그럼에도 우리는 깨침을 사적(事的) 면에서 언급하지 않을 수 없다. 우선 모든 인간이 현실적으로는 구체적인 사적 존재로 살고 있으며, 또한 대부분의 사람들은 아직 깨치지 못하고 있기 때문이다. 즉 우리는 혼미한 사람들에게 "일체 중생이 있는 그대로 모두 완전한 부처님"이라는 사실을 알려 주어야 하는데, 이 일은 단적으로 사(事)에 속한다. 그래서 "깨침의 내용은 이(理)겠지만, 이것이 개개의 미(迷)한 사람들과 관련될 때는 이를 사(事)로 다루지 않을 수 없는 것이며, 이 경우에 사로서의 깨침은 이로서의 깨침을 배반해서는 안 된다."[33]

셋째, 깨침을 사(事)로 다루면 여러 가지 문제가 발생하기 마련이다. 우선 "우리는 깨치기 이전과 깨친 다음의 구별을 엄격히 해야 하고, 이미 깨친 상태와 아직 깨치지 못한 상태의 구별을 분명히 하고, 진짜 깨침과 가짜 깨침의 구별을 철저히 해야 한다. 그러나 우리가 일단 깨침을 이(理)로 다루면, 일체의 인위적인 것들은 일시에 자취를 감춘다. 여기서는 시간도 부정되고, 공간도 부정되고, 부처님도 역대 조사도 일체 경전도 모두 빛을 잃는다. 물론 깨치기 이전과 깨친 다음이라는 구별조차 문제되지 않는다. 이렇게 깨침이라는 말은 똑같은데, 이를 사(事)로 다루느냐 혹은 이(理)로 다루느냐에 따라서 대화의 내용과 분위기는 판이하게 달라진다."[34] 여기서 나오는 결론은 무엇인가?

> 돈오점수설이 깨침의 본질을 한 인간으로 인간 사회 속에서 매일 매일 어떻게 살아야 하느냐는 '닦음의 문제'와의 관계 속에서 이야기하는 매우 '넓은 의미'의 종합적인 수행(修行) 이론이라면, 돈오돈수설은 이타적 보살행에 대한 관심 표시나 구체적인 언급을 일체 거부하고 오직 깨침 하나만을 위해서 사는 깊은 산속 수도자들의 용맹정진반 경책(警策)과도 같은 매우 '좁은 의미'의 특수한 수도(修道) 이론이라고 말할 수 있다. 여기서 좁다는 말은 결코 나쁜 뜻이 아니다. 너무 특수하여 거기에 해당되는 사람이 극히 제한되어 있다는 말일 뿐이다.[35]

그러나 돈오돈수보다는 돈오점수를 옹호하면서 '돈오돈수적 점수'를 주장하는 박성배의 설명이 여기에 관련된 모든 문제를 해결할 수 있느냐는 질문에 대한 답변은 독자의 판단에 맡기고, 불교의 깨달음은 절대적인 신의 존재를 필요로 하지 않기 때문에 불교를 무신론으로 보아야 한다는 견해를 잠시 토론하겠다.

5. 불교는 무신론인가

대부분의 기독교인들은 모든 종교를 유신론과 무신론으로 분류한다. 신이 존재한다는 전자가 긍정적인 표현이라면, 신이 존재하지 않는다는 후자는 부정적인 표현이라고 할 수 있다. 즉 그들은 유신론이 아닌 것을 모두 무신론으로 간주한다. 그러나 이런 주장은 몇 가지 난점을 가지고 있다.

첫째, 이런 구분은 너무 단순하다. 유신론을 지지할 수도 없고 무신론을 지지할 수도 없다는 불가지론(不可知論)도 존재할 수 있기 때문이다.

둘째, 대부분의 기독교인들은 유신론과 일신론을 동일시하지만, 따지고 보면 유신론에도 여러 가지가 있다. 일신론(一神論)은 인격적 및 도덕적으로 지고(至高)한 존재는 단 하나뿐이며, 그는 그의 피조물인 인간에게 절대적이고 전체적인 복종을 요구한다고 말한다. 이와 반대로 다신론(多神論)은 다수의 신이 존재한다고 말한다. 그리고 다신론 중에는 다수의 신이 존재하지만 주로 자신이 속해 있는 부족이나 민족의 신과 같은 하나의 신에게 더욱 충성을 바쳐야 한다는 단일신론(單一神論, henotheism)[36]과 자연 혹은 우주 전체가 신이라는 범신론(汎神論, pantheism)도 있다. 그리고 서양의 18세기에 유행했던 이신론(理神論, deism)에 의하면, 태초에는 신이 우주를 직접 관할했으나 그 후에는 우주로부터 떠나간 부재신(不在神, absentee God)이 됨으로써, 이제 우주는 그 자체의 법칙에 의해 운행되고 있다는 것이다.

마치 롤렉스 시계가 그것을 만든 창조자의 의지와는 관계없이 그 자체의 법칙에 따라 운행되고 있듯이.[37] 한 마디로, 일신론은 유신론의 한 형태일 뿐이다.

셋째, 신의 존재를 부정하는 무신론에도 여러 가지가 있다. 이미 말했듯이, 불가지론은 이 문제에 대하여 우리는 어느 쪽도 지지할 수 없다고 말하지만, 논리실증주의는 한 걸음 더 나아가서 신의 존재나 비존재를 논의하는 행위 자체가 의미 없는 짓이라고 말한다. 여기서 사용된 '의미 있는' 혹은 '의미 없는'이라는 어휘는 "그것은 나에게 큰 의미를 주었다" 등의 표현에 나타난 심리적 용어가 아니라 논리적 용어다. 즉 어느 명제가 논리적으로 의미가 있으려면 경험에 의하여 입증될 수 있어야 하며, 그렇지 않은 모든 명제는 그것의 진위조차 따질 수 없는 무의미한 명제라는 것이다.

예를 들어, 어느 날 아침 깜짝 놀랄 만한 뉴스가 방송되었다고 가정하자. "지난 밤 사이에 이 우주와 우주 안에 존재하는 모든 것들이 두 배로 늘어났습니다." 우리가 이 소식을 처음 들었을 때는 굉장한 뉴스로 생각한다. 그러나 이 뉴스의 근거는 무엇인가? 우주가 두 배로 늘어났다는 것을 처음으로 발견한 사람은 누구인가? 우주가 두 배로 늘어났다는 것을 어떻게 관찰했을까? 결국 우리는 이 뉴스가 증명할 수 있는 아무런 근거를 갖고 있지 못하다는 것을 알게 된다.

만일 우주의 모든 것이 두 배로 늘어나고, 광속도 두 배로 빨라졌다면, 우리들이 사용하는 모든 치수도 두 배로 늘어났기 때문에 우주가 두 배로 늘어났다는 것을 측량할 수도 없었을 것이다. 그러므로 이 뉴스는 인식적으로 무의미한 것이다.

초기의 실증주의자들에 의하면 "신이 존재한다"거나 "신이 존재하지 않는다"는 명제도 이와 같이 인식적으로 아무런 의미가 없는 것이다. 경험으로 입증(verification)하거나 반증(falsification)할 수 있는 근거가 전혀 없기 때문이다. 그러므로 신의 존재나 비존재는 진위의 문제가 될 수 없다. 언뜻 보기에는 사실적인 주장과 같이 보이면서도, 실제로는 사실적인 주장이 될 수 있는 기준이 — 다시 말해서 그것의 사실 유무를 결정할 수 있는 경험적인 차이점이 — 결여되어 있기 때문이다.[38]

이상의 토론을 근거로 해서 보면, 우리는 유신론(theism)과 무신론(atheism) 사이에 비신론(non-theism)이라는 새로운 분야를 인정해야 할 것이다. 비신론이란 신에 대한 존재나 비존재를 논의할 필요가 없다는 것이다. 그것이 전혀 중요하지 않아서가 아니라, 예를 들면 고통이라는 발등의 불을 먼저 끄기 위하여 그 문제는 나중으로 돌려놓아야 하기 때문이다. 이런 점에서, 비신론은 일원론도 아니고 다원론도 아닌 불이론(不二論)을 주장하는 불교의 경우와 비슷하다고 말할 수 있다.

비신론은 신의 존재 유무를 따질 수 없다는 점에서는 불가지론과 같지만, 불가지론은 그것을 '알고 싶지만 알 수 없다'는 입장이지만, 비신론은 그것을 '알 필요가 없다'는 입장이다. 이런 뜻에서 비신론은 일신론, 다신론, 단일신론, 범신론을 지지하지 않으며, 무신론이나 논리실증주의를 지지하지도 않는다. 한 마디로 비신론은 신의 존재 유무를 의지적 대상(intentional object)으로 취급한다. 그것은 존재할 수도 있고, 존재하지 않을 수도 있다. 다만 그것이 가장 중요한 문제가 되지 않는다는 입장이다. 예를 들어서, 그리스의 어느 철학자는 현자(賢者)를 찾기 위해 대낮에 등불을 켜고 다녔다고 한다. 그렇다면 그는 현자가 확실히 존재하거나 존재하지 않는다고 믿었는가? 그렇지는 않을 것이다. 현자는 있을 수도 있고, 없을 수도 있다. 즉 그의 존재와 비존재는 가장 중요한 문제가 되지 않는다.

불교는, 특히 원시 불교는 전형적인 비신론의 종교라고 나는 믿는다. 신은 존재하는가? 우주는 어떻게 만들어졌는가? 이런 문제들은 나름대로 의미가 있는 질문들이다. 그러나 욕망의 화택(火宅)에서 벗어나는 것, 그것이 삶의 가장 중요한 목표가 되어야 할 것이다. 이런 뜻에서 불교는 유신론도 아니고 무신론도 아니다. 오직 비신론일 뿐이다.

6. 맺음말

끝으로 나는 불교의 깨달음이 현재 서양철학에서 활발하게 토론되고 있다는 사실을 간단히 지적하겠다. 즉 불교의 최신 형태라고 말할 수 있는 선불교와 서양철학의 최신 형태라고 말할 수 있는 비트겐슈타인의 후기 사상이 자주 비교되고 있다는 것이다. 예를 들어서, 하드위크(Charles S. Hardwick)는, 그들 사이에는 깨달음을 얻으려는 목표와 방법에 있어서 유사성을 가지고 있다고 말한다.

첫째, 우선 목표를 생각해 보자. 선의 목적은 깨달음이며, 깨달음에 이른 사람은 모든 잘못된 개념화에서 유래된 고통과 불안으로부터 완전히 해방된다. 깨달은 사람에게는 어떤 의혹도 불합리성도 모순도 존재하지 않는다. 비트겐슈타인의 후기 저작 속에도 이런 '종교적인 요소'가 포함되어 있느냐는 문제에 대해서는 의견이 분분하다. 그러나 한 가지 분명한 사실이 있다.

그의 방법에는 강력한 치료적 요소가 있으며, 그의 방법이 지닌 하나의 뚜렷한 목표는 일종의 해방, 즉 비록 세상의 근심 걱정으로부터는 아니지만 적어도 철학함에 있어서 전통적 방식이 지닌 고민과 혼란으로부터 해방되는 데 있다. 바로 이 점에서, 선과 비트겐슈타인 사이에는 강력한 유사성이 있다. 두 방법의 최종 결과는 일종의 구제의 형태를 띤다.[39]

둘째, 방법을 생각해 보자. 비트겐슈타인은 그의 후기 저작에서 다음과 같은 기묘한 질문을 던진다. "기계는 독감에 걸릴 수 있는가?", "3이라는 숫자의 색깔은 무엇인가?", "우리는 어떻게 존재하지 않는 도둑을 목 매달 수 있는가?" 이런 질문들은 어떤 의미를 가지고 있는가? 물론 거기에는 아무런 의미가 없다.

그러나 우리는 여기서 의미와 비의미를 결정하는 기준을 묻게 되며, 이런 질문을 통해 우리는 "언어의 의미는 무엇인가?"라는 질문도 위의 질문들과 마찬가지로 기묘하게 될 수 있다는 것을 알게 된다. 이렇게 비트겐슈타인은 비의미를 통해 '의미의 의미'를 추구하도록 하는데, 이것은 선사들의 방법과 극히 비슷하다.[40]

또한 김종욱은 선불교와 후기 비트겐슈타인의 유사점을 세 가지로 정리한다. 첫째, 그들은 모두 반형이상학적 태도를 취한다. 둘째, 그들은 모두 '말할 수 없는 영역'을 인정한다. 셋째, 그들은 비슷한 언어관을 가지고 있다.[41]

물론 이런 학자들의 주장이 전부 정당화될 수 있느냐는 문제는 아직도 완전히 해결되지 않고 있다. 다만 석가와 불교의 깨달음이 현대 철학과 비교되면서 빈번히 토론되고 있다는 사실은, 깨달음이 과거지사가 아니라 오늘을 살고 있는 우리들의 일상 생활과 지적 활동에도 큰 영향을 줄 수 있다는 뜻이다. 이런 점에서, 깨달음은 불교인들만의 것도 아니며 옛날 얘기에 불과한 것도 아니다. 그것은 바로 우리들의 현재형 추구 목표가 될 수도 있다.

[주]

1) 와타나베 쇼오꼬(渡邊照宏), 법정 역, 『부처님의 일생』, 샘터사, p. 209.
2) Karl Jaspers 외, 황필호 편역, 『소크라테스, 공자, 석가, 예수, 모하메드』, 강남대, 2004, p. 145, 각주.
3) 교양교재 편찬위원회, 『불교학 개론』, 동국대, 1984, p. 23.
4) 와타나베, 앞의 책, pp. 113-114.
5) Cf. 교양교재 편찬위원회, 『불교학 개론』, 앞의 책, p. 27.
6) 와타나베, 앞의 책, pp. 145-146.
7) Hermann Hesse, tr. Hilda Rosner, *Siddharta*, A New Direction Book, 1951, p. 12.
8) 나는 무한한 자유, 영원한 행복, 절대적 기쁨 등을 모든 종교인이 가지고 있는 가족유사성 중에 하나라고 생각한다. 이 책, 제5강좌.
9) Jaspers, 앞의 책, p. 185.
10) 교양교재 편찬위원회, 『불교학 개론』, 앞의 책, p. 73.
11) Cf. "십이연기설은 이와 같이 초기경전에 설해진 가장 심오한 법문이며, 깨달음의 내용이며, 여러 교리를 하나로 종합 · 체계화한 것이며, 독특한 불교적 입장에 대한 최승(最勝)의 이론이다. 그럼에도 학계에서는 그 진가가 충분히 이해되지 못한 감이 있다." "부파불교 시대(B.C. 3세기-1세기경)에는 십이연기설이 삼세양중인과설(三世兩重因果說)로 해석되었다. 즉 인간이 과거, 현재, 미래의 삼세에 걸쳐 윤회(輪廻)하는 인과를 밝힌 교리라는 것이다. 그러나 부파불교의 이러한 삼세양중인과설에 대해 현대 불교학자들은 그 잘못을 지적하고, 그런 해석은 본래의 뜻에서 멀어진 것이라고 비판했다. 이러한 비판은 현대 불교학의 큰 성과라고 하겠지만, 그러나 이번에는 십이연기설을 단순히 논리적 또는 존재론적 연기관(緣起觀)으로 해석하려는 경향을 나타내고 있다. 뿐만 아니라 어떤 학자는 십이연기설은 교리가 차츰 정비되어 가는 과정에서 이루어졌다는 소위 후대성립설을 주장하고 있다." 같은 책, pp. 77-78.
12) Carrin Dunn, 황필호 역, 『석가와 예수의 대화』, 다미원, 2000, pp. 36-38.
13) 전재성, 『거지 성자』, 선재, 1999, p. 208.
14) Jaspers, 앞의 책, p. 146.
15) 전재성, 『거지 성자』, 앞의 책, p. 65.
16) 같은 책, p. 305.
17) Jaspers, 앞의 책, p. 148.
18) 같은 책, p. 148.
19) 윤원철, 「불교와 영성: 선과 교의 관계를 중심으로」, 강남대 신학대학원 세미나(1998. 6. 1)의 발표문, p. 5.
20) 목정배, 「현대 한국 선의 위치와 전망」, 강건기 · 김호성 편, 『깨달음, 돈오점수인가 돈오돈수인가』, 민족사, 1992, pp. 206-207.

21) 같은 글, p. 211.

22) 학자들이 돈오점수의 돈오와 돈오돈수의 돈오를 각각 해오(解悟)와 증오(證悟)로 다르게 설명하는 이유도 여기에 있다.

23) 법정, 「권두언」, 『보조 사상』, 제1집, 1987, pp. 4-5.

Cf. 점수를 극단적으로 강조하면, 완전한 깨달음의 상태란 실제로 존재하지 않으며, 오직 그런 깨달음을 얻으려는 끝없는 과정이 존재할 뿐이라는 일종의 유명론(唯名論)에 빠질 수도 있다. "인간이 가까이 가면 갈수록 깨달음 역시 한 걸음씩 멀어져간다는 차원에서 보면, 깨달음은 차라리 존재(실재)가 아니라고 해야 할 것 같다. 불교를 포함하여 동양철학 일반에서 궁극적 진리를 空, 無 등과 같은 부정적으로 언표하는 것도 진리의 언표 불가능성과 함께 그 비실재성을 말하는 것이다. 시간에 다함이 없는 것처럼 자기 부정(자기 초월)의 저편 역시 한없이 뒷걸음질을 칠 것이고, 그와 같이 깨달음에도 다함이 없게 된다. 어찌 종착역이 있을 수 있겠는가? 52위니 증오(證悟)니 하는 말도 관념적 상정(想定)일 뿐이며, 끝이 실제로 있는 것은 아니라고 이해해야 한다. 닦음에는 닦음이 수단으로 봉사해야 할 하등의 초월적 목적이나 목표가 별도로 존재할 수 없다는 관점에서 보면, 깨달음은 존재하지 않는다고 할 수 있으리라."

"불도무상서원성(佛道無上誓願成)에서의 무상한 불도는 상대적 세계에서의 최상의 무상이 아니라, 절대적 차원에서의 지붕도 없고 천장도 없고 정상(頂上)도 없는 본말무정상(本末無頂上)의 무상을 의미하는 것으로 생각된다. 그러한 무상불도를 영원히 추구하겠다는 것은 끝없는 깨달음을 위해서 영원한 닦음을 계속하겠다는 서원 이외의 다른 것이 아니다." 김호성, 「돈오점수의 새로운 해석」, 강건기·김호성 편, 『깨달음, 돈오점수인가 돈오돈수인가』, 앞의 책, p. 223.

우리는 이와 동일한 태도를 — 분명히 유명론자는 아니지만 — 기독교의 키에르케고르에서 쉽게 발견할 수 있다. 황필호, 『문학철학 산책』, 집문당, 1997, pp. 255-310; S. 키에르케고르, 황필호 편역, 『철학적 조각들』, 집문당, 1998.

24) 황필호, 『서양종교철학 산책』, 집문당, 1996, p. 234.

25) 윤원철, 앞의 글, p. 6.

26) 같은 글, p. 4에서 재인용.

27) J. L. Austin, *Sense and Sensibilia*, Oxford University Press, 1962, p.70.

28) 황필호, 『종교철학자가 본 불교』, 민족사, 1990, p. 181.

29) 김호성, 「돈점 논쟁의 반성과 과제」, 강건기·김호성 편, 『깨달음, 돈오점수인가 돈오돈수인가』, 앞의 책, p. 14.

30) 박성배, 「성철 스님의 돈오점수설 비판에 대하여」, 같은 책, p. 257.

31) 고형곤, 『선의 세계』, II, 운주사, 1995, p. 95.

32) 박성배, 앞의 글, p. 270.

33) 같은 글, p. 272.

34) 같은 글, p. 271.

35) 같은 글, pp. 275-276.

36) 나는 대부분의 현대인은 단일신론자라고 믿는다. 일요일에는 예수나 석가를 믿고, 월요일에는 돈을 믿고, 화요일에는 명예를 믿는 식으로 살면서도 그가 가장 중요하게 여기는 것을 제우스라고 믿고 있기 때문이다.

37) John Hick, 황필호 역, 『종교철학 개론』, 종로서적, 1980, p. 25.

38) 황필호, 『철학적 인간, 종교적 인간』, 범우사, 1983, pp. 195-196.

39) Charles S. Hardwick, "Doing Philosophy and Doing Zen," *Philosophy East and West*, October 1963, (Edward Conze 외, 김종욱 편, 『불교 사상과 서양철학』, 1990, p. 256에서 인용.)

40) 황필호, 『종교변호학 · 종교학 · 종교철학』, 철학과현실사, 2004, pp. 267-268.

41) Conze, 『불교 사상과 서양철학』, 앞의 책, p. 274.

아버지 하느님과 어머니 하느님은 공존할 수 있는가

1. 머리말

유일신을 숭배하는 기독교는 '사랑의 하느님'과 '진노의 하느님'을 동시에 주장한다. 하느님은 인간과 비교되지 않을 정도로 초월해 있지만 신도들의 기도와 소원을 들어 주고, 고통받는 사람들을 위로해 주고, 더 나아가서 내세까지 약속해 준다는 이론이 전자의 주장이다. 그러나 사람이 죄를 지으면 그것을 삼사대까지 처벌할 것이라는 이론은 후자의 주장이다. 그래서 성서는 이렇게 선언한다.

> 나는 너희들을 이집트의 노예로부터 해방시킨 너의 하느님 여호와이다. 나 이외의 다른 신을 경배하지 말라. 어떤 우상도 만들지 말며, 동물, 새, 물고기와 비슷한 어떤 형상도 만들지 말라. 어떤 형상에게도 절하지 말고 경배하지 말라. 너의 하느님이신 주님은 소유욕이 있

는 분이기 때문이다. 나는 다른 신에 대한 너희들의 사랑을 공동으로 소유하지 않을 것이다.

그리고 내가 그들의 죄를 처벌할 때는 그 벌이 나를 미워하는 사람들의 자녀, 손자, 증손자에게까지 계속될 것이다. 그러나 나를 사랑하고 나의 계명을 지키는 수천 명의 사람들에게는 나의 사랑을 아낌없이 줄 것이다.[1]

일반적으로 구약의 하느님은 진노의 하느님이지만, 신약의 하느님은 사랑의 하느님이라고 말한다. 구약에는 '살인하지 말라', '간음하지 말라' 등의 부정적인 경고가 많지만 신약에는 '원수를 사랑하라' 등의 긍정적인 충고가 많은 이유도 여기에 있다. 그러나 그들의 구별이 신구약으로 정확히 구분되는 것은 아니다. 구약에도 사랑의 하느님이 있고, 신약에도 진노의 하느님, 질투하는 하느님, 소유욕이 강한 하느님이 있기 때문이다.

진노의 하느님과 사랑의 하느님을 현대 식으로 표현하면 '아버지 하느님'과 '어머니 하느님'이 될 것이다. 어머니는 자식의 잘못을 수십 번씩 끝없이 용서해 주지만, 아버지는 용서보다는 질서와 처벌을 강조하기 때문이다. 에리히 프롬이 아버지 사랑과 어머니 사랑은 전혀 다르다고 말하면서 후자는 무조건적이지만 전자는 조건적이라고 주장한 이유도 여기에 있다.

어머니의 사랑은 본질적으로 무조건적이다. 어머니는 새로 태어난 아이가 어떤 조건을 충족시키거나 특별한 기대에 맞게 살기 때문이 아니라 단순히 그는 그녀의 아이이기 때문에 사랑한다. 이런 뜻에서 어머니는 우리가 탄생한 집이며, 그녀는 자연이며 땅이며 대양이다.

그러나 아버지는 그런 자연적인 집을 대표하지 않는다. 그는 새로 태어난 아이와 몇 년 동안은 별로 특별한 관계를 갖지 않는다. 실로 이 시기에 아버지의 중요성과 어머니의 중요성은 비교가 되지 않을 정도도. 아버지는 자연적인 세계를 대표하지 않고 인간 존재의 또 다른 측면을 대표한다. 그는 사고의 세계, 인간이 만든 물체의 세계, 법과 질서의 세계, 여행과 모험의 세계를 대표한다. (중략)

그러므로 아버지의 사랑은 조건적이며, 그 원칙은 "네가 나의 기대를 충족시키고, 너의 임무를 잘 수행하고, 네가 나와 같이 있으면, 나는 너를 사랑한다"는 것이다.[2]

물론 프롬은 아버지와 어머니의 기능의 차이를 너무 과장한 감이 없지 않다. 우리는 주위에서 무조건적인 아버지의 사랑을 쉽게 발견할 수 있기 때문이다. 그러나 아버지의 사랑과 어머니의 사랑은 각각 채찍과 당근으로 표현될 정도로 서로 상이하며, 자녀가 이 양자를 잘 조화시킨 가정 교육을 받아야 한다는 프롬의 주장은 분명히 옳다.

나는 이 글에서 기독교가 과연 진노의 하느님뿐만 아니라 사랑의 하느님을 동시에 주장할 수 있느냐는 문제를 몇 가지 실례를 들어 토론하겠다. 나는 2절에서 이 문제를 우리가 당연하게 받아들이고 있는 천당과 지옥의 문제로 토론하고, 3절에서는 엄연히 존재하는 정당화되지 않은 고통(unjustified suffering) 앞에서 우리가 과연 사랑의 하느님을 변호할 수 있느냐는 변신론(辯神論)을 토론하고, 4절에서는 이 문제를 아버지 하느님과 어머니 하느님의 관계로 토론하면서 기독교가 동양에서 정착할 수 있는 '토양'을 토론하겠다.

일반적으로 서양은 '이것이냐 저것이냐'의 세계로 진노의 하느님을 강조하지만, 동양은 '이것도 저것도'의 세계로 사랑의 하느님을 강조한다고 말할 수 있기 때문이다.

2. 천당과 지옥

신약에서 말하는 하느님의 사랑이라는 개념을 이해하려면 우리는 우선 에로스와 아가페를 구별해야 한다. 에로스는 내가 무엇인가를 희망하고 추구하기 때문에 생긴 사랑이다. 여자는 남자가 잘 생기고, 남자답고, 현명하기 때문에 사랑한다. 부모는 자식이 그들의 자식이기 때문에 사랑한다. 그러므로 모든 에로스는 '바라는 사랑(desiring love)'이다.

그러나 신약성서의 저자들이 주장하는 아가페는 '주는 사랑(giving love)'이다. 사랑의 대상이 어떤 특수한 속성을 가지고 있기 때문에 사랑하는 것이 아니다. 단순히 그가 존재하기 때문에, 혹은 하느님의 형상을 가지고 태어난 하나의 인간이기 때문에 사랑하는 것이다. 즉 신약의 아가페는 상대방의 행복을 돕기 위해 발생한 사랑이다. "하느님은 사랑"(요한1서, 4:8)이라든지 "하느님이 세상을 이처럼 사랑하사"(요한복음, 3:16) 등은 모두 이와 같은 아가페의 사랑이다.

인간에 대한 하느님의 이런 보편적인 사랑, 인간의 덕이나 공적 때문이 아니라 하느님이 무조건 주기 때문에 인간이 받는 사랑은 다시 하느님이야말로 인간 생명의 마지막 수호자며 보호자라는 종교적 신념의 토대를 이룬다. 기독교인들이 흔히 "하느님은 우리의 피난처요, 힘이시요, 환란 중에 돕는 분"이라고 고백하는 이유도 여기에 있다. 여기서 아가페는 인간의 행복을 약속해 주는 주권적 사랑이다.[3]

다른 한편으로, 하느님의 이런 무한한 사랑은 역설적이게도 하느님이야말로 인간의 전체적인 복종을 요구하는 분이라는 주장의 토대를 이룬다. 여기서 하느님은 어머니보다는 아버지가 되고, 어느 경우에는 무조건 복종해야 할 '주님'이나 '왕'이 된다. 그의 명령은 절대적이고 무조건적인 요구, 인간의 모든 이익이나 목숨으로도 상쇄할 수 없는 요구로 내려오며, 이 과정에서 사랑의 하느님은 다시 진노의 하느님이 되는 것이다. 이렇게 보면, 사랑의 하느님과 진노의 하느님은 서로 상대방을 전제로 해서 전체를 이룬다고 말할 수 있다. 기독교가 전자의 결과를 '천당'으로 표현하고 후자를 '지옥'으로 표현하면서도, 천당이 있으려면 지옥이 있어야 하고 지옥이 있으려면 천당이 있어야 한다고 말하는 이유도 여기에 있다.

힌두교와 불교는 수많은 전생과 수많은 내생을 설정한다. 수많은 전생이 없다면 현생에 나타난 수많은 차이점을 설명할 수 없으며, 수많은 후생이 없다면 언젠가는 모든 중생이 깨달은 사람이 될 것이라는 주장을 설명할 수 없기 때문이다. 그러나 기독교는 전생을 전혀 인정하지 않으며, 오직 한 번의 후생을 인정한다. 즉 모든 사람은 현생의 삶의 결과에 따라서 영원한 복락을 누리는 천당이나 영원한 불길에 휩싸인 지옥에 갈 수밖에 없다고 주장한다. 언뜻 보기에 이런 주장은 상식적으로 당연한 듯이 보인다. 지옥이 없다면 천당에 무슨 의미가 있을 것이며, 천당이 없다면 지옥에 무슨 의미가 있겠는가.

그러나 많은 학자들은 천당과 지옥이라는 개념이 진노보다는 사랑을 강조하는 기독교의 교리를 잘 대변해 주지 못한다고 말한다. 그것은 사랑과 진노의 이원론, 선과 악의 이원론을 주장하는 조로아스터교의 교리일 뿐이라는 것이다. 기독교에서 선과 악은 절대로 동등한 개념이 아니며, 악이란 '선이 잘못된 것'이라고 주장하기 때문이다. 존 힉은 악의 실재를 아우구스티누스의 사상으로 설명한다.

악이란 그 자체는 원래 선하지만 잘못된 방향으로 가버린 것(the going wrong of something that in itself is good)이다. 아우구스티누스는 우리가 살고 있는 우주는 원래 선한 하느님이 선한 목표에 따라 창조한 것이기 때문에 근본적으로는 선한 것이라는 히브리적 및 기독교적 신념을 고수한 사람이다. 그리하여 그는 물질이 악이라는 고대의 편견도 배척한다.

물론 선에는 그 풍요함과 종류에 있어서 높은 선과 낮은 선, 커다란 선과 조그만 선이 있다. 그러나 아우구스티누스에 의하면 존재를 가진 모든 것은 타락하지 않는 한 제 나름대로 또한 제 정도대로 선한 것이다. 그러므로 악이란 — 악한 의지이건, 고통이건, 무질서이건, 자연적인 부패이건 — 하느님이 처음 시작한 것이 아니며, 근본적으로는 선했던 것이 왜곡된 것일 뿐이다. 존재하는 모든 것은 그 자체로는 선하며, 악이란 근본적으로 선한 창조 속에 나타난 무질서와 곡해며, 이런 의미에서 우리는 악은 선에 기생(parasitic upon good)하는 것이라고 말할 수 있다.[4]

원래 모든 인간은 천당에 가도록 예정되어 있었다. 단지 각자의 도덕적 타락에 의하여 스스로 지옥행을 자청하고 있을 뿐이다. 이렇게 보면 극히 짧은 이 세상을 딱 한 번 잘못 살았다고 해서 영원한 지옥행을 할 수밖에 없다는 발상은 하느님의 영원한 사랑과 공존할 수 없는 듯이 보인다. 인간을 끝까지 사랑하는 것이 하느님의 영원한 사랑이다. 그런데 어찌 사랑의 하느님이 제 2의 기회, 제 3의 기회를 인정하지 않는 천당과 지옥의 심판을 해야 한다고 주장할 수 있을까. 다시 말하지만, 천당과 지옥을 동일선상에 놓고 보려는 발상은 하느님의 무조건적인 사랑을 충분히 설명할 수 없다. 이런 뜻에서 천당과 지옥은 공존할 수 없는 듯이 보인다.

3. 변신론

사랑의 하느님과 진노의 하느님의 구별에 얽힌 또 다른 문제로는 변신론(辯神論, theodicy)의 문제가 있다. 엄연하게 존재하는 이 세상의 악, 즉 정당화되지 않은 고통(unjustified sufferings)을 앞에 두고 어떻게 사랑의 하느님을 변호할 수 있느냐는 문제다. 전통적으로 변신론은 다음의 딜레마 형식으로 제시된다.

첫째 전제 — 기독교인들이 주장하듯이, 만약 하느님이 사랑의 하느님이라면, 그는 정당화되지 않은 고통의 형태로 표현되는 이 세상의 모든 악을 없애기를 원했을 것이다.

둘째 전제 — 기독교인들이 주장하듯이, 만약 하느님이 사랑의 하느님일 뿐만 아니라 전능의 하느님이라면, 그는 이 모든 악을 없앨 수도 있었을 것이다.

셋째 전제 — 그러나 이 세상에 악은 엄연히 존재한다.

첫째 결론 — 그러므로 하느님은 사랑의 하느님이 아니거나,

둘째 결론 — 하느님은 사랑의 하느님이지만 전능의 하느님이 아니거나,

셋째 결론 — 하느님은 사랑의 하느님도 아니고 전능의 하느님도 아니다.[5]

일반적으로 기독교는 이 심각한 문제에 대하여 이른바 '자유의지의 변호(free-will defence)'를 내세운다. 원래 하느님은 인간을 행복한

로봇으로 만들지 않았다. 그는 인간에게 선을 추구할 수도 있고 악을 추구할 수도 있는 자유의지를 주었으며, 그런데 인간이 이 자유의지를 잘못 사용해서 고통을 받게 된다는 이론이다.

그러나 이런 설명은 여러 가지로 불완전하다. 정말 이 세상에서 일어나는 모든 인간의 고통이 과연 그의 잘못으로 발생하는 것인가? 또한 백 보를 양보해서 우리가 '인간적 악(personal evil)'은 이렇게 설명할 수 있다고 해도 화산, 지진, 쓰나미 등의 천재지변으로 날벼락을 맞아 죽는 '자연적 악(natural evil)'도 그 사람의 잘못이란 말인가? 악의 문제에 얽힌 이런 논쟁은 지금까지 지속되고 있다. 그래서 현각은 전혀 정당화될 수 없는 인간 고통을 이렇게 외친다.

> 하느님께서 우리 어린이들을 사랑하신다면 왜 어떤 친구들은 태어날 때부터 팔이 없거나 다리가 없지요? 또 어떤 친구는 아예 치료할 수 없는 불치병을 안고 태어나기도 하잖아요? 제 큰 누나는 산부인과 간호사인데 매일 평균 대여섯 명 정도의 아이들이 태어나는 것을 지켜봅니다. 그리고 매일 저녁 식사 시간에 병원에서 일어난 일을 들려주곤 합니다. 어떤 날은 손가락과 발가락이 지느러미처럼 서로 붙어서 태어나는 아이, 어떤 날은 태어날 때부터 심장이 약한 아이, 심지어 어떤 아이는 머리가 열려서 태어나는 경우도 있대요. 팔다리가 없거나 엉뚱한 데 붙어 있거나 하는 경우는 예사고요. 누나는 그런 얘기를 전하면서 너무 슬퍼 눈물을 흘립니다. 도대체 그런 아이들에게 베푸는 신의 사랑이란 어떤 종류의 사랑입니까?[6]

물론 우리는 이 악의 문제를 쉽게 해결할 수 있는 방법을 가지고 있다. 첫째, 마치 크리스천 사이언스 학파가 주장하듯이, 우리는 악을 인간 정신이 창조한 환상일 뿐이라고 주장할 수 있다. 그러나 이런 주장은 악의 실재론에 기초를 둔 기독교적 해석이 될 수 없다. 기독교에서 악은 실재로 존재한다. 그리고 기독교에서 이런 실재론은 선한 예수의 십자가의 형벌로 나타난다. 둘째, 보스턴의 퍼스널리티 학파가 주장하듯이, 우리는 악을 하느님과 상이한 어떤 신이 만들어낸 것이며, 비록 그 신은 권능에 있어서 하느님만은 못해도 영원히 존재할 것이며, 그가 존재하는 한 악은 여전히 선과 함께 세상에 존재할 것이라고 주장할 수 있다. 그러나 이런 설명은 필연적으로 이원론이 될 수밖에 없다.

기독교에서 악은 하느님에게 정면으로 도전하는 실체며, 하느님 이외의 다른 신이 강조한 것도 아니다. 이런 상황에서 기독교는 선과 악의 존재를 인정하면서도 악에 대한 선의 우위성(優位性)을 주장하려고 하며, 그래서 변신론의 논증은 오늘날에도 그대로 진행되고 있다.

4. 아버지 하느님, 어머니 하느님

일본 종교사를 연구하는 사람은 한 가지 역설을 만나게 된다. 대개 종교는 한 번 뿌리를 내리면 쉽게 그 뿌리가 뽑혀 나가지 않는다. 종교란 핍박이 없으면 없는 대로 혹은 핍박이 있으면 있는 대로 민중의 삶에 큰 영향을 준다. 그런데 일본은 한국보다 기독교를 훨씬 빨리 받아들였으며, 또한 기독교가 일세를 풍미하기도 했다. 그러나 오늘날 기독교인은 전 인구의 1퍼센트도 되지 않는다. 어찌 이럴 수 있는가. 이것이 바로 일본 종교사의 역설이다.

여러 번 노벨문학상 후보로 지명되기도 했던 엔도 슈사꾸(遠藤周作, 1923-1996)는 이 문제를 그의 평생 과업으로 삼았으며, 그 문제에 대한 명확한 답변을 제시했다. 그가 『침묵』과 그의 다른 '심각한 소설들' 속에서 줄기차게 다루는 주제로는 단연 기독교의 일본 정착의 문제가 있다. 한 마디로 그는 일본에 수입된 '아버지 기독교'는 원래 어머니 정서로 살아가는 일본에서는 절대로 토착화될 수 없다는 것인데, 그는 일본의 이런 특수한 상황을 '진흙 늪지대(mud swamp)'로 표현한다. 그는 페레이라의 입을 빌려 이렇게 말한다.

"이 나라 … 사람들이 믿었던 것은 우리들의 하느님이 아니야. 그들만의 신이지. 우리들은 그것을 너무 오랫동안 모르고 일본인이 그리스도 신도가 되었다고 생각하고 있었지." (중략)

"그것은 하느님이 아니야. 거미줄에 걸린 나비 그대로야. 처음에는 그 나비가 확실히 나비에 틀림 없었지. 하지만 다음날 그것은 외견상으로는 나비의 날개와 몸통을 가졌지만 사실은 실체를 잃어버린 시체로 되어 버렸지. 우리의 하느님도 이 일본에서는 거미줄에 걸려든 나비에 지나지 않아. 외형과 형식은 하느님처럼 보이면서도 그것은 이미 실체가 없는 시체가 되어 버린 거야."[7]

"일본인은 인간과는 전혀 다른 하느님을 생각할 능력을 갖고 있지 않아. 일본인은 인간을 초월한 존재를 생각할 힘도 가지고 있지 않아. (중략) 일본인은 인간을 미화(美化)하거나 확대시킨 것을 신이라고 부르고 있어. 인간과 동일한 존재를 가진 것을 신이라고 부르는 거야. 그러나 그것은 교회의 하느님은 아니야."[8]

일본은 모든 묘목의 뿌리가 썩어 말라가는 늪지대, 특히 기독교라는 묘목은 절대로 자랄 수 없는 늪지대라는 것이 엔도의 일관된 생각이다. 이노우에가 로드리꼬에게 그는 자신에게 패배한 것이 아니라 '일본이라는 늪지대'에 패배한 것이라고 주장한 이유도 여기에 있다.[9] 그래서 이노우에는 고또오나 기쓰끼에는 아직도 카톨릭 신도가 있지만 이제 체포할 생각이 없다고 자랑하면서 그 이유를 이렇게 설명한다.

> "그건 이미 뿌리가 잘려져 있어. 만약 서방의 여러 나라에서 신부가 다시 온다면, 우리들도 신도들을 체포하지 않으면 안 되겠지만…. 그러나 그럴 염려는 없어. 뿌리가 잘려지면 줄기도 잎도 썩는 것은 당연한 이치지. 그 증거로는, 고또오나 기쓰끼의 농민들이 몰래 받들고 있는 하느님은 카톨릭교의 하느님과 비슷해도 사실은 전혀 다른 것으로 변질되어 있소."[10]

엔도 스스로도 어느 잡지와의 인터뷰에서 이렇게 말했다.

> 나는 어렸을 때 세례를 받았다. 그러니까 카톨릭은 나에게 일종의 기성복이었다. 그래서 나는 이 기성복을 나의 몸에 맞게 하든지 혹은 그것을 버리고 다른 옷을 발견해야 하든지를 결정해야 했다.
> 나는 여러 번 카톨릭교를 버리고 싶은 생각이 들었으나 결국 그렇게 하지는 못했다. 내가 그것을 버리지 않은 것이 아니라 그저 그것을 버릴 수 없었다. 그 이유는 카톨릭이 이미 나의 한 부분이 되었기 때문이다. 즉 그것이 나의 젊음 속으로 깊이 침투해 있다는 사실은, 그것이 적어도 나의 일부분이 되었으며 나와 동격(同格)이라고 생각되었다.
> 그럼에도 나는 카톨릭은 남으로부터 빌린 것이라는 의혹을 떨쳐버

릴 수 없었으며, 나의 진정한 자아란 과연 무엇일까를 의심하기 시작했다. 결국 나는 그것이 나의 속에 있는 '진흙 늪지대라는 일본'이라고 생각했다. 내가 처음 소설을 쓸 때부터 지금까지, 나의 카톨릭적 자아와 그 밑에 있는 자아와의 대결은 ― 마치 바보의 지속적인 후렴처럼 ― 나의 작품 속에서 울려퍼지고 다시 울려퍼졌다. 어떻게 해서든지 나는 이 두 자아를 화해시킬 방법을 찾으려고 생각했다.[11]

그러면 앞으로 기독교는 과연 일본의 늪지대를 정복하여 진정한 일본인의 종교가 될 수 있는가? 엔도는 긍정적으로 답변한다.

나는 카톨릭교가 솔로가 아닌 오케스트라라고 생각한다. 내가 카톨릭교를 신뢰할 수 있다면, 그것은 내가 그 속에서 다른 어느 종교보다 휴머니티의 완벽한 심포니를 연주할 수 있다고 믿기 때문이다.
다른 종교들은 이런 완전성을 가지고 있지 않다. 그들은 오직 솔로의 파트만 가지고 있을 뿐이다. 오직 카톨릭교만이 완벽한 심포니를 제공할 수 있다. 일본의 늪지대에 상응하는 한 파트가 그 심포니 속에 없을 때, 그것은 진정한 종교가 아니다.[12]

그러면 일본으로 대표되는 동양은 천성적으로 어머니 이미지를 믿으면서 살아왔기 때문에 아버지 이미지로 대표되는 기독교를 절대로 받아들일 수 없다는 엔도의 주장은 과연 정당한가? 일반적으로 일본은 '용광로의 나라'로 알려져 있다. 일본은 일본으로 들어오는 모든 외국 사상을 녹여서 그들의 특유한 사상으로 변질시키는 탁월한 자질을 가지고 있다. 일본은 불교라는 종교와 유교라는 윤리를 받아들였으며, 그들은 이제 일본인의 삶의 일부를 형성하고 있다. 또한 일본은 서양의 민주주의를 받아들여서 그들의 고유한 정치 체제로 만들었다. 그러나 그들은 기독교를 받아들이지 않았다.[13] 기독교 종교학자인 기타가와(Joseph Kitagawa)는 그 이유를 이렇게 말한다.

> 유교나 불교와는 달리, 기독교는 모든 다른 종교들뿐만 아니라 일본인들의 문화적 및 역사적 경험의 가치와 의미까지 배척하려고 노력해 왔다. (중략) 기독교는 일본의 기독교인들을 그들의 사회적, 문화적, 정신적 전통과 환경으로부터 ― 해방시키려고 하지 않고 ― 뿌리를 뽑으려고 했다.[14]

여기서 우리는 한 가지 역설적 문제에 봉착하게 된다. 만약 엔도의 주장이 옳다면, 즉 사랑의 하느님보다 진노의 하느님을 강조하는 엄격한 아버지 형태의 기독교가 자애로운 어머니 형태의 일본 사회에서 절대로 뿌리를 내릴 수 없다는 주장이 정당하다면, 도대체 우리는 한국의 현실을 어떻게 설명해야 하는가? 우리 한국은 여전히 분노의 하느님을 선택하려는 독특한 비동양적 성격을 가지고 있다고 말해야 하는가? 한국은 동양이 아니란 말인가?[15]

5. 맺음말

나는 지금까지 전형적인 유신론 기독교가 사랑의 하느님과 진노의 하느님을 동시에 주장하는 데서 나오는 몇 가지 문제를 토론했다. 우선 그것은 천당과 지옥의 이원론으로 설명되고 있는데, 그러나 여기서는 과연 지옥이 사랑의 하느님의 개념과 일치할 수 있느냐는 문제가 제기된다. 또한 그것은 엄연히 존재하는 정당화되지 않은 고통이라는 악의 현존 앞에서 과연 우리가 어떻게 사랑의 하느님을 변호할수 있느냐는 문제를 제기한다. 끝으로 그것은 동양에서의 기독교의토착화 문제를 제기한다.

그러나 여기서 유신론적 종교인이 아닌 무신론적 및 비신론적 종교인들과 무종교인들은 이렇게 말할 것이다. 지금은 안셀무스의 존재론적 논증과 토마스 아퀴나스의 우주론적 논증이 서로 앞을 다투면서신의 존재를 증명하려고 하는 시대가 아니다. 신이라는 개념은 이제우리가 가끔 들러도 되고 들르지 않아도 되는 '우체국의 개념'으로 변질되었다. 특히 신 존재의 문제는 논리실증주의를 거치면서 옛날 식의 변호는 이제 전혀 실효성이 없게 되었다. 실증주의자들에게 있어서 "신은 존재한다"라거나 "신은 존재하지 않는다"는 명제는 단순히틀린 명제가 아니라 그것의 진위조차 알 수 없는 '무의미'한 명제일수밖에 없기 때문이다. 오죽하면 1960년대 기독교 신학자들은 사신신학(死神神學)까지 주장했겠는가.

문제는 여기서 끝나지 않는다. "많은 학자들이 이런 '신의 몰락'을슬픔보다는 기쁨으로 받아들이고 있다. 그래서 피터 버거는 신약성서의 저자들은 당대의 역사 의식을 절대 기준으로 삼는 '지적 특권'을누렸다고 비판하며, 사르트르는 이제 신의 부재(不在)는 '공포적 세계에 대한 변론적 위안문'이 아니라 '인간 해방을 성취시키는 공격적 포고문'이라고 주장하며, 카뮈는 이제 우리는 참된 인류애의 구현을 위해 신을 부정해야 한다는 '영웅적 무신론'을 제창한다."[16]

쉽게 말해서, 기독교와 같은 유신론적 종교들은 여전히 신의 존재와 속성에 대하여 여러 가지 탐구를 계속할 것이다. 그러나 이것은 그들만의 문제다. 신의 영역 밖에 있는 사람들에게는 그저 지나치는 흥미거리일 뿐이다. 이런 상황에서 우리는 신에 대한 담론을 계속해야 하는가? 카렌 암스트롱은 이런 문제들을 한 마디로 "신은 미래를 가지고 있는가?"라고 형상화시키면서 이 질문에 대하여 긍정적으로 답변할 수 있는 두 가지 길을 제시한다.

첫째, 우리는 '계속 생성하는 신' 혹은 '계속 변화하는 신'의 개념으로 그렇게 답변할 수 있다. 이것은 인간과 역사의 소용돌이 속에서 직접 활동하는 신의 개념인데, 엔도 슈사꾸는 이것을 '존재하는 신'이 아닌 '움직이는 신'으로 표현한다. 그의 『깊은 강』에는 나루세 미츠코라는 여성이 그녀가 대학생 시절에 데리고 놀았으나 현재는 카톨릭의 신부 수업을 하고 있는 오오츠를 프랑스의 리옹에서 만나는 장면이 있다.

"많이 변한 것 같아요."

"그럴지도 모릅니다. 그러나 내가 변한 것이 아니고 마술사인 신이 나를 변하게 한 것이지요."

"이봐요, 그 신이라는 소리 그만둘 수 없어요? 짜증스럽고, 실감도 나지 않아요. 나로선 실체도 못 느끼는 얘기니까요. 대학 시절부터 외국인 신부들이 쓰던 그 신이라는 단어하고는 인연이 멀었으니까요."

"죄송합니다. 그 단어가 싫다면 다른 이름으로 바꿔도 좋습니다. 토마토라도 좋고 양파라도 좋고. 그래요, 신이라는 말이 기분 나쁘면 양파라고 불러도 좋습니다."

"좋아요, 그럼 양파라고 해두지요. 그럼 당신한테 양파는 뭐지요? 옛날에는 자신도 모른다고 얘기하곤 하더니. 신은 존재하느냐고 누군가가 당신에게 물었을 땐…."

"죄송합니다. 솔직히 그때는 잘 몰랐지요. 그러나 지금은 나 나름대로 압니다."

"그래서요?"

"신은 존재한다기보다 움직입니다. 양파는 움직이는 사랑의 실체입니다."

"더욱 기분 나빠요. 꼭 막힌 얼굴을 해가지고 사랑이니 뭐니 창피한 말이나 쓰고요. 움직임이란 뭔데요?"

"여하튼 양파는 어딘가에 버려져 있는 나를 어느 틈엔가 다른 장소에서 살아나게 해주셨습니다."[17]

이 소설에 나오는 신은 '전지전능하사 천지를 창조하시고 우리들의 생사 화복을 주관하시는 하느님'이 아니다. 그는 초월적이 아니라 내재적이다. 인간의 마음과 행동 속에서 직접 활동하는 신이다. 철학에서와 마찬가지로, 최근 신학에서도 명사로서의 '신학'보다 동사로서의 '신학함'을 더욱 강조하는 이유도 여기에 있다.

둘째, 우리가 신의 미래를 낙관적으로 볼 수 있는 또 다른 길은 신비주의적 불가지론(不可知論)이다. 지금까지 신비주의는 신을 객관적 존재로 규정하지 않고 무(無)라고 불렀으며, 이런 뜻에서 우리는 영원히 신을 정확히 알 수 없다는 영성(靈性)을 되찾음으로써만 신의 미래를 보장할 수 있다고 주장할 수 있다.

21세기에도 힘을 잃지 않고 중요한 종교적 역할을 감당할 수 있는 신앙은 신비주의적 신앙이다. 신비주의자들은 오랫동안 신이 객관적 존재가 아니라고 주장하고 무(無)라고 칭했다. 사실 이러한 신비주의적 신 이해는 현대 사회의 무신론적 성향을 반영해, 과학적으로 입증될 수 있는 객관적 실체로서의 신 존재를 거부한다. 그것은 존재의 근거 속에서 신비적으로 경험되는 주관적 신 체험에 근거하며, 인간의 창조적 상상력과 여러 다양한 예술적 상징을 통해 표현된다. 그것은 음악, 춤, 소설, 시, 설화, 그림, 조각, 건축을 통해 인간 개념의 한계를 초월하는 절대자 신의 신비를 표현한다.

그러나 다른 예술 행위처럼 그것은 지나친 감상주의와 자의적 개념의 투영을 막기 위한 고도의 지적 예민성과 자기 비판의 수련을 요구한다. 그리고 이것은, 카발리스트(유대 신비주의자)와 수피(이슬람 신비주의자)의 경우에서 드러나듯이, 신적 존재의 여성적 측면도 수용한다.[18]

여기에 언급된 '신적 존재의 여성적 측면'은 물론 진노의 하느님보다는 사랑의 하느님, 지옥보다는 천당, 아버지 하느님보다는 어머니 하느님을 말한다. 이런 뜻에서, 아마도 기독교의 신이 계속 인간에게 영향력을 행사하려면 그것의 여성화가 첫째 지름길인 듯이 보인다.

[주]

1) 「출애급기」, 20:2-7.
2) Erick Fromm, *The Art of Loving*, Bantam Books, 1967, p. 35.
3) 「시편」, 46:1.
4) John Hick, 황필호 역, 『종교철학 개론』, 종로서적, 1980, p. 75.
5) 황필호, 『종교철학 에세이』, 철학과현실사, 2002, p. 50.
6) 현각, 『만행: 하버드에서 화계사까지』, 제1권, 열림원, 1999, pp. 48-49.
7) 엔도 슈사꾸, 공문혜 역, 『침묵』, 홍성사, 1982, pp. 191-194.
8) 같은 책, p. 236.
9) 같은 책, p. 236.
10) 같은 책, p. 237.
11) William Johnston, "Translator's Preface," Endo Shusaku, *Silence*, Kodansha International, 1982, p. 13에서 재인용.
12) 같은 글, p. 15에서 재인용.
13) 황필호, 『엔도 슈사꾸의 종교소설 읽기』, 신아출판사, 2002, pp. 122-126.
14) Richard Schuchert, "Translator's Preface," Endo Shusaku, *A Life of Jesus*, Charles E. Tuttle, 1973, p. 4에서 재인용.
15) 황필호, 『엔도 슈사꾸의 종교소설 읽기』, 앞의 책, p. 127.
16) 황필호, 『종교철학 에세이』, 앞의 책, pp. 135-136.
17) 엔도 슈사꾸, 이성순 역, 『깊은 강』, 고려원, 1994, pp. 96-97.
18) Karen Armstrong, 배국원 역, 『신의 역사』, 제2권, 동연, 1999, pp. 676-677.

한국 종교들, 무엇이 문제인가

1. 머리말

2006년 현재 한국은 4,339년의 오랜 역사를 가진 나라로 비교적 최근까지 동일 국가, 동일 언어, 동일 문화를 형성해 왔다. 물론 한반도는 현재 남한과 북한으로 분리되어 있으며, 언어도 지방에 따라 상당히 다른 사투리가 있으며, 풍속도 완전히 통일되어 있지는 않다. 그러나 상대적으로 볼 때 한국은 아마도 이 세상에서 가장 오랜 동안 단일 문화를 지켜온 몇 되지 않는 나라라고 말할 수 있다.

그러나 이런 단일성은 종교에 관한 한 전혀 해당되지 않는다. 옛부터 한국인은 한 종교보다는 유불선에 능통한 사람을 군자로 간주해왔으며, 오늘날에는 거의 모든 세계종교와 수많은 신종교들이 난무하고 있는데, 우리는 이 독특한 현상을 '종교 백화점'이라고 부른다.[1)]

이 세상에는 수많은 문명과 종교가 서로 싸우고 충돌하면서 상대를 정복하거나 상대에게 정복당한 곳이 수없이 많다. 우리가 이스라엘의 예루살렘을 가면 지하실은 유대교의 성전이지만 지상은 기독교의 유물로 인정받는 곳을 쉽게 발견할 수 있다.

그러나 그들은 오늘날 모두 '하나의 종교'로 정착되었다. 수없는 전쟁을 치른 터키는 이제 이슬람 국가가 되었으며, 이스라엘은 유대교 국가가 되었으며, 인도와 네팔은 힌두교 국가가 되었으며, 태국은 불교 국가가 되었으며, 미국은 기독교 국가가 되었다.[2]

물론 이들 국가 중에도 다른 종교인이 전혀 없는 것은 아니다. 인도에는 수많은 불교 유적지와 더불어 꽤 많은 불교인이 있으며, 미국에도 수많은 비기독교적 종교인들이 있다. 그러나 전체적인 비율로 볼 때 그들은 모두 하나의 종교로 귀속되고 말았다. 미국에서 대통령이 선서할 때 성서를 사용하고, 지폐에는 "우리는 하느님을 신뢰한다"는 표현이 나오는 이유도 여기에 있다.

오늘날 한반도처럼 불교, 유교, 도교, 기독교, 무교, 신종교가 다양하게 공존할 뿐만 아니라 그들이 거의 백중지세를 이루고 있는 국가는 이 세상에 하나도 없다. 그래서 유명인의 장례식에는 으레 기독교의 목사, 불교의 승려, 카톨릭의 신부가 동시에 등장할 수밖에 없게 되었다. 이런 종교 백화점 현상은 국가를 통치하는 사람들에게도 참으로 쉽게 해결할 수 없는 고통을 준다. 예를 들어서 태국의 지도자와 프랑스의 지도자는 각각 불교와 카톨릭의 이념으로 정치를 하면 될 것이다. 그러나 한국에서는 기독교계에 조금 친화성을 보이면 불교계가 반발해서 일어나고, 불교 지도자들과 가깝게 지내면 유교인들이 또 들고 일어난다. 참으로 다스리기 어려운 나라가 아닐 수 없다. 이제 나는 한국의 종교 백화점을 구성하고 있는 불교, 유교, 도교, 기독교, 무교, 신종교의 특성을 간단히 서술하고, 한국 종교들이 가지고 있는 몇 가지 문제점을 지적하겠다.

2. 불교의 특성

불교는 고구려 17대 소수림왕(小獸林王) 2년인 372년에 중국 전진 (前秦)으로부터 순도(順道)가 불상과 경문(經文)을 가져오면서 한반도 에 전래되었고, 백제에는 이보다 조금 늦은 15대 침류왕(枕流王) 원년 인 384년 인도의 승려인 다르난타에 의해 전래되어 그 다음해인 385 년에는 한산(漢山)에 절을 창건했으며, 신라에는 이보다 훨씬 늦은 23 대 법흥왕(法興王) 17년인 527년에 불교가 전래되었다.

그러나 불교는 신라에서 크게 발전했으며, 결국 불교는 고구려, 백 제, 신라를 통일하는 과업에 크게 이바지했다. 그 후 통일신라(669- 918)와 고려조(918-1392)에 왕성했던 불교는 조선조(1392-1910)와 일제 강점기(1910-1945)에 큰 핍박을 받았으나 오늘날 불교는 그 모 든 고난을 물리치고 우리나라에서 가장 많은 신도수를 자랑하는 종교 로 성장했다. 오늘날 불교의 종파로는 조계종, 태고종, 법화종, 원효 종, 진각종, 불입종, 용화종 등이 있으며, 종종 신종교로 분류되는 원 불교 종단도 있다. 이런 한국 불교의 특성으로는 다음의 몇 가지를 들 수 있다.

첫째, 한국의 불교는 중국을 통해 대승불교 전통을 이어받았지만, 그들은 시대에 따라 약간 다른 성격을 가지고 있다. 고구려의 불교인 들은 다분히 정치적인 이유로 불교를 신봉했으며, 백제의 불교인들은 엄격한 계율을 지키려고 노력했으며, 신라의 불교인들은 상당히 애국 적이면서도 다른 종교에 대하여는 관용의 태도를 취했으며, 통일신라 의 불교인들은 무교와 민간 신앙을 적극적으로 수용했으며, 고려의 불교인들은 의례를 아주 중요시했다.

그러나 모든 불교는 직접적으로나 간접적으로 국가 권력을 지탱하는 밑거름으로 작용했으며, 특히 신라는 불교의 이념에 따라 조직된 화랑도를 통해 통일신라의 기치를 마련했다. 이런 호국 불교야말로 한국 불교의 독특한 성격이라고 할 수 있다. 이 세상의 모든 것을 뜬구름같이 여겨야 하는 불교에서 이처럼 현실에 집착했다는 사실, 그것은 진정 한국적인 현상이 아닐 수 없다.

둘째, 오늘날의 불교는 무교와 민간 신앙을 적극적으로 수용하는 과정에서 '자력'의 전통은 상당히 — 기독교와 동일한 — '타력'의 전통으로 변형되었다. 그래서 무명에 대한 명석한 이해는 신념이 되었고, 신념은 다시 신앙이 되었으며, 오늘날 많은 불교인들은 법력이 높은 스님으로부터 불성을 하사받을 수 있다고 믿게 되었으며, 급기야 그들은 깨달음뿐만 아니라 현세의 모든 행복을 기원하게 되었다.

이러한 현상은 '밖으로부터의 구원(salvation from without)'보다는 '안으로부터의 깨달음(enlightenment from within)'을 강조하는 불교 본래의 모습과는 굉장히 다른 것이다. 오늘날 자녀가 수능 시험이라도 보면, 불자 부모들이 기독교인들과 마찬가지로 열심히 절을 하는 이유도 여기에 있다.

민주화 운동의 화신인 리영희는 이런 현상을 '값싼 기적'이라고 비판한다. "나는 기독교의 하느님이나 예수나 마리아 또는 불교의 불타나 이슬람교의 알라가 값싼 기적을 해주지 않으면 고맙겠다. 해마다 대학 입학시험 볼 때 불상 앞에서 천 번 절을 하거나 교회에 고액의 재물을 바친 부모의 자식들을 합격시키는 기적을 행하지 않았으면 좋겠다. 그러면 세상의 모든 학생이 스스로 애써 공부해야 시험에 합격된다는 평범한 진리를 몸으로 터득하게 될 것이다. 그리고 학부형들이 자살하거나 가산을 탕진하는 비극도 면할 수 있을 것이다."[3]

3. 도교의 특성

고구려 27대 영류왕(榮留王)이 집권했던 624년에 한반도에 전래된 것으로 보이는 도교는 처음부터 수많은 민간 신앙과 무교적 관행이 불로장수의 염원과 혼동되어 소개되었으며, 이런 사실은 민중으로부터 큰 호응을 얻게 되어 한때는 불교와 유교보다 더욱 크게 환영받기도 했다.

그리하여 유교를 통치 이념으로 삼고 조선조를 건국한 태조는 그의 재임 5년인 1390년에 도교의 일월성신(日月星辰)을 구상화(具象化)한 신을 제사지내는 소격전(昭格殿)을 만들었으며, 그 후 세종대왕은 일반 백성들이 장수와 건강 안녕을 빌 수 있는 삼선사(三仙祠)를 건축하기도 했다. 그러나 16세기에 들어와서 조선조 11대 중종(中宗)은 혁신 정치를 표방하면서 삼선사를 폐쇄시켰으며, 그 후에 다시 개원되었으나 임진왜란 때 다시 파괴되었고 그 후에는 개원되지 않았다.

원래 도교는 우주의 궁극적 실체를 도(道)로 파악하는 노자의 『도덕경』과 삶의 궁극적 원리를 무위(無爲)로 파악하는 장자의 『남화경』에서 나온 것이지만, 대부분의 학자들은 이 사상을 철학적인 '도가'와 종교적인 '도교'로 구분하며, 후자는 연명 장수(延命長壽)와 도통 신선(道通神仙) 등과 같은 당시의 민간 신앙을 적극적으로 수용해서 나온 것이라고 말한다. 그래서 오늘날 종교로서의 도교는 당시 중국의 다신교적 전통뿐만 아니라 신선, 역(易), 방술(方術), 도첩(圖讖), 점복(占卜), 무축(巫祝), 천문(天文), 둔갑, 천인 상감(天人相感), 음양 오행, 의학 등을 포함하고 있으며, 또한 교단 도교는 대개 민중을 규합한 결사 운동체로 출발하여 민중 종교의 대표자로 행세하기도 했다.

도교의 독특한 위상과 중요성은 유불선을 지칭하는 삼교 사상(三敎思想)에 잘 나타나 있는데, 양은용은 이렇게 말한다.

도교의 존재는 한·중·일 삼국을 중심한 한자 문화권에서 삼교 사상이 담당해 온 역할에 의존한다고 할 것이다. 삼교가 독자적 역할을 해온 것은 사실이지만, 그들은 삼교로 병칭되면서 각각의 이념을 이국 치세(理國治世)에 있어서는 상보적 관계로 파악하는 경향이 견지되어 왔다.

예를 들어서 고구려말 보장왕 2년(642)에 권신 연개소문이 도교를 당나라로부터 수입할 것을 청하는 말에는 "삼교는 비유컨대 솥의 세 발과 같아서 이국 치세에서는 하나도 빠지면 안 된다"고 했으니, 삼교 병칭의 역사는 유구하다고 하겠다. 그리고 이런 전통은 신라말 문호 최치원(崔致遠, 835- ?)의 삼교관, 고려말 조선초 원천석(元天錫, 1330- ?)의 삼교 일리론(三敎一理論), 정도전(鄭道傳, ?-1398)의 심기 이론(心氣理論), 조선 중기 휴정(休靜, 1520-1604)의 삼교 합일론(三敎合一論) 등으로 면면히 내려오고 있다.[4]

특히 삼교 사상은 우리나라 신종교에 큰 영향을 주었다. 예를 들어서 동학을 창시한 최제우와 남학을 창시한 김치인(金致寅, 光華, 1855-1895)과 정역(正易)을 전개한 김항(金恒, 一夫, 1826-1898)이 이운규(李雲圭, 運潭, 1804-?)의 문하에서 같이 배울 때, 최제우는 선도를 부활시키고 김치인은 불교를 부흥시키고 김항은 정역을 부흥시키라고 당부했다고 하는데, 이런 주장도 모두 삼교 합일의 사상을 전제로 하고 있는 것이다.[5]

오늘날 도교는 한국의 다른 종교들에 비해 세력이 극히 미약한 듯이 보인다. 그러나 우리는 두 분야에서 도교의 힘을 잊지 말아야 한다. 첫째로 도교는 한국의 다른 종교들에 큰 영향을 주었다. 예를 들어서 오늘날 우리가 불교의 절에서 꼭 발견하는 삼성각은 원래 불교와는 아무런 관련이 없던 도교의 북두칠성 숭배 사상에서 나온 것이다. 둘째로 도교는 이미 말했듯이 그 자체보다는 수많은 신종교의 모태가 되어 왔다. 천도교, 백학교, 증산교 등의 모든 신종교들이 모두 도교의 영향을 받았다고 말할 수 있으며, 하다 못해 일본 불교와 일본 무교도 어느 정도 도교의 영향을 받았다고 말할 수 있다.

4. 유교의 특성

유교는 불교보다 더욱 먼저 한반도에 전래된 듯하다. 『삼국사기』에는 고구려의 소수림왕 2년인 372년에 유학을 연구하는 학교를 세웠다는 기록이 있는데, 이는 지리적으로 가깝게 있던 고구려 변경의 중국 문화가 훨씬 이전부터 상호 왕래되고 있었다고 추측할 수 있다. 또한 백제도 거의 같은 시기에 유학을 가르치는 학교를 세웠으며, 특히 백제의 근초고왕(近肖古王)은 유명한 학자 아직기(阿直岐)와 왕인(王仁)을 일본에 보내 역사상 최초로 유교를 일본 황실과 귀족들에게 가르치기도 했다.

고구려와 백제보다 조금 늦게 유교를 받아들인 신라도 나중에 무열왕(武烈王)이 된 김춘추(金春秋)가 648년 중국에 직접 가서 유학 대학을 시찰하기도 했다. 통일신라시대에는 강수(强首)와 설총(薛聰) 등의 학자가 배출되었으며, 특히 설총은 백성들이 유학 경전을 쉽게 읽을 수 있는 이두 문자(吏讀文字)를 발명하기도 했다.

그러나 유교가 절정에 달한 것은 아무래도 유교를 국교로 선언한 조선조에 들어온 다음부터며, 특히 당시 등용문인 과거의 시험 내용은 전적으로 유학의 가르침이었고, 드디어 유교는 모든 한민족의 생활과 습관을 지배하는 가장 강력한 윤리적 종교가 되었다.

오늘날 유교의 세력은 아주 미미한 듯이 보인다. 그러나 이것은 피상적인 관찰일 뿐이다. 우선 우리는 모든 종교를 제도 종교(institutionalized religions)와 확산 종교(diffused religions)로 나눌 수 있는데, 불교와 기독교가 전자에 속한다면 유교와 무교는 후자에 속하며, 후자는 겉으로 보기에는 확실한 교세가 제도적으로 표현되어 있지 않으면서도 국민의 생활에 결정적인 영향을 줄 수 있는데, 유교가 바로 이런 종교라고 할 수 있다.

그래서 모든 한국인은 심정적으로 유교적 인생관을 가지고 있으며, 그가 나중에 불교인이나 기독교인이 된다고 해서 그가 지금까지 소유하고 있던 유교적 인생관을 깡그리 버리지 않는다. 오히려 그는 자신의 유교적 인생관 위에 불교적 혹은 기독교적 인생관을 추가할 뿐이다. 이런 뜻에서 한국인의 사상 수용 형태는 서양의 이원론적이 아니라 언제나 복합적(複合的)이고 누적적(累積的)이고 중층적(重層的)인데, 나는 이런 현상을 — 종래 우리가 믿어온 개종(改宗)이라는 개념 대신에 — 가종(加宗)이라는 개념으로 설명한 적이 있다.[6] 하여간 모든 한국인은 일단 심정적으로는 유교인이다. 그들이 불교인이나 기독교인이 되기 훨씬 이전부터.

여기서 나오는 결론은 무엇인가? 한국의 모든 제도 종교들은 유교적 가치관을 그대로 고수하고 있으며, 그래서 그들은 외국의 종교인들과 상당히 다르다는 것이다. 예를 들면, 오늘날 기독교는 부모나 형제를 예수보다 더 사랑하지 말라고 공개적으로 가르치지 않으며, 세상의 모든 욕망을 끊어버리라고 가르쳐야 할 불교는 『부모은중경』이라는 경전까지 가지고 있으며, 하다 못해 마리아상에 절을 하는 수녀들은 마치 자신의 부모에게 절을 하는 듯이 생각하기도 한다.

즉 현세의 긍정보다 부정을 강조해야 할 기독교와 불교의 가르침까지도 유교의 최고 덕목인 효의 중요성을 절대로 무시하지 않고 있다. 그만큼 유교는 현재 한국 사회에서 살아서 영향을 끼치고 있다. 최근에 공자에 대한 논의가 온 국민의 관심을 끌었던 이유도 여기에 있다.

5. 기독교의 특성

조선조의 정종 2년인 1784년에 이승훈(李承勳)이 북경(당시 연경)까지 가서 세례를 받고 돌아와서 시작된 카톨릭은 1886년 신교의 자유가 공식적으로 인정될 때까지 엄청난 박해를 받았으며, 이 100여 년 동안 1만여 명의 기독교인이 순교를 당했다. 그 이유는 무엇인가?

이념적으로 당시 사회는 신유학의 거두인 주희(朱熹, 1130-1200)의 유학을 정통으로 받아들이고, 불교와 천도교와 기독교는 각각 염세적인 종교, 반국가적인 동학, 야만적인 서학으로 매도되었다. 또한 그들은 주희 이외의 유학자들까지 이단으로 치부했다.

특히 그들은 기독교가 모든 가정을 해체시킨다고 믿었는데, 그 이유는 기독교인들이 전통적으로 내려온 제사를 거부했기 때문이다. 정치적으로 그들은 카톨릭이 정치적 헤게모니를 잡으려고 한다고 믿었으며, 결국 그들은 신유박해(1801), 을해박해(1839), 병오박해(1846), 병인박해(1866)라는 4대 박해를 일으켰다.

여기에 비해 외래 종교 중에서 가장 늦게 한반도에 전래된 개신교는 수많은 서양 선교사들의 노력에 의해 비교적 쉽게 한반도에 상륙했다. 물론 몇몇 선교사들이 순교를 당하기도 했지만, 1884년 6월 23일에는 일본에 상주하고 있던 북감리교 선교사 맥클레이(R. S. Mclay)가 김옥균(金玉均)의 소개로 왕을 알현할 수 있었으며, 조선조는 1884년 7월 3일 개신교의 선교를 공식적으로 선언했다.

오늘날 기독교는 카톨릭과 개신교를 합치면 불교의 신자와 비슷할 정도로 일취월장하고 있다. 그래서 현재 여의도에는 세계에서 가장 큰 순복음교회가 있으며, 세계 20대 교회 가운데 한국이 4교회를 차지하고 있다. 또 어느 통계에 의하면, 한때는 매일 359명의 신자가 기독교인으로 개종했으며, 매주 10개의 새로운 교회가 건축되기도 했다는 것이다.

그러나 1953년의 휴전 조약이 체결된 이후부터 세계에서 그 유례를 찾아볼 수 없을 정도로 급성장한 한국의 기독교는 결국 무교적인 가르침에 의해 번영하고 있다는 특성을 가지고 있다. 무교의 가르침은 한 마디로 이 세상에서 잘 먹고 잘 살자는 기복 신앙이 주축을 이루고 있으며, 이런 무교적 신앙이 병고침·출세·금전의 축복을 강조하는 기독교의 무교화(巫敎化) 현상으로 나타난 것이다.

6. 무교의 특성

모든 종교가 존재구속성을 갖는다면, 『종교윤리 백과사전』이 '베링해협부터 스칸디나비아 접경에 사는 우랄알타이 민족의 민속 종교'로 규정한 무교도 지역에 따라 서로 다를 수밖에 없다. 그러면 한국 무교는 어떤 특성을 가지고 있는가?

첫째, 한국 무교는 철저한 현세주의를 따른다. 예를 들어서, 모든 무교는 죽은 자를 위한 일종의 위령제를 갖고 있지만 그들이 강조하는 부분은 약간씩 다르다. 일본 무당은 죽은 자의 원만한 보존 상태를 강조하고, 퉁구스 무당은 지하의 정령 위로를 강조한다. 그러나 한국 무당의 주된 관심은 어디까지나 살아 남은 사람들의 복락에 있다. 우리 나라의 무교는 죽은 자를 위해서가 아니라 산 자를 위해서 사령제(死靈祭)를 지낸다.

다시 말해서 퉁구스 무교 의식의 중심은 죽은 자의 영혼에 희생제를 드리는 것이며, 일본 무교 의식의 중심은 죽은 자의 영혼의 메시지와 신탁을 받아서 전파하는 것이며, 한국 무교 의식의 중심은 억울하게 죽은 자의 영혼을 위로함으로써 병든 사람을 고치는 것이다.

한국 무교의 이런 철저한 현세주의는 "무슨 수단을 써서라도 일단 살고 보자"는 한국인의 심성과 일치한다. 필요하다면 아부나 아첨과 사대(事大)까지도 서슴지 않으며, 어느 경우에는 남을 속이고 이간질 하는 비윤리적 행위까지도 서슴지 않는 우리들의 심성과 일치한다. 하여간 한국 무당의 역할은 언제나 인간의 질병을 치료해 주고 부귀 다남의 행복을 주는 사제의 역할을 담당한다. 어떤 경우에도 인간을 불행하게 만드는 무당은 진짜 무당이 아니라 가짜 무당일 뿐이다.

둘째, 한국 무교는 철저한 남녀평등주의를 따른다. 한국 무교에는 남성 무당보다 여성 무당이 절대적으로 많은데, 우리는 이것을 한국 무교의 또 다른 특성이라고 말할 수 있다. 예를 들어서 퉁구스족, 오스티야크족, 부리야트족, 야구트족의 무교에도 여성 무당이 없는 것은 아니다. 그러나 대체로 그들의 지위는 남성 무당의 지위보다 낮은 것으로 간주되고 있다. 그러므로 현재 한국에서 여성 무당이 다수를 차지하고 있다는 사실은 여성 차별적인 한국 사회에서의 명확한 남녀 평등의 현상으로 보아야 할 것이다.

셋째, 한국 무교는 녹색주의보다는 차라리 인간중심주의를 따른다.

(특히 밤중에 깊은 산에 올라가서 굿을 하면서 마구 자연을 파괴하는 오늘날의 한국 무당은 더욱 그런 듯하다.) 모든 무당은 어느 시간 동안 황홀경에 빠지게 되는데, 일반적으로 북방의 무당들은 그것이 바로 귀신을 만나러 천계나 지하로 내려가는 것이라고 믿지만, 한국의 무당들은 귀신을 인간 세계로 끌어들여서 사정하고 아첨한다. 한 마디로 "북방 샤마니즘에서는 샤만이 움직이지만 한국 무교에서는 귀신이 움직인다. 그만치 인간이 중요한 것이다."[7]

이런 한국 무교의 인간중심주의도 한민족의 일반적 속성과 일치한다. 우리는 전통적으로 홍익인간이나 인내천(人乃天) 등으로 표현된 인간존중 사상을 가지고 있다. 그래서 우리는 한국 무교의 성격을 "돈 나고 사람 났지, 사람 나고 돈 났나?"가 아니라 "사람 위해 귀신 있지, 귀신 위해 사람 있나?"로 표현할 수 있을 것이다.

물론 다른 지역의 무교에도 어느 정도의 인간중심주의가 있으며, 모든 종교는 인본주의적 사상을 가지고 있게 마련이다. 그러나 우리는 처절한 삶의 고통을 즉석에서 해결하려는 가장 소박하고 원천적인 인간중심주의를 한국 무교에서 쉽게 찾을 수 있다.

넷째, 한국 무교는 어느 무교보다 평화 정신을 따른다. 이것은 무교의 일반적 특성인 공동체주의를 한 차원 더 높인 것이라고 말할 수 있다. 한국 무당과 귀신의 대결은 — 비록 그것이 철천지한을 품은 원귀라도 — 서양에서와 같은 선과 악의 대결이 아니고, 삶과 죽음의 사투(死鬪)도 아니다. 그래서 린다 블레어가 주연으로 나왔던 영화『엑소시스트』의 무당은 한국에 존재하지 않는다. 다만 무당은 귀신을 어우르고, 아첨하고, 빌고, 회유한다. 이런 사실은 한국의 무가(巫歌)에서 쉽게 찾아볼 수 있다.

한국 무교의 이런 평화 정신도 한민족의 심성과 일치한다. 한민족이야말로 백의(白衣)를 사랑하고 유구한 역사에도 불구하고 단 한 번 도 외국을 침략하지 않은 민족이다. 우리의 이런 평화 정신은 신라 헌 강왕(憲康王) 때의 저작으로 전해 오는 「처용가(處容歌)」에 잘 나타나 있다.

일반적으로 사람이 자신의 존재를 위협하는 커다란 힘을 상대하는 방식에는 몇 가지가 있다. 첫째는 힘으로 힘에 대항하고, 폭력으로 폭 력을 진압하려는 방식이다. 여기서 그는 자신의 힘을 사용할 수도 있 고, 남의 힘을 빌릴 수도 있다. 둘째는 나를 침범한 힘에 굴복하고 타 협하는 방식이며, 여기서는 일 대 일의 대화가 있을 수 없다. 셋째는 대항할 힘도 없고 굴복하기 싫어서 그냥 도피하는 방식이다.

그러나 한민족의 슬기는 넷째 방식을 택하는데, 그는 여기서 타협 하지도 포기하지도 않으면서 굳게 도전한다. 그러나 그는 폭력으로 도전하지 않는다. 힘의 균형이라는 정치적 차원에서가 아니라 노래와 춤이라는 예술적 차원에서 도전한다.

밖에서 돌아온 처용은 사람으로 변모한 악신(惡神)이 그의 집에 침 입해서 아내와 동침하는 장면을 목격한다. 그는 격분하지 않을 수 없 었을 것이다. 그러나 놀랍게도 그는 노래를 부르고 춤을 추면서 물러 나온다.

> 서울 밝은 달에 밤새워 노닐다가
> 들어와 자리를 보니 가라리 넷일러라.
> 둘은 내해인데 둘은 뉘해인고,
> 본디 내해련만 빼앗겼으니 어이 하리꼬.

이것을 본 악귀는 드디어 처용 앞에 무릎을 꿇는다. 평화의 힘이 폭력의 힘을 이긴 것이다. 예술이 정치를 이긴 것이다.

> 내가 그대의 아내를 사모하여 지금 잘못을 범했는데
> 그대는 분노하지 아니하고 춤추며 노래를 하니
> 나는 이에 감격하여 고개를 숙입니다.
> 이제부터는 당신은 물론이려니와 당신과 같은 형상만 보더라도
> 나는 일체 침범하지 않을 것입니다.

다섯째, 한국 무교는 어느 무교보다 관용 정신을 따른다. 이것은 한국 무교의 독특한 성격이라고 말할 수 있는데, 우리는 무교가 외래 종교와 가끔 대결하면서도 전체적으로 보면 외래 종교 속으로 들어가서 그 속에 편안히 자리잡고 있다는 사실에서 이런 특성을 쉽게 찾을 수 있다. 아마도 한국 무교가 마치 부리야트 무교가 소련 시절에 받았던 것과 같은 가혹한 탄압을 모면할 수 있었던 이유도 여기에 있을 것이다.[8]

사실 이 세상의 모든 종교는 나름대로 인간주의, 평화 정신, 평등 정신, 관용 정신 등을 가르친다. 그러면서도 그들은 진리와 비진리를 엄격히 구별한다. 그래서 어느 학자는 종교가 다른 종교에 대하여 가질 수 있는 관용에는 한계가 있을 수밖에 없다고 말한다. 어느 명제의 참을 주장하는 것은 그 반대가 참이 아니라는 것을 주장하는 것이기 때문이다. 그리고 모든 종교의 각기 다른 진리 주장들은 자연히 다종교 상황에서는 갈등을 야기하게 된다. 그러나 한국 무교는 다른 종교를 모두 수용해 왔다. 이런 뜻에서 무교야말로 '종교 백화점'이라는 한국의 현실에 하나의 모범을 제시한다고 말할 수도 있겠다.

왜 한국 무교는 철저한 현세주의, 철저한 평등주의, 철저한 인간중

심주의, 그리고 평화 정신과 관용 정신을 갖게 되었는가? 물론 여기에는 여러 가지 이유가 있을 것이다. 정치사회적인 이유도 있고, 무교에 대한 불교와 유교의 탄압이라는 이유도 있고, 일제의 강점에서 유래된 특수한 현실이라는 이유도 있다.

그러나 한국 무교의 이런 특성들은 바로 그것이 지배층보다는 피지배층, 양반보다는 상놈, 특별사람들보다는 보통사람들과 운명을 같이해 왔다는 사실에서 나온 것이다. 수많은 외침(外侵)에서 가장 피해를 입었던 계층은 언제나 민중이었다. 그 중에도 항상 지배받으면서 살아 온 여성에 대한 노골적인 억압은 도리어 무교의 평등 정신을 만들었으며, 홍익사상으로 대표되는 인간중심사상은 언제나 민중의 이상으로 남아 있었으며, 미륵불 사상으로 대표되는 평화 정신과 관용 정신은 언제나 민중의 희망으로 살아 있었다.

많은 기독교인들은 이렇게 주장한다. 유교와 불교는 왕권이나 지배계층을 통해 한국에 들어왔으며, 기독교는 우리가 먼저 중국에 가서 받아들였으며, 그 후에도 기독교는 가진 사람들보다는 상속받지 못한 백성, 민중, 서민을 통해 우리나라에 뿌리를 내리게 되었다고.

그러나 한국 무교의 주체는 처음부터 지금까지 중심권의 사람들이 아니라 주변권의 사람들이며, 이런 사람들로 구성된 무교는 자연스럽게 현세중심적이고 평등주의적이고 인간중심적이고 평화중심적이고 관용스러운 정신을 갖게 되었을 것이다. 이것은 무교의 가장 중요한 장점이 아닐 수 없다. 백성을 떠난 종교는 이미 종교라고 말할 수 없기 때문이다.

7. 신종교의 특성

한국의 또 다른 독특한 현상 중 하나는 현재 거의 300여 개에 달하는 신종교들이 서로 생존을 위해 경쟁하고 있으며, 지금도 계속해서 새로운 종교가 주로 계룡산을 중심으로 해서 일어나고 있으며, 그 중에도 원불교 · 통일교 · 증산교 등의 신종교는 상당한 세력을 가지고 있다는 사실이다. 여기에다가 현재 한국에는 일본 종교 계통인 천리교, 일연종뿐만 아니라 기독교 계통의 몰몬교, 여호와의 증인과 이슬람교 계통의 바하이교도 있다. 이런 신종교들은 어떤 특성을 가지고 있는가? 그들의 가족유사성을 살펴보자.

첫째, 대부분의 신종교는 내세지향적일 뿐만 아니라 현세지향적이다. 즉 현세에서의 행복이 없다면 내세의 행복도 없다고 믿는다. 하느님의 나라는 먼저 지상에서 이루어져야 한다. 기독교적으로 표현하면, 하느님의 초월성은 그의 내재성과 동시에 강조되어야 한다.

이런 입장은 모든 세상을 성과 속, 정신과 물질로 구별하면서 전자만 강조해 왔던 전통 종교와는 정반대가 되는 입장이 아닐 수 없다. 원불교에서 "물질이 개벽되니 정신을 개벽하자"고 주장하는 이유도 여기에 있으며, 원불교 · 통일교 · 대순진리회 등의 신종교인들이 경제 활동에 적극적으로 참여하고 있는 이유도 여기에 있다.

둘째, 대부분의 신종교는 종교와 과학의 통합을 주장하며, 이런 발상은 과학적인 것은 비종교적일 수밖에 없다는 종래의 관념과는 정반대가 된다. 현대인은 어쩔 수 없이 과학과 기술 문명 속에서 살 수밖에 없으며, 이런 현대인들에게는 어디까지나 논리적, 과학적, 체계적 설명만이 힘을 발휘할 수 있기 때문이다. 통일교에서 '과학의 종교화'와 '종교의 과학화'를 주장하는 이유도 여기에 있다.[9]

셋째, 대부분의 신종교는 모든 종교의 통합을 추구한다. 예를 들어서 통일교의 반공 시책은 단순히 공산주의를 물리치고 자유민주주의를 수호하자는 차원만이 아니다. 그것은 바로 종교적 진리의 길을 따르는 것이다. 하여간, 실제로는 전혀 그렇게 기능하지 못하고 있지만, 대부분의 신종교는 자신이 모든 종교간의 갈등을 해소할 수 있다고 주장한다.

넷째, 그러면서도 대부분의 신종교는 한국 사상, 한국 전통을 굉장히 강조한다. 그들은 언제나 자신이 한국 문화, 한국 정신, 한국 영혼의 후계자 혹은 변용자라고 자처한다. 신종교들이 전통적으로 내려온 유교, 도교, 음양이론, 정감록 사상, 불교, 기독교뿐만 아니라 풍수지리설까지 포섭하고 있는 이유도 여기에 있다.

다섯째, 대부분의 신종교는 세계의 질서를 재통합할 수 있는 한국인의 메시아 사상을 갖고 있다. 통일교의 문선명 목사가 예수가 완성하지 못한 사업까지 성취시킬 메시아로 간주되는 이유도 여기에 있다.

8. 한국 종교의 특성

그러면 현재 한국에 존재하는 모든 종교를 한 편의 파노라마로 볼 때, 그것은 어떤 일반적 특성을 가지고 있는가? 지금까지의 토론을 요약하면서 조금 깊게 생각해 보자.

(1) 이미 말했지만 현재 한국에서 활약하고 있는 모든 종교는 — 예외 없이 — 어떤 형태로든지 무교의 영향을 받고 있으며, 더욱 정확히 말하면 무교적 가르침에 의해 성장하고 있다. 일부의 기복신앙적 교

회에서 삼박자 축복 기도 등을 강조하는 이유가 여기에 있다.

나는 이미 모든 한국인은 '심정적 유교인'이라고 말했다. 그러나 더욱 정확히 말하면, 모든 한국인은 먼저 무교인이며, 그 위에 유교적인 덕목을 첨가하고, 그 다음에 다시 그 위에 불교나 기독교의 교리를 첨가한다. 물론 불교인들과 기독교인들은 그들이 오직 불교의 가르침과 기독교의 가르침만 따른다고 생각한다. 그러나 이것은 착각이다.

다시 말하지만 모든 한국인은 먼저 무교인이며, 그 다음에 유교인이며, 다시 그 다음에 불교인이나 기독교인이 된다. 그만큼 무교는 한국인에게 가장 밑바닥에 자리잡고 있는 모든 종교의 텃밭이라고 할 수 있다. 그래서 외형상으로 우리나라는 종교 백화점의 나라지만, 내용적으로는 "한국에는 무교밖에 없다"고 말할 수도 있다.

한국 무교는 여러 가지 문제점을 가지고 있다. 우선 현상적으로 볼 때, 오늘날의 무교적 관행은 그 범위가 너무나 확대되어 과연 어떤 것을 무교의 외연(外延)으로 포함해야 되는지가 난감할 때가 많다. 그들 중에는 여전히 전통적인 무교적 신행을 추구하는 부류가 있고, 요즘 성행하는 주역점 카페 등과 같이 전통보다는 현대 도시인의 생활 스타일에 맞추려는 신행의 부류가 있고, 이것도 저것도 아닌 제 3의 부류가 있다. 참으로 어지러운 현상이다.

물론 이런 현상은 무교에만 나타나는 현상이 아니라 모든 종교에 공통적으로 나타나는 현상이다. 전통적으로 종교에 대한 중요한 질문은 "종교란 무엇인가?(What is Religion?)"와 "종교란 어떤 것인가?(How is Religion?)"였다. 전자는 종교의 본질을 묻는 질문이며, 후자는 종교의 기능을 묻는 질문이었다. 그러나 이제는 도대체 "어떤 것이 종교인가?"(Which is Religion?)라는 종교의 확인 문제가 중요한 질문으로 대두되고 있다. 종교와 이념의 구분, 종교와 인생관의 구분 등이 전혀 쉽지 않기 때문이다. 오늘날 모든 종교는 원하든 원하지 않든 간에 퓨전 종교가 될 수밖에 없게 되었다.

그러나 종교 확인의 문제가 새롭게 대두된 일반적 현상과 무교의 특수한 사항을 고려한다고 해도, 무교의 복합화 현상은 아주 빨리 진행되고 있으며, 그래서 오늘날의 무교적 관행은 너무나 다양하게 되었다. 예를 들어서 살풀이춤을 단순한 문화 현상으로 보는 사람도 있고 반기독교적 행위로 보는 사람도 있다. 여기서 특히 문제가 되는 것은, 무교의 전통을 이어 가려는 부류가 소수가 되고, 아류적(亞流的) 현상들이 점점 주류가 되어 가다 보면, 결국 무교의 정체성을 위협하여 무교에 대한 이중적 의미를 더욱 악화시킬 뿐만 아니라 신앙의 변질로 인한 전통의 단절을 재촉하게 될 것이라는 점이다. 아류적 현상이란 전통적인 무당과 신령과 굿이라는 3대 요소보다는 무당 개인의 경험과 실천이 독단적으로 표출되는 경향을 말한다.

첫째, 종교학적으로 볼 때, 오늘날의 무교는 신관(神觀)의 축소를 단행하고 있다. "전통적으로 무교의 신령들로는 선조들이 모시던 오래된 신령들로부터 후세대의 경험에서 비롯한 새 신령들에 이르기까지 다양한 신령들이 포함되어 있으며, 이들은 각기 의례의 대상으로 또는 몸주로서 무당과 개별적인 관계를 갖고 독자적으로 기능한다. 대체로 신령들 사이에는 서로 간섭하지 않고 오직 무당을 통해 맡은 소임만을 다한다. 그렇다고 무당이 어느 한 신령만의 의지대로 움직이는 것은 아니다. 자기가 모시는 여러 신령들로부터 골고루 하의(下意) 받아서 갈등을 해결하며, 전체 신령의 음덕을 통해서 인간의 문제를 풀어나간다. 우리가 요즘 큰무당이라고 지칭하는 무당들이 바로 그런 신행을 실천하는 인물들이다. 큰무당이라고 반드시 큰 신령만 모시는 것은 아니며, 우리가 살아가는 터전인 하늘과 땅, 바다, 천지, 사방을 두루 관장하는 여러 성격의 신령들로부터 지혜를 모아 자신에게 힘이 되어 주도록 유도할 수 있는 능력을 지닌 무당을 말한다."[10]

그런데 현실은 어떤가? 요즘 무업에 종사하는 많은 무당들은 이런 신령관을 고수하지 않는 것이 한국 무교의 현주소다. 여러 영역의 다양한 성격의 신령들로부터 고루 음덕을 입는 전통적인 무신관 대신, 특정 범주의 신령들이나 주로 가까운 친인척의 조상신이나 사령들에 크게 의존하는 신행이 만연하고 있다.

"물론 굿이 점점 간소화되어 간다는 것은 거의 반세기 전부터 처음 현장 조사를 했던 연구자들이 전해 들었던 기자(祈子)들의 걱정거리였다. 그렇지만 시대 상황에 맞게 수일에 걸쳐 하던 전통적인 굿들이 길어야 하루나 이틀 안에 약식으로 진행되기도 하고, 강력한 힘이 요구되는 세태에 부응하여 신장(神將) 같은 신령들을 모시는 굿거리가 강조되는 등 굿 형태가 다소간 변화하는 차원을 넘어서서 최근에는 무교 신앙의 기본 틀이 깨어지고 있음을 목도할 수 있다. 이런 현상은 약식의 굿을 통해서나마 정신(正神)에서부터 조상들, 그리고 잡귀잡신까지 고루 대접하는 기본적인 신앙의 틀을 유지하는 기자들보다는 조상이나 일반 사령 등의 주로 개인 신령들에 의존하여 점사(占辭) 기능만 행하는 무당들이 더 많아져서 오히려 그들이 한국 무교의 주류를 이루어간다는 것을 의미한다."[11]

둘째, 사회학적으로 볼 때, 현대 한국 무교가 가지고 있는 또 다른 문제점은 사회 의식의 부족이다. 물론 무교가 적극적 사회 활동을 전개한 일은 역사적으로 찾아볼 수 없다. 그러나 옛날에는 그것이 별로 큰 문제가 되지 않았다. 그러나 이제 모든 종교가 서로 경쟁할 수밖에 없는 상황에서, 무교의 사회 의식 부재는 그것의 생존에 큰 타격을 준다.

물론 과거의 무교가 사회 봉사를 전혀 하지 않은 것은 아니다. 인간의 기본 문제인 병마에 대한 나름대로의 위로책을 제공했으며, 특히 무교는 마을 공동체의 안녕과 생산 증대를 위해 마을 굿을 주관하는 등 이웃과 집단 전체의 삶을 위해 의미있는 역할을 담당했던 것도 사실이다. 또한 본래 무교의 전통에서는 가난한 이웃을 위해 온갖 부정(不淨)을 짊어지고 살아가는 기자 정신이 근본이 되어 있었다. 처음부터 무교는 '나'의 종교가 아닌 '우리'의 종교였다.

그러나 시간이 지나면서 무교의 이런 사회 의식은 소수의 큰무당에게만 한정되고 대부분의 무당과 제갓집 식구들은 우선 잘 먹고 잘 살면 장땡이라는 반(反) 사회 의식에 젖어들게 되었으며, 우리는 이런 실례로 오늘날 무교가 자연 파괴의 주범으로 인식되고 있다는 엄연한 사실을 들 수 있다. 원래 무교는 자연의 정복보다는 자연에 대한 경외감을 가지고 있었음에도 불구하고.

또한 극단적인 현세주의를 찬양하는 무교는 종종 신도들에게 정치적, 사회적, 경제적인 힘에 대한 무조건적인 복종을 강요하기도 한다. 대부분의 학자들이 무교를 신현(神顯, theophany)의 종교나 성현(聖顯, hierophany)의 종교보다는 역현(力顯, kratophany)의 종교로 분류하는 이유도 여기에 있다. 신현은 초월적인 신성(神性)이 일상적인 현상 속에 나타난다고 믿는 신앙이며, 성현은 성성(聖性)이 속된 것 속에 나타난다고 믿는 신앙이며, 역현은 초인간적인 역성(力性)이 인간 사회에 나타난다고 믿는 신앙이다.

신현의 문화를 가진 민족은 무한하고, 스스로 존재하며, 창조주며, 인격적이며, 사랑과 선의 존재며, 성스러운 절대자와의 관계에서 인간을 파악한다. 그리고 이 절대자를 인간을 초월하면서도 인간 속에서 활동하는 내재의 존재로 받아들임으로써, 인간의 존재와 그 존재를 지속시키는 근원적인 실재로 파악한다. (중략)

성현의 문화를 가진 민족은 절대자, 초월자, 인격자라는 개념을 존경하지 않는다. 다만 인간의 일상적인 가치 체계를 초월하는 실재가 있으며, 그 실재가 곧 인간의 가치 체계를 가치 체계로 받아들이게 하는 의미 부여의 역할을 한다고 믿는다. 속(俗)을 떠난 성(聖)은 존재하지 않으며, 속은 성에 의하여 속이 될 수 있다고 믿는다. (중략)

역현의 문화를 가진 민족은 인격적인 절대자나 자연 혹은 원리를 따라서 인간의 삶을 영위하지 않는다. 다만 삶이 부딪치는 실존적인 한계 상황에서 뼈저린 좌절과 패배를 경험하면서 인간의 한계를 초월한 인간 이상의 어떤 힘에 대한 의존과 희구, 그리고 그 힘에 의한 위안을 통해 삶을 영위한다. 그들은 형이상학적인 종교 이론이나 윤리적인 강경성을 요청하지 않는다. 단지 위대한 힘의 이용을 통한 현실적인 위기 타개를 모색할 뿐이다.[12]

만약 무교가 역현적 종교라면, 도교·유교·불교·힌두교는 성현적 종교며, 유대교·기독교·이슬람교는 신현적 종교라고 말할 수 있다. 그렇다면 우리는 여기서 이런 질문을 제기할 수 있다. 왜 한국의 모든 종교는 성현적 및 신현적 종교보다는 역현적 종교가 되어 있는가? 불교와 같은 성현적 종교와 기독교와 같은 신현적 종교는 한국으로 전래될 때 이미 역현화되어 있었는가? 그렇지 않으면 그들이 한국에 전래된 후에 무교의 영향을 받아서 역현적 종교로 변화되었는가? 이것은 우리 학자들이 앞으로 탐구해야 할 중요한 과제가 된다.

셋째, 철학적으로 볼 때, 한국 무교의 철저한 현세주의 사상은 "내 등 따스고 배 부르면 그만"이라는 이기주의적 반윤리성을 강조하기 쉽다. 우리는 이 사실을 무교와 기독교의 관계에서 쉽게 발견할 수 있다. 오늘날 우리나라의 모든 종교는 무교적인 요소에 의해 성장하고 있지만, 그 중에서 무교와 가장 심각한 갈등을 일으키고 있는 종교는 단연 기독교라고 할 수 있다. 기독교 중에도 천주교는 조상에게 제사의 의식까지 발표할 정도로 한국인의 고유 사상을 수용하고 있지만, 개신교는 무교를 공공연하게 미신으로 낙인 찍고 있다.

개신교가 무교를 비판하는 이유는 무엇인가? 무교는 우선 선악에 대한 명확한 구별도 하지 않는 비윤리적이며 반윤리적인 현세주의 사상을 옹호하며, 무교의 이런 반윤리성은 심판 사상의 결여로 나타난다는 것이다. 실제로 무교에서 죽음은 삶의 미완성이다. 채 살지 못한 죽음은 곧 죽지 못한 삶이다. 그러기에 완전히 죽지 못한 넋은 저승에도 못 가고, 중음계를 방황하게 마련이다. 무당은 이 넋을 불러 넋두리를 하게 함으로써 죽음의 원한을 풀고 못 다 산 삶을 채우게 하여 죽음을 완성케 한다. 즉 완전히 죽은 영(靈)만 저승으로 갈 수 있다. 그리고 죽음이란 언제나 억울하고 한스러운 것이다. 복 중의 복은 수복(壽福)이다. 재복(財福)도 수복을 장식하는 것일 뿐이다. 어떤 일이 있어도 오래오래 풍성한 삶을 누려야 한다.

무교의 이런 현세주의 사상은 이승뿐만 아니라 저승에도 그대로 반영되어 있다. 무교의 사후 세계는 현세와 다른 어떤 이상 세계가 아니라 현세를 그대로 투사한 세계다. 즉 내세는 현세의 연장이다. 그래서 저승사자는 망자(亡者)를 잡아가면서 "저승도 이승 같소, 만조상을 보러 가세"라고 말한다. 또한 예를 들어서 바리 공주 설화에 나오는 저승사자는 신적 존재가 아니라 우리들과 똑같은 인간적 욕망을 가진 존재다. 그래서 그는 바리 공주에게 자신과 결혼해서 아들을 낳아 줄 것을 요구하기도 한다. "이처럼 저승은 이승과 동일한 평면상에 위치하며, 저승은 이승의 복사판으로 묘사되고 있다."[13]

무교의 이런 현세주의는 당연히 선악을 가르는 심판 사상의 결여로 나타난다. 물론 무교에도 염라대왕 앞에 끌려가서 생전의 행실에 대해 문초를 받는 장면이 있으며, 바리 공주 설화에는 그가 저승으로 가는 길에 칼산지옥, 불산지옥, 독서지옥, 한빙지옥, 무간팔만사천지옥을 넘어가는 장면이 나온다. 그리고 이런 심판의 관념은 바리 공주가 저승에서 환생약(還生藥)을 구해 가족과 함께 황천강(黃泉江)을 건너 집으로 오는 도중에 만나는 세 종류의 배의 묘사에 더욱 잘 나타나 있다. 첫째는 이 세상에서 착하게 살던 망자들이 탄 극락세계로 가는 배며, 둘째는 불효와 불화를 일삼던 망자들이 탄 지옥세계로 가는 배며, 셋째는 자식이 없거나 사후에 유족들로부터 대우를 받지 못한 망자들이 탄 배다.[14]

그러나 대부분의 학자들은 무교의 이런 심판 사상이 원래 무교적인 것이 아니라 불교의 영향을 받아서 추가된 것이라고 말한다.

나는 한국 무교가 건전한 사회 의식을 실천하는 살아 있는 종교가 되려면 우선 더욱 철저한 윤리 의식을 가져야 한다고 생각한다. 나는 이 길이 한국 무교가 생존할 수 있는 유일한 길이라고 믿는다. 윤리가 바로 종교는 아니지만, 모든 종교는 어떤 형식으로든지 윤리를 포함하지 않을 수 없기 때문이다.

(2) 이미 말했지만 현재 한국은 '신종교의 천국'이라고 말할 수 있을 정도로 수많은 신종교가 맹렬히 활약하고 있다. 그 이유는 무엇인가? 물론 오늘날 활동하고 있는 대부분의 신종교는 국권을 상실할 위기에 처해 있던 19세기 말에 나온 것들이다. 사람들은 정치적 압박과 주권 상실의 위험에 떨면서 진정 백성을 구해 줄 지도자를 찾게 되었으며,

자연히 이런 바람은 새로운 종교의 탄생을 고대하게 되었다.

그런데 중요한 것은 그때 발생한 대부분의 신종교가 아직도 민족 종교라는 강력한 집단으로 존재하고 있다는 사실이다. (한국에 신종교가 많은 이유는 한국에 거의 완벽한 종교 자유의 사상이 있기 때문이며, 그래서 어느 신종교에 대한 탄압은 정부로부터의 탄압이 아니라 이른바 '경건한' 기성 종교인들의 탄압이라는 설도 있다.)

그러나 한국에 신종교가 이렇게 성행하는 가장 중요한 이유는 현재의 기성 종교들이 자신의 임무를 잘 수행하지 못하고 있으며, 그들은 국민이 원하는 '만나'를 제공하지 못하고 있으며, 처절한 삶에 대한 시원한 답변을 제공하지 못하고 있으며, 오직 자신이 속해 있는 교회나 절의 부흥만을 기원하고 있다는 반증이 아닐 수 없다. 또한 비종교인들의 눈에 비친 종교인들은 국가와 사회에 대한 봉사보다는 서로 세력다툼만 하고 있다. 우리는 이미 3.1 운동 때 모든 종교가 단합했던 전례를 가지고 있음에도 불구하고.

생각해 보라. 새로운 종교를 만든다는 것이 얼마나 힘들 것인가. 그것은 새로운 단체나 정당을 만드는 것보다 훨씬 어려울 것이다. 역설적으로 말해서, 현재의 기성 종교들이 제몫을 다 하고 있다면, 절대로 신종교는 탄생할 수 없을 것이다. 이런 뜻에서 기성 종교는 신종교를 비판하기 이전에 자신의 자격 없음을 반성해야 할 것이다. 남의 눈에 있는 티를 보면서 자신의 눈에 있는 들보를 보지 못하는 실수를 하지 않으려면. 오늘날 기성 종교는 사회의 지도자가 아닌 추종자로 전락해 있다. 그래서 오늘날 한국인들은 개인적이면서 사회적이고, 초월적이면서 내재적이고, 정신적이면서도 육체적인 '위대한 새 종교'를 진실로 꿈꾸고 있다.

(3) 그러나 한국의 종교에 나타난 가장 독특한 현상은 역시 이미 말했지만 불교, 도교, 유교, 기독교, 무교, 신종교가 거의 백중지세를 이루고 있다는 '종교 백화점' 현상이 아닐 수 없다. 이것은 오늘날 세계 어느 곳에서도 발견할 수 없는 독특한 현상이다. 오직 한국에서만 각기 다른 종교들이 비교적 평화롭게 공존하고 있다.

물론 최근에 들어와서 이를테면 기독교와 불교 사이에 지역적 마찰이 전혀 없는 것은 아니지만, 이것은 기독교와 불교의 전체 관계에서 보면 지엽적인 일이다. 어떻게 이런 일이 가능한가? 모든 한국인은 무의식적으로는 무교 신앙을 가지고 있으며, 이 무교 신앙 위에 다시 유교 도덕을 추가하고, 다시 이 무교 신앙 및 유교 도덕 위에 불교 신앙 혹은 기독교 신앙을 추가하기 때문이다. 이것을 도표로 나타내면 다음과 같다.[15]

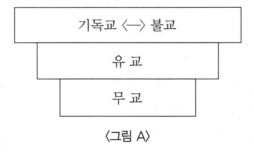

〈그림 A〉

역사적으로 볼 때 한국인의 마음을 처음 사로잡은 종교는 무교다. 이것은 전혀 이상한 일이 아니다. 무교 신앙은 모든 원시 세계의 공통적인 현상이었기 때문이다. 그런데 한국의 특징은 그런 무교 신앙이 일반 사회생활뿐만 아니라 모든 종교 속에 현재까지도 강력히 존재하고 있다는 점이다. 많은 학자들이 한국 교회의 무교화를 비판하는 이유도 여기에 있다. 그러다 보니, 한국에서는 최첨단 컴퓨터 회사의 개원식에서도 무교적 의식이라고 할 수 있는 돼지머리 고사를 쉽게 볼 수 있게 된다.

무교 다음에는 유교가 들어왔다. 그러나 한국인은 새로운 중국의 유교를 받아들이기 위해 지금까지 가지고 있던 무교 신앙을 송두리째 버리지 않았다. 오히려 그들은 무교 신앙 위에 유교 도덕을 받아들였다. 공식적으로는 무교가 신라, 고려, 조선왕조 기간에 핍박을 받으면서도 비공식적으로는 민중들에게 거의 공개적으로 허용된 이유가 여기에 있다.

유교 다음에는 불교가 들어왔다. 그러나 한국인들은 역시 새로운 불교적 개념을 받아들이기 위해 지금까지 가지고 있던 무교적 및 유교적 신앙을 송두리째 버리지 않았다. 한국인들은 여전히 가종(加宗)의 정신을 잊지 않았다.

불교 다음에는 기독교가 들어왔다. 그러나 이 경우에 특이한 일이 벌어졌다. 물론 한국인들은 새로운 기독교를 받아들이기 위해 지금까지 가지고 있던 무교적, 유교적, 불교적 개념을 송두리째 버리지 않았다. 그러나 우리는 기독교를 반불교적인 입장에서 수용했으며, 이런 사실은 나중에 불교를 반기독교적으로 만들었다. 이것은 참으로 슬픈 일이다. 오늘날 기독교인들과 불교인들 사이에 적대 감정이 팽배한 이유도 여기에 있다. 이런 사실은 앞의 〈그림 A〉에 잘 나타나 있다.

〈그림 A〉는 현재 한국의 종교 상황을 묘사한다. 기독교와 불교는 다같이 무교적이고 유교적이면서도 그들은 서로 배타적이다. 그래서 오늘날 한국에서는 '불교적 기독교인'과 '기독교적 불교인'을 찾아볼 수 없다. 물론 이것은 기독교가 한국에 전래된 지 200년밖에 되지 않았기 때문에 그럴 수도 있지만 어쨌든 불행한 현실이 아닐 수 없다. 그래서 나는 한국의 종교 상황이 앞으로는 〈그림 B〉와 같이 되리라고

예상한다.[16)]

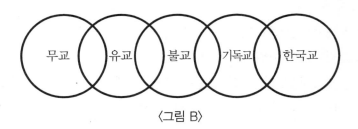

〈그림 B〉

　한국인들이 지금까지 지켜온 관용 정신을 앞으로도 지킨다고 가정한다면, 나는 미래의 모든 한국 종교가 무교적, 유교적, 불교적, 기독교적으로 되기를 바란다. 우리가 언제 이런 이상적 상황에 도달할 것이라고 쉽게 예언할 수는 없다. 그러나 그것이 앞으로 우리가 나아가야 할 방향이다. 미래는 개종(改宗)의 세계가 아니라 가종(加宗)의 세계가 될 것이다.

　그러나 나는 마지막 단계에서 한국인은 모든 종교 위에 또 하나의 종교를 첨가하게 될 것이며, 이 마지막 종교는 아마도 한국에서 발생한 한국교(?)가 될 것이라고 생각한다. 물론 우리는 현재 그 마지막 한국교가 우리나라에서 태어난 천도교, 원불교, 단군교, 통일교, 증산도 중에서 하나가 될 것인지, 혹은 아직까지 태어나지 않았지만 앞으로 태어날 새로운 신종교가 될 것인지, 그렇지 않으면 현재 성행하고 있는 제도 종교 중에 하나가 될 것인지를 예언할 수는 없다. 하여간 한국의 종교인들은 이 마지막 단계에서 무교적, 유교적, 불교적, 기독교적, 한국적으로 될 것이며, 그래서 각기 다른 종교의 모든 지혜 소유권의 확장은 절정에 도달할 것이다.

　물론 세계의 모든 종교인들이 한국교의 단계까지 — 그것이 무엇이든지 간에 — 도달해야 되는 것은 아니다. 미국인은 그들의 미국교 (Americanism)를 발견해야 할 것이며, 독일인은 독일교(German-ism)를 발견해야 할 것이다. 그리고 이런 마지막 단계의 종교들은 수많은 토착화된 특징적 성격을 가지고 있으면서도 편협되지 않을 것이다. 오늘날의 모든 종교는 이 마지막 단계를 향한 과정일 뿐이다.[17]

9. 맺음말

한국은 종교 백화점의 전시장이다. 그래서 비교 종교학이나 비교 종교철학을 공부하려는 학도에게는 아주 이상적인 곳이다. 여기서 혹자는 그렇기 때문에 한국이야말로 종교간의 대화가 실제로 아주 성행하고 있다고 상상한다. 그러나 현실은 전혀 그 반대가 된다. 대부분의 한국 종교인들은 — 타종교가 아닌 — 이웃 종교에 대하여 무관심하며, 이웃 종교인들과 만나거나 대화하는 것을 극구 혐오한다.

오늘날 이 세상에는 유대교인과 이슬람교인, 카톨릭교인과 개신교인, 기독교인과 이슬람교인이 서로 투쟁하고 있다. 이야말로 가장 저질의 만남이 아닐 수 없다. 그러나 한국의 종교인들은 서로 싸움조차 하지 않는다. 그들은 우선 서로 만나지 않고 있기 때문이다. 이것은 싸움보다 더욱 나쁜 현상이 아닐 수 없다.

한국은 앞으로 어떻게 될 것인가? 우리도 다른 나라들과 마찬가지로 종교간의 치열한 전쟁을 거친 다음에 결국 하나의 종교로 귀착할 수 있다. 이렇게 된다면, 한국의 종교 상황은 결국 다른 국가들보다 100-200년 늦은 것이다. 그러나 만약 한국이 각기 다른 종교가 서로 공존하면서 건전하게 경쟁하는 진정한 종교간의 대화의 나라가 될 수 있다면, 이것은 지금까지의 인류 역사가 성취하지 못한 위대한 과업을 성취하는 것이다. 이것은 월드컵이나 올림픽에서의 우승보다 더욱 값진 인류 정신사의 승리가 아닐 수 없다.

그러면 우리는 어떻게 한국의 종교 상황을 이런 쪽으로 유도할 수 있는가? 물론 그 길은 모든 종교간의 진정한 대화가 먼저 성취되어야 하며, 진정한 대화를 하려면 우선 각기 다른 종교들이 공통적으로 참여할 수 있는 사업을 찾아 협동해야 한다. 부정부패 방지, 남북 통일, 빈민 구호 등의 사업이 여기에 속한다. 대화는 먼저 현장에서 만나야 한다.

나는 종교간의 대화를 촉진하는 구체적 방안으로 '가종 성당' 혹은 모든 종교가 서로 화합하는 '화종 성당'의 운영을 제안한다. 그것은 매월 첫째 일요일에는 스님을 모시고 완벽한 불교의 법회를 보고, 둘째 일요일에는 목사님을 모시고 완벽한 개신교의 예배를 드리고, 셋째 일요일에는 신부님을 모시고 완벽한 카톨릭의 미사를 드리고, 넷째 일요일에는 유림의 대표를 모시고 완벽한 유교의 의례를 올리고, 다섯째 일요일에는 민족 종교나 신종교의 예식을 올리는 중층식(重層式)의 성당 혹은 교당이다.

진정한 종교간의 대화는 그들의 상이점을 슬슬 가리고 유사점만 강조하거나, 각기 다른 종교의 칼날을 무디게 만들거나, 모든 종교를 자신의 종교 안으로 끌어들여서 성립되는 것이 아니기 때문이다.

요즘 우리 사회에는 공동체 의식의 부재를 한탄하는 소리가 높게 일어나고 있다. 예를 들어서 개인적으로 한국인은 절대로 일본인에게 떨어지지 않지만 단체적으로는 비교가 되지 않는다는 것이다. 왜 그럴까? 나는 이렇게 생각한다. '나'가 없는 사람들이 모여서 '우리'를 만들려고 하니, 그런 공동체는 배가 산으로 올라가는 꼴이 될 수밖에 없을 것이다. 진정 열린 사람들은 ─ 비록 그들의 이념, 인생관, 종교관이 완전히 상이해도 — 서로 만날 수 있다. 우리는 가종 성당으로부터 이런 교훈을 배울 수 있다.

여기서 나는 모든 종교인들과 종교 지도자들이 '반개종 선언(non-conversion declaration)'을 채택해야 한다고 생각한다. "우리는 절대로 당신을 우리가 믿는 종교로 개종시키려고 노력하지 않겠습니다"라고 선언하는 것이다. 물론 우리는 무종교인에게 어느 종교를 전도할 수 있으며, 어느 종교인이 다른 종교로 개종하겠다고 진심으로 원한다면 우리는 그를 형제로 받아들여야 한다. 그러나 적어도 그의 생각을 변경시키려고 한다거나 설득하려고 노력하지는 말아야 한다는 것이다. 그래서 석가는 어느 명망 있는 장군이 그에게 귀의하려고 할 때 그런 행위는 도리어 보통사람들에게 커다란 혼란을 준다는 이유로 반대했다고 하지 않은가.[18]

앞으로 한국은 결국 하나의 종교로 정착할 수도 있고, 그렇지 않으면 종교간의 대화에 대한 새로운 모범국이 될 수도 있다. 그 선택은 결국 오늘을 살고 있는 우리 종교인들의 몫인 것이다.

[주]

1) 확실하지는 않지만, '종교 백화점'(department store of religions)이라는 용어는 내가 1980년대에 처음 사용한 이래, 오늘날에는 수많은 국내외 학자들이 한국의 종교 현상을 나타내는 용어로 사용하고 있다.

2) 황필호, 『종교철학 에세이』, 철학과현실사, 2002, p. 366.

3) 리영희, 『스핑크스의 코』, 까치, 1998, p. 26. Cf. 리영희의 종교 사상에 대하여는 다음을 참조할 것. 황필호, 「어느 휴매니스트의 종교」, 『한국 철학수필 평론』, 신아출판사, 2003, pp. 230- 251.

4) 양은용, 「한국도교의 흐름과 신종교」, 한국신종교학회 2003년 추계 정기 학술대회 자료집, 2003년 12월 13일.

5) 같은 글, p. 5.

6) 황필호, 『종교철학 에세이』, 앞의 책, pp. 353-376.

7) 황필호, 『한국巫敎의 특성과 문제점』, 집문당, 2002, p. 117.

8) 같은 책, pp. 9-38.

9) 과학에 대한 통일교의 견해에 대하여는 다음을 참조할 것. 황필호, 『통일교의 종교철학』, 생각하는 백성, 2000, pp. 54-58; 황필호, 『인문학·과학 에세이』, 철학과현실사, 2002, pp. 87-89.

10) 이희정, 「현대 한국인의 삶에서 巫 신앙의 의미」, 『종교연구』, 2001년 가을호, pp. 162-163.

11) 같은 글, pp. 163-164.

12) 황필호, 「현대 한국인의 성격에 대한 종교학적 고찰」, 『이데올로기, 해방신학, 의식화교육』, 종로서적, 1985, pp. 202-204; 황필호, 『인문학·과학 에세이』, 앞의 책, pp. 371-373.

13) 장남혁, 「무속 신앙의 사령관 연구」, 『종교학 연구』, 제6집, 1987년 6월호, p. 151.

14) 같은 글, p. 151.

15) 황필호, 『종교철학 에세이』, 앞의 책, p. 367.

16) 같은 책, p. 368.

17) 같은 책, p. 369.

18) 같은 책, pp. 373-374.

책꼬리에: 이 책에 실린 글의 출처

제1강좌 「왜 사는가」 — 이 글은 지금은 책 제목조차 생각이 나지 않는 어느 수필집에 발표한 내용을 다시 정리하여 '생각하는 사람들'이 주최한 심포지움(2002년 4월 25일)에서 발표했으며, 그 뒤에는 현재 필자가 주간으로 있는 월간 『우리 길벗』의 창간준비호(2004년 8월)에 발표했던 것이다.

제2강좌 「학문이란 무엇인가」 — 이 글은 『인문학·과학 에세이』(철학과현실사, 2002)에 실렸던 「조동일의 인문학문론」을 보완해서 다시 쓴 것이다.

제3강좌 「철학이란 무엇인가」 — 이 글은 월간 『우리 길벗』(2005년 1월)에 실렸던 것이다.

제4강좌 「종교철학이란 무엇인가」 — 이 글은 『종교변호학·종교학·종교철학』(철학과현실사, 2004)에 실렸던 것이다.

제5강좌 「진리란 무엇인가」 — 이 글은 『종교문화비평』(2004년 통권 6호)에 실렸던 것이다.

제6강좌 「인간이란 무엇인가」 — 이 글은 『철학적 여성학: 꽃과 별의 만남을 위하여』(종로서적, 1986)에 실렸던 글을 보완하여『우리 길벗』의 제6호 (2005년 3월)와 제7호(2005년 4월)에 발표했던 것을 이번에 다시 보완한 것이다.

제7강좌「소크라테스는 종교인인가」— 이 글은 이번에 새로 쓴 것이다.

제8강좌「공자는 종교인인가」— 이 글은『인문학·과학 에세이』(철학과 현실사, 2002)와『한국 철학수필 평론』(신아출판사, 2003)에 실렸던「공자에 대한 네 가지 질문」의 내용 일부를 근거로 해서 정리한 것을 다시 보완하여『우리 길벗』의 2005년 7월호와 8월호에 발표했던 글을 이번에 다시 보완한 것이다.

제9강좌「석가의 깨달음이란 무엇인가」— 이 글은 월간『우리 길벗』의 제8호(2005년 5월)와 제9호(2005년 6월)에 실렸던 것이다.

제10강좌「아버지 하느님과 어머니 하느님은 공존할 수 있는가」— 이 글은『엔도 슈사꾸의 종교소설 읽기』(신아출판사, 2002)의 일부 내용을 근거로 해서 이번에 새로 쓴 것이다.

제11강좌「한국 종교들, 무엇이 문제인가」— 이 글은 '생각하는 사람들'이 주최한 심포지움(2002년 5월 23일)에서 발표했던 것이다.

저자 황필호

서울대학교 문리과대학 종교학과(학사)와 미국 오클라호마대학교 철학과(석사·박사), 미국 세인트존스대학교 교육학과(석사)를 졸업한 뒤, 덕성여자대학교와 동국대학교 철학과 교수를 거쳐, 현재는 강남대학교 신학부 소속 종교철학 전공 대우교수로 있으며, 사단 법인생활철학연구회의 이사장으로 봉직하며, 수많은 텔레비전 프로그램에 출연해 왔다.

저서와 역서로는 『서양종교철학 산책』, 『통일교의 종교철학』, 『중국종교철학 산책』, 『철학적 여성학』, 『우리 수필 평론』, 『영어로 배우는 철학』, 『한국 철학수필 평론』, 『인문학·과학 에세이』, 『종교철학 에세이』, 『한국 무교의 특성과 문제점』, 『데이비드 흄의 철학』, 『엔도 슈사쿠의 종교소설 읽기』, 『베단타·예수·간디』, 『석가와 예수의 대화』, 『소크라테스, 공자, 석가, 예수, 모하메드』, 『비폭력이란 무엇인가』, 『나도 아름답게 나이 들고 싶다』, 『종교변호학·종교학·종교철학』 등의 50여 권이 있다.

종교철학 11강좌

지은이	황필호
1판 1쇄 인쇄	2006년 4월 01일
1판 1쇄 발행	2006년 4월 05일
발행처	철학과현실사
발행인	전춘호
등록번호	제1-583호
등록일자	1987년 12월 15일

서울특별시 서초구 양재동 338-10호
전화번호 579-5908
팩시밀리 572-2830

ISBN 89-7775-573-5 03200
값 15,000원